Klaus Walther. Was soll man lesen?
*Ein Leseverführer*

Klaus Walther

# Was soll man lesen?
*Ein Leseverführer*

Verlag Faber & Faber Leipzig

Für Verleger und Autoren gilt der Grundsatz,
alles zu erhoffen und nichts zu erwarten.
*Frei nach Peter Schifferli*

# Inhalt

Ein paar Worte zuvor – Was soll man lesen? *7*

Die Alten *oder* Wo unsere Literatur beginnt *13*

Exkurs: Wer war der Täter? *oder* Die Geburtsstunde
des Detektivromans *35*

Zwischenspiel: Fünf Lieblingsautoren *51*

Aufklärung und Unterhaltung *61*

Wege zu Goethe und Schiller *73*

Eine Abschweifung: Das Dreigestirn
Lichtenberg, Claudius, Hebel *83*

Romantische Landschaften *89*

Exkurs: Die Welt der Briefe *103*

Die großen Erzähler *113*

Exkurs: Lieblingsgedichte *133*

Nachtrag : Fontane und ein paar Zeitgenossen *153*

Unser 20. Jahrhundert *163*

Exkurs: Von Reisen schreiben, von Reisen lesen *189*

Exkurs: Eine Dame und drei Abenteurer *199*

Alles, was wir nicht vergessen wollen ... *205*

# Ein paar Worte zuvor –
## Was soll man lesen?

Große Leser bewundere ich: Da erfahre ich aus den Tagebüchern Ernst Jüngers, dass er zum vierten Mal eine Ganzlesung der Bibel abgeschlossen hat. Der Engländer W. S. Maugham erzählt über seine Lektüre des Don Quixote: »… ich selbst habe es fünfmal ganz gelesen, zweimal auf Englisch und dreimal auf Spanisch.« Natürlich haben die genannten Autoren noch vieles andere gelesen, Wesentliches und Unwesentliches. Und ich stehe daneben mit meinen Versäumnissen: Die *Josephus*-Romane von Thomas Mann noch nicht gelesen, Musils *Mann ohne Eigenschaften* gerade mal zur Hälfte. Ich könnte dagegen setzen: Alle *Maigret*-Romane von Simenon, alles von Joseph Conrad, fast alles von Tolstoi und von Wieland auch. Den kennt außer mir und drei anderen Liebhabern ja fast niemand mehr.

Die Gründe dafür, warum ich dies gelesen, jenes nicht, sind unterschiedlicher Natur, aber ein Grund dominiert: Ich lasse mir nicht gerne vorschreiben, was ich zu lesen habe, ich lese (fast immer) zu meinem Vergnügen.

Natürlich habe ich in früher Jugend und dann immer wieder einmal gelesen, was ich lesen sollte, lesen musste. Die Schule, die Universität, aber das ist nicht unser Thema. Die Schule bietet einen Kanon, ob wir ihn annehmen, ist eine andere Sache. Lesen und Schule, das ist eine besondere Geschichte, doch ich denke, dass da zumeist nur die Unfälle in diesem Verkehrswesen benannt werden, nicht die Wege, die Straßen, die von hier aus ins Freie führen. Und heute diktieren die Bestsellerlisten, was man lesen muss. Soll ich mich diesem Diktat beugen, damit ich mitreden kann? Mit Leuten, die allesamt ein neues Buch von Martin Walser gelesen haben, weil es ein Skandal ist; weil es gelesen wird, damit man mitreden kann? Oder die andere Seite der Medaille:

Hermann Hesse hat ein Büchlein unter dem Titel *Eine Bibliothek der Weltliteratur* geschrieben, und da zählt er aus persönlicher Erfahrung auf, was man gelesen haben sollte, von den alten Griechen bis ins 19. Jahrhundert, Dutzende von Autoren, Hunderte von Büchern. Wollte man dies alles konsumieren, ein Leben würde nicht ausreichen. Aber Hesse war ein kluger Mann, und er war auch ein eigensinniger Kerl, und so heißt es in der Einleitung zu seinem Buch: »Jedem Strebenden steht der ehrwürdige Bildersaal der Weltliteratur offen, keiner braucht sich durch seine Fülle schrecken zu lassen, denn es kommt nicht auf die Masse an. Es gibt Leser, welche zeitlebens mit einem Dutzend Bücher auskommen und dennoch echte Leser sind. Und es gibt andere, die alles geschluckt haben und über alles mitzureden wissen, und doch ist all ihre Mühe vergebens.«

Was soll man also lesen? Es ist eine Frage, die nicht nur ich mir immer wieder stelle, sondern die mir auch oft von literaturinteressierten Freunden und Bekannten gestellt wurde. Ein Freund erzählte kürzlich, dass ihn ein beflissener Abiturient gebeten habe, doch die 25 bedeutendsten Werke der Weltliteratur zu nennen, da-

---

Vornehme Geschenkgaben bilden die hübsch ausgestatteten Bände unserer Sammlung

## Die Weisheit der Völker

deren jeder das Lebenswerk eines Repräsentanten der menschlichen Weisheit in konzentrierter Auswahl bietet, ergänzt durch Einleitung, Biographie und (nach Möglichkeit) Bildnisse. Bisher erschienen:

Worte Buddhas (Regener) / Worte Mohammeds (Krüger-Westend) / Worte Dantes (Boozmann) / Worte Montaignes (Röck) / Worte Casanovas (Poritzky) / Worte Kants (Eisler) / Worte Thoreaus (Gutherz) / Worte Fichtes (Hilß) / Worte Schellings (Ihringer) / Worte Carlyles (Wolff) / Worte Ruskins (Hagemann) / Worte Tolstois (Regener) / Worte Multatulis (Hagemann) / Worte Poes (Strobl) / Worte Wildes (Hagemann) / Die Weisheit Jean Pauls (Jensen)

Die Preise betragen für leinengeb. Exemplare M. 2.50, für Lederbände M. 4.00, Büttenausgabe in Leder M. 6.00
Illustrierte Prospektbücher über „Die Weisheit der Völker" kostenfrei.

J. C. C. Bruns Verlag Minden i. W.

mit er sie lesen könne. Der Wunsch des jungen Menschen ist so abwegig nicht. Es kommt ja nicht auf die Zahl der Werke an, 25 oder 50, 100 oder 1000, das ist nicht entscheidend, das Dilemma ist anderer Natur: Die für mich 25 bedeutendsten Bücher müssen nicht für den jungen Mann zu bedeutenden Büchern werden. Denn wir reden hier nur von der einen Seite des Lesens, von den Büchern. Die andere Seite ist der Leser selbst. Jeder Leser sucht sich seine Bücher, aber auch das Buch sucht sich seine Leser. Ein schwieriges Unterfangen also, von den Büchern zu reden, die man lesen sollte, eine Unternehmung, für die es wohl Landkarten gibt, Literaturgeschichten oder ähnliches, aber im Grunde ist ein solcher Versuch ein Gehen in unwegsamem Gelände. Doch die Frage: Was soll ich lesen, sie suggeriert eine andere Frage: Warum lesen wir? Hier ist nicht die Rede von der Lektüre, die uns das Leben, der Beruf aufzwingen. Da kennen wir die Gründe, das Buch ist ja ein Wissensspeicher. Wer ein Handwerk erlernt, braucht das Fachbuch, wer die Welt kennenlernen will, umgibt sich mit Atlanten und Reiseführern. Aber da kommen wir schon ins Grenzgebiet, und es scheiden sich die Geister: Geht es um Belehrung oder um Unterhaltung in unserer freiwilligen Lektüre? Lese ich Romane und Erzählungen, um mich zu bilden oder um mich zu vergnügen?

Der schon genannte großartige Erzähler W.S. Maugham formuliert seine Ansicht so: »All das läuft auf die Frage hinaus, ob der Roman eine Form von Kunst ist oder nicht. Will er belehren oder unterhalten? Wenn er belehren will, dann ist er keine Kunst. Kunst will nämlich unterhalten. Darüber sind sich Dichter, Maler und Philosophen einig.« Nun, lieber Mr. Maugham, Ihre Ansichten in allen Ehren, aber sie sind wohl doch ein bisschen zu sehr Diktat, denn nach meiner Erfahrung schließt das eine das andere nicht aus. Thomas Manns *Doktor Faustus* ist ganz sicher ein Kunstwerk auf hohem Niveau, aber ich habe es nicht nur mit Genuss ob seiner Menschen- und Zeitgeschichte gelesen, sondern bei der Lektüre auch etliches über die Geheimnisse der Musik erfahren, mehr vielleicht als aus einem Sachbuch. Übrigens, dass das Vergnügen oft genug der Ernsthaftigkeit entgegengesetzt wird, ist eine ziemlich deutsche Eigenschaft. Als ich die Schule besuchte, stand an der Wand: »Lernen, lernen und nochmals lernen«. Das war von Lenin, wenn ich mich recht erinnere, von dem mir der französische Literarhistoriker Robert Minder berichtet: Ins Exil nahm Lenin das Werk Puschkins und den *Faust* mit. Aber warum stand nicht an der Wand: »Das Denken gehört zu den größten Vergnügungen der menschlichen Rasse.« Und das ist von Brecht. Und der kam aus dem Exil mit etlichen hundert Kriminalromanen zurück. Häufig haben wir irgendwo im Hinterkopf die Vorstellung, dass wir aus einem Buch etwas lernen wollen, Erkenntnisse suchen, die wir auf andere Weise nicht erfahren konnten, Erfahrungen, die wir aus dem erfundenen Leben der Kunst für unser eigenes Leben brauchen. Natürlich macht das Lesen erst wirklich Vergnügen, wenn man unterscheiden kann, was gut und schlecht ist, was einen unterhält oder langweilt. Wer nur Karl May liest und nur ihn sein Leben lang – so etwas gibt es – der hat keine Vergleichsmöglichkeiten. Er weiß zwar, wo Old Shatterhand agiert, er kennt auch Hadschi Halef Omar, er kennt vermutlich Hunderte von Details aus den Büchern seines Idols, aber alles, was er weiß, was ihn bewegt, Abenteuer, Handlung, Spannung, es spielt sich nur in den Kulissen der Mayschen Welt ab. Damit wir uns richtig verstehen: Man kann Karl May mit Vergnügen lesen, man sollte ihn vielleicht sogar lesen, denn seine Welt der Abenteuer ist auf verwandelte Weise auch ein Stück unserer Welt, aber wie gesagt: Man sollte ihn lesen, doch nicht nur ihn. Dies heißt vielleicht auch: Wer wissen will, was er lesen soll, der muss sich der Weite der literarischen Provinz stellen, wenn möglich ohne Vorurteile, ohne das Bedenken jener Prädikatisierungen, die einem durch Schule oder Literaturwissenschaft eingeimpft sind. Von Henrik Ibsen, dem berühmten Dramatiker, wird erzählt, dass sich nach seinem Tod in seiner Bibliothek viele unaufgeschnittene Klassiker befanden – damals musste man die Bogen des Buches aufschneiden –, und hinter den Klassikern versteckt fanden sich zerlesene Kriminalromane. Wir brauchen uns unserer Lektüre nicht zu schämen. Es gibt gute Krimis, die uns mehr und auf vergnüglichere Weise von der Welt erzählen als vielgelobte berühmte Romane. Man darf ruhig sagen, dass man Adalbert Stifters Roman *Nachsommer* für eines der langweiligsten Bücher der Weltliteratur hält, wenn man den Versuch unternommen hat, es zu lesen. Und vielleicht findet man dann, dass so viel Langeweile schon wieder spannend ist. Notabene: Ich habe den *Nachsommer* gelesen, denn bei einer kleinen Reise ins benachbarte Böhmen sah ich Metternichs Schloss Königswarth und erfuhr, dass hier Stifter als Hauslehrer lebte und Schloss und Park in seinem Roman beschrieben habe. Und nun las ich das Buch mit dem Blick auf Kunst und Wirklichkeit. Aber zurück zu unserem Thema, denn hier sind wir bei einer wichtigen und vernünftigen Haltung zum Lesen angelangt: Ich muss ein Buch nicht auf Gedeih und Verderb zu Ende lesen. Von Kritikern und Buchhändlern behauptet man, dass sie die Kunst des selektiven Lesens beherrschen: Ein paar Seiten am Anfang, danach eiliges Überfliegen der restlichen Kapitel und dann den Schluss. Wer so liest, kann auch *Readers Digest* abonnieren, da hat er alle Bücher in mund- und zeitgerechten Portionen. Aber ein Buch kann man weglegen, um es später wieder in die Hand zu nehmen. Das Buch sucht sich seine Leser. Nun, nach all diesen Ausflügen in Lesegewohnheiten, wird man mit Recht fragen: Was soll man denn nun wirklich lesen? Und ich müsste ehrlicherweise antworten: Ich weiß es nicht. Doch es gibt Erfahrungen, eigene und andere, und da bin ich mir mit vielen Lesern einig: Der große Fundus der Weltliteratur ist in seinen meisten Teilen lesenswert. Nicht, weil dies die Literaturgeschichten, die Autoritäten behaupten, sondern weil immer wieder Leser diese Erfahrungen machen. Wer auf Homer, Shakespeare, Dickens, Balzac, Tolstoi, Dostojewski verzichtet, er verzichtet auf eine Begegnung mit einem Schatz menschlicher Grunderfahrungen. Sosehr sich auch die Welt verändert, und sosehr sie sich auch künftig verändern wird, Menschenleben wird bestimmt von Liebe und Hass, von Glück und Unglück, von Hoffnung und Trauer, von Geburt und Tod. Und da dies Menschen immer wieder betrifft, haben auch Bücher, die davon erzählen, ihre zeitüberspannenden Wirkungen. Aber nicht nur das Alte, Erprobte ist unserer eigenen Entdeckung wert, sondern auch das Neue, die Literatur unserer Zeitgenossen. Wir leben ja nicht nur in und mit der Geschichte, sondern in einer Gegenwart. Können wir uns unser Leserleben vorstellen ohne Erwin Strittmatter und Christa Wolf, ohne Günter Grass und Uwe Johnson? Der Satz müsste freilich heißen: Kann ich mir mein Leserleben ohne die Bücher dieser Autoren vorstellen? Nein, ich kann es nicht. Und auf solches Lesen lässt sich mit Herder sagen: »Wir müssen sehen, was in der Vorwelt war und geschah, damit wir, was um uns ist und geschieht, schätzen lernen.« Das ist auch ein Prinzip dieses Buches: Wir betreiben keine Altertumswissenschaft, aber wir wollen nicht, um nochmals Herder zu zitieren, dass man von »vortrefflichen Schriftstellern ... die Schätze mit seiner Urne einscharrt«. Und da wir schon mal beim Zitieren sind, will ich ein Wort an den Schluss dieser Einleitung setzen; Thomas Mann hat es in einer seiner Radioreden an »Deutsche Hörer« gesagt: Die deutsche Kultur ist nicht die höchste und einzige, sondern sie ist eine unter anderen, und Bewunderung war immer ihr tiefster Impuls. Dies nun ist auch der Impuls, der mich zum Schreiben ermunterte: Bewunderung. Ich mache keine Vorschriften, was man lesen muss, ich biete keinen Kanon. Alles ist nur ein Beispiel, ein Gleichnis, das mein Leserleben betroffen hat und noch immer betrifft, die Bewunderung. Und wer bewundert, der muss solche Bewunderung mitteilen. Was soll man lesen? Da fällt mir nur jene Replik ein, die der bekannte Groß-Kritiker immer an den Schluss seiner legendären Quartett-Sendung setzte. Aber während er immer nur die Hälfte des Verses zitierte, zitieren wir diesen Satz zur Gänze und hoffen, dass er als Antwort auf unsere Frage angenommen wird: »Wir stehen selbst enttäuscht und sehn betroffen/Den Vorhang zu und alle Fragen offen./Verehrtes Publikum, los, such dir selbst den Schluß!/Es muss ein guter da sein, muss, muss, muss!«

# Die Alten *oder*
## Wo unsere Literatur beginnt

Da liegt es auf dem Tisch, das alte Buch, schon ein bisschen zerschlissen, vergilbt, mit dem langen Titel: *Anschaulich-ausführliches Realienbuch enthaltend Geschichte, Erdkunde, Naturgeschichte, Naturlehre und Chemie ..., Dreißigste Auflage. Erschienen in Bielefeld und Leipzig bei Velhagen & Klasing. 1899.* Damit hat vielleicht mein Leserleben begonnen. Freilich, früher schon habe ich Bilderbücher durchblättert, Märchen gehört, aber Lesen, Selbst-lesen, das hat wohl mit diesem Buch begonnen. Ich sehe mich noch mit dem Großvater an dem linoleumbedeckten Tisch unter der herabgezogenen Lampe sitzen und lesen. Es war ein Glücksumstand, dass es gerade dieses Buch war, das mir so früh in die Hände fiel, denn das war ja auf seine Weise ein Kompendium, eine Enzyklopädie der verschiedenen Wissenschaften und der Literatur auch. Schon nach wenigen Seiten mitten in der historischen Welt, die mit der Geschichte des Altertums begann, dann im Sauseschritt die Ägypter, Phönizier, Assyrer und Babylonier erledigend, – ein Vorläufer des *Readers Digest*, eine Seite für ein Jahrhundert – da sind wir schon bei den alten Griechen und der Sage von Herkules. Dann folgen Odysseus, Lykurg in Sparta und bald ist man in Rom bei Romulus und Remus, beim Raub der Sabinerinnen und bei jenem Sieg, der nach dem Manne Pyrrhus benannt ist. Das sind Namen, die auch heute noch jeder kennt, die Namen, mehr aber wohl nicht. Die Kenntnis der Antike ist heute kein allgemeines Bildungsgut mehr. Nur an wenigen Schulen wird noch Altgriechisch gelehrt, und ehe man dahin kommt, antike Autoren im Urtext zu lesen, muss man schon gehörig pauken. Nun, man kann darüber streiten, ob man Griechisch und Latein heute jedem Gymnasiasten beibringen muss. Selbst das Küchenlatein, das angehenden Medizinern und Apothekern abverlangt wird, ist wohl nur eine Alibiveranstaltung. Aber man kann nicht darüber streiten, dass wir zum Verständnis der Weltgeschichte und der Wege der Weltliteratur doch wissen sollten, was Troja war und wo zwischen Scylla und Charybidis sich Odysseus bewegte. Nicht nur, weil es sich dabei um unerhört spannende Blicke in die frühe Geschichte unserer abendländischen Kultur handelt, sondern weil wir große Menschengeschichten finden. Axel Eggebrecht, der eine schöne Geschichte der Weltliteratur geschrieben hat, die freilich längst vergessen nur noch gelegentlich im Antiquariat auftaucht – beschreibt dies ein wenig romantisierend vielleicht, aber doch im Ganzen sehr richtig: »Unser Empfinden und Denken ist noch immer das der Griechen. Griechisch ist unsere innerste Haltung gegenüber dem Dasein, die wir als Tat, Kampf, Behauptung gegen das Schicksal auffassen. Ein überaus hellenischer Begriff ist der der Philosophie, der ›Liebe zum Wissen‹. Ihr Verlangen geht nach letzter Klarheit des Menschen über sich selbst und über seine Stellung im Ganzen der Welt.« Nun ist es nicht Sache dieses Buches, diese griechische Welt in ihren vielfältigen Dichtungen sichtbar zu machen. Aber wenn man mich fragt, was denn zu lesen wäre: Die Mindestausstattung eines hellen Kopfes zu Beginn des 21. Jahrhunderts wäre es, Gustav Schwabs *Sagen des klassischen Altertums*, die beiden Epen des Homer *Odyssee* und *Ilias* zu lesen, vielleicht auch ein paar Stücke aus dem Plutarch oder den Horaz, beides sind meine Lieblinge unter den Alten. Aber mit ebensolchem Recht und Gewinn könnte man die drei großen Dramatiker Aischylos, Sophokles und Euripides lesen. Und nun müssen wir solcher Aufzählung doch ein paar Erläuterungen beigeben, damit sie nicht allzu beiläufig erscheinen. Der *Schwab* war in meiner Kinder-Lese-Stube ein beliebtes Buch, auch wenn es sich dabei um eine »kindgemäße« Ausgabe handelte. Was man von solchen Bearbeitungen zu halten hat, darüber wird bei anderer Gelegenheit noch zu reden sein. Aber immerhin, der dicke illustrierte Band hatte mich wohl doch, von Prometheus bis zu Orpheus und Eurydike, mit der ganzen Erzählwelt der Antike erstmals vertraut gemacht. Mittlerweile gibt es vollständige Ausgaben für erwachsene Leser, und da erlebt man die Qualität dieses Erzählers. Gustav Schwab (1792–1850) war ein Schwabe, der weit über das Ländle hinausschaute. Er wollte hinausschauen aus der Enge des Tübinger Stiftes, in dem er erzogen wurde, und so machte er sich auf den Weg. Er besuchte Goethe und die Berliner Romantiker, und er selbst wurde zu einem Freund der nachwachsenden Dichter. Sein Haus war ein literarischer Salon, wenn man das auch in Schwaben nicht so nannte. Da er aber wusste, dass die Schüler und Studenten nur selten soviel Griechisch konnten, dass sie damit Literatur genießen konnten, begann er mit seiner Übersetzerarbeit. Und so entstand in der Stille des Pfarrhauses von Gomaringen bei Tübingen, wohin er sich zurückgezogen hatte, das Buch, das heute noch immer neue Leser und Freunde findet: *Die schönsten Sagen des klassischen Altertums*, erstmals 1835 erschienen. Das Großartige dieses Buches ist es, dass Schwab aus einer Vielzahl von Quellen die Sagenstoffe zu ganz eigenständigen Erzählungen verschmolzen hat, ohne die Substanz des Stoffes zu beschädigen oder zu verändern. Um ein Beispiel zu geben: Für die Sagen von Herakles hat er Apollodor und Diodor benutzt, aber auch Euripides und Sophokles, Kallimachos und Xenophon, Theokrit und Claudian. Und nirgendwo anders findet man so umfassend den ganzen Reichtum dieser Sagenwelt. Literatur freilich, wir werden es noch oft wiederholen, realisiert sich nicht allein aus Stoffen, Themen, Figuren, sondern vor allem aus Sprache. Will man hören, wie das bei Schwab klingt? Die letzten Sätze aus diesem Buch? »Mitten zur Winterszeit kehren alljährlich sieben ruhige, windstille Tage wieder, dann sitzt Halkyone brütend im schwimmenden Nest auf dem glatten Spiel des Meeres; denn ihr Vater Äolos hält zu dieser Zeit die Winde daheim im Haus und schafft seinen Enkeln schützende Ruhe.«

Wer dieses Buch gelesen hat, begegnet in ihm schon den Geschichten des Homer. Aber man sollte nicht darauf verzichten, diese Epen noch einmal in ihrer ursprünglichen Fassung zu lesen, ob nun im »körnigen Deutsch des klugen Vaters Voß«, wie es Herbert Eulenberg einmal charakterisiert oder in einer modernen Prosafassung, wie der von Gerhard Scheibner. Es gibt etliche Übersetzungen,

Übertragungen, auch daran zeigt sich, dass diese Monumente immer wieder reizen, sie ins Gegenwärtige zu bringen. In der Ilias begegnen wir den Kämpfen um die Stadt Troja, und in der Odyssee wird dic schwierige Heimfahrt des Odysseus nach seinen Kriegsabenteuern geschildert. Eine Odyssee, das Wort ist zum Sinnbild für Fahrten ins Ungewisse geworden, für Irrfahrten, die letztendlich doch in die Häfen der Heimat führen. Herbert Eulenberg hat in seinen *Schattenbildern* die Leistung Homers auf schöne Weise beschrieben: »Einen Helden im Kriegskleid läßt er sich vor uns gürten und Stück für Stück ankleiden, da steht er. Ein Schiff im Wind auf dem Meer läßt er vor uns im Hafen langsam aufbauen, da fährt es. Einen Hund, der uns für sich einnehmen soll, läßt er vor uns aufleben von seinem ersten Tag an bis zu seinem letzten, daß wir wie auf ›du‹ und ›du‹ mit ihm stehen und traurig werden …, wenn er verlassen und vergessen auf dem Miste liegt und beim Anblick seines nach zwanzig Jahren heimkehrenden Herrn, des Odysseus, den kein Mensch erkennt, schwach mit dem Schwanz wedelt und dann vor Erschütterung stirbt.« Niemand weiß, wer dieser Dichter Homer eigentlich gewesen ist, ob es ihn gegeben hat, als einzelne Gestalt. Aber das ist wohl unwichtig. Wichtig ist: Wir begreifen uns als geschichtliche Wesen und als Menschen besser, wenn wir ihn gelesen haben. Es gibt viele Annäherungen an diese Bücher. Ein Amerikaner, begeisterter Mittelmeer-Skipper, hat mit dem Homer als Logbuch die Ägäis durchsegelt, getreu jenem Grundsatz von Literatur, das sich in ihr Erfundenes und Gefundenes verknüpfen. Ernle Bradfords *Reisen mit Homer* kann eine Reise auch in die griechische Wirklichkeit sein. Es ist ein ganz eigenes Vergnügen in unserem Reise-Zeitalter, den Spuren Homers zu folgen, oder sagen wir besser, dorthin zu reisen, wo all diese Sagen angesiedelt sind. Troja in der türkischen Wirklichkeit kann da eine Enttäuschung sein mit dem touristischen Holzpferd, aber an eben dieser Küste liegen Aphrodisias und Ephesos, Milet und Didyma und viele andere Städte und Stätten aus antiker Überlieferung. Und am Abend dann am Meer zu sitzen, den Homer in der Hand und ein Glas Wein auf der Kaimauer, da sind wir auf einer Zeitreise in die Vergangenheit. »Wir kommen alle aus

Gogols *Mantel*«, hat ein russischer Autor einmal geschrieben, und wir alle im westlichen Literaturraum, wir kommen aus Homers Mantel. Warum ich Plutarch (um 46 geb., nach 119 gest.) besonders liebe, den Autor, der zwar, wie manche seiner Interpreten behaupten, kein originärer Denker war? Aber der gebildete Grieche kannte bedeutende Römer, er besaß das römische Bürgerrecht, und er schrieb aus solcher Kenntnis Biografien, 22 Parallelbiografien von Römern und Griechen. Er schilderte Menschen und verglich, was sie verband und worin sie sich unterschieden, Theseus mit Romulus, Perikles mit Fabius Maximus, Demosthenes mit Cicero und Alexander mit Cäsar. Beim Blättern in meiner alten neunbändigen Ausgabe und dem Blick in heutige Bibliografien stelle ich fest, dass es seit Jahrzehnten keine neue Ausgabe dieses großen Buches gibt. Es gibt große Geschichtswerke (seit Herodot bis ins Heute), aber Plutarch bescheidet sich nach eigener Aussage: »Ich gebe Lebensbeschreibungen, aber keine Geschichte …« Das stimmt nicht ganz, denn die Lebensbeschreibungen zeigen, wie Geschichte die Persönlichkeiten betraf, wie sie von ihnen mitgestaltet wurde, aber das Vorherrschende sind eben die ganz besonderen, individuellen Lebensumstände. Wenn wir von Diogenes in der Tonne reden oder vom gordischen Knoten, der zerschlagen werden muss, wir finden die Ursprünge solcher sprichwörtlichen Redensarten bei Plutarch. Der alte Goethe, der Plutarch immer wieder las, antwortete auf die Frage, was denn die Wirkung dieses Autors sei: »Sind eben alles Menschen gewesen.« Ja, das ist es wohl, dass wir ihn heute mit Gewinn und Vergnügen lesen können. Der andere Liebling unter den Alten ist Horaz. Natürlich hatte ich von ihm schon in der Schule gehört oder gelesen, aber erst nachdem ich seinen Namen mehrfach bei Brecht entdeckte und später in einer Zeit der Wieland-Lektüre, begann ich auch Horaz selbst zu lesen. In den um 1950 entstandenen *Buckower Elegien* von Brecht gibt es ein Gedicht, das heißt: *Beim Lesen des Horaz* und es geht so: »Selbst die Sintflut/Dauerte nicht ewig./Einmal verrannen/Die schwarzen Gewässer./Freilich, wie wenige/Dauerten länger!« Nun, das ist ein Lebensgefühl, das sich am Historischen orientiert, und es ist kein Gefühl der Zufriedenheit. Aber Horaz, der elegante Dichter, hatte ja Glück im Leben, er begegnete Cilnius Maecenas, und seither wünschen sich alle Dichter einen so großherzigen Mäzen. Hier nun lebte er einen poetischen Epikurismus, Brecht sagte solche Haltung wohl zu, diese Mischung aus Illusionslosigkeit und Lebensgenuss. Und Horaz beschrieb diese Welt in seinen Satiren und Oden. Aber auch seine späten Briefe sind Meisterwerke, Versepisteln, die uns mit seiner Lebenswelt vertraut machen. Hören wir ihm für einen Moment zu: »Alle Sänger haben die Unart, im Kreis von Freunden niemals auf Bitten bereit sich zu zeigen, ein Lied vorzutragen; unaufgefordert jedoch finden nie sie ein Ende …« Nun ja, so ging es also zu bei den Alten, nur bei den Alten?

Können wir die fernen Zeiten verlassen, ohne uns um ein Buch zu kümmern, das des öfteren das Buch der Bücher genannt wird? Und selbst wer der Religion des Christentums nicht anhängt, er wird auf irgendeine Weise mit den Geschichten dieses Buches konfrontiert. Am Pfingstsonntag 1944 schreibt Ernst Jünger in sein Tagebuch: »Nach dem Frühstück beendete ich die Lektüre der Offenbarung und schließe damit die erste Gesamtlesung der Bibel ab, mit der ich am 3. September 1941 begann.« Wenige Wochen später beginnt er dann schon mit einem weiteren Versuch, in die Geheimnisse dieses Buches einzudringen. Nun ist die Bibel nicht ein Buch, es sind viele Bücher, und es sind viele Mitschreiber, die daran geschrieben haben. Fast jeder weiß, dass es aus zwei Hauptteilen besteht, dem Alten und dem Neuen Testament. Und für jeden Leser der älteren Generation verknüpfen sich Lese-Erfahrungen mit diesem Buch der Bücher. Da saß der Junge, der noch nicht lesen konnte, und hörte die Geschichten von einem, der sagte, lasset die Kindlein zu mir kommen, und die Jesusgestalt wurde zu einem Vertrauten ganz früher Kindheit und wunderbarer Menschlichkeit, wie man den Kranken half und den Armen, wie man die Hungrigen und die Durstigen nährte, wie Wunder geschahen. Noch kenne ich viele Zitate aus dem Neuen Testament. Damals wollte ich ein Missionar werden, nach Afrika, nach Afrika zu den Heidenkindern ziehen. Ach ja, Märchenwelt und doch auch Menschenwelt.

Und dann später die ersten tastenden Schritte im Alten Testament, schon die Bücher Moses eine Erregung: die Schöpfungsgeschichte, die große Widerspruchsgeschichte der Kindheit. War die Erde nun an sechs Tagen geschaffen geworden, die Frau aus der Rippe Adams, die Schlange, was war das alles? Ein Lehrer gab mir in der Schulzeit die Bücher von Haeckel und Darwin, der Konflikt war geboren. Ich misstraute der Bibel, denn es kam ein Pfarrer dazu, der darauf beharrte, dass alles wörtlich zu nehmen sei. Und später dann las ich die Predigt einer jungen Pastorin, Mutter von drei Kindern, über die unbefleckte Empfängnis. Sie glaubte daran, wie war das möglich? Jeder muss wohl selbst seine Antworten auf dieses Buch der Bücher finden, seine Zugänge auch. Aber ich wollte ja von den Geschichten des Alten Testaments erzählen, David und Goliath, Moses auf dem Weg ins gelobte Land, und Jeremias, der über sein Volk hin heulte, Sodom und Gomorrha, die Posaunen von Jericho, das Buch Ruth, dessen schöne Liebesgeschichte mich anrührte und das Buch Hiob, da der Mann aus dem Elend mit Jehova streitet und dann doch zu einem wird, der annimmt, was ihm angetan wird. So könnte man fortfahren aus der Erinnerung, es gibt kein anderes Buch der Welt, das so viele, unterschiedliche, widersprüchliche, furchtbare und wunderbare Geschichten versammelt. Wir enden hier mit einem Bibel-Leser des 20. Jahrhunderts, der dieses Buch in seinen eigenen Kämpfen und Widersprüchen und in den Wegen seiner Zeit gefunden hat: »Die frommen Legenden, die Bilder, die Geschichten, die Bücher-Physiognomien – und sie alle die Einheit des Buchs der Bü-

## Die Dürer=Bibel
### mit Holzschnitten Dürers und anderer Meister

Band 1: Das Neue Testament in Leinen Mk. 4.50, in Leder Mk. 5.50, in Pergament Mk. 7.50

Band 2: Psalmen, Buch Hiob, Sprüche und Prediger Salomo, Hohes Lied: in Leinen 2.75, in Leder 3.75, Liebhaberausgabe in Pergament 5.00

Die Dürer=Bibel ist die erste und einzige Taschenausgabe, die guten Druck hat, und in jeder Weise vornehm, geschmackvoll und praktisch ist. Die Holzschnitte Dürers machen sie zu einer kleinen Prachtausgabe im besten Sinne. Von mehr als hundert günstigen Urteilen hier nur wenige:

„Eine vortreffliche, billige, handliche und edle Ausgabe."
Leipziger Neueste Nachrichten

„Es ist uns deshalb eine Freude, kunstfrohen Christenmenschen die Dürer=Bibel empfehlen zu können." Deutsche Tageszeitung

„Die Dürer=Bibel ist die erste wirklich mustergültige Taschenausgabe, die uns zu Gesicht gekommen ist." Münchner Akademische Rundschau

„Hätten wir doch eine solche Bibel zur Konfirmation erhalten!"
Prof. Eggeling in „Deutschland"

### Einhorn=Verlag in München

Der Gesamtauflage dieses Heftes liegt ein Prospekt der Verlagsbuchhandlung Erich Baron in Berlin bei, auf den wir alle Freunde grotesken Humors aufmerksam machen. - Auf ein neues Buch des Magister Laukhard weist ein Prospekt der Verlagsbuchhandlung Robert Lutz=Stuttgart hin, der den vielen Freunden des wiederentdeckten Laukhard willkommen sein wird.

Alle Sendungen sind an den Herausgeber Walter Weichardt in Dachau zu richten. Verantwortlich für den Inhalt und Inserate ist der Verleger W. Blumtritt=Weichardt in Dachau. / Gedruckt in der Hof=Buch= und =Steindruckerei Dietsch & Brückner in Weimar.

cher, dessen Wort unausschöpfbar ist. Augustinus hat seine Erfahrung mit ihm in einem Rat zusammengefaßt: Es gebe, so meint er, zwei Möglichkeiten, sich den Zugang zur Schrift zu versperren: wenn man zu klein oder wenn man zu groß von sich denke. Glaubt man, das Wort nicht verstehen zu können, scheitere man schon an der Schwelle; dünke man sich aber zu weise, halte man die Bibel für belächelnswerte Ammenmärchen, stoße man mit der Stirn an den Türpfosten an und gelange auch nicht hinein. Wenn man jedoch unvoreingenommen eintrete, in menschlicher Haltung, mit menschlicher Würde und der Bereitschaft aufzunehmen, werde einem zuteil, mit dem Buch zu wachsen – möge es denn so erfahren sein.« So jedenfalls schreibt Franz Fühmann über seine Erfahrung mit der Bibel. Und vielleicht ist dies ein guter Wegweiser auch für unsere Bibellektüre.

Wir sind damit schon ein ganzes Stück in die Zeiten gegangen, denn nun heißt es wohl in unserer Zeitrechnung »nach Christi Geburt«, auch wenn dieses »christliche Jahrtausend« mit ganz unchristlichen Geschichten beginnt. Wir können an den Sagen der Völker, die diese Frühzeiten beginnen, nicht vorübergehen. Ob wir die nordischen *Edda*-Sagen lesen oder den spanischen *Cid*, das französische *Rolandlied* und das russische *Igor-Lied*, sie alle warten auf unsere Zuneigung. Aber um nochmals ein Wort der Bibel zu zitieren, es steht in den Psalmen und wird oft genug falsch interpretiert: Bleibe im Lande und nähre dich redlich. Und da bleiben wir ein paar Lesestunden lang im Reich der deutschen Heldensagen. Und deutsch auf sehr merkwürdige Weise ist das *Nibelungenlied*.

Von Richard Wagners *Ring des Nibelungen* und Kaiser Wilhelm II. Beschwörung der »Nibelungentreue« bis zum faschistischen Missbrauch auch dieses deutschen Mythos, das *Nibelungenlied* ist eine sehr deutsche Sache. Aber halten wir uns an den Text, nicht an die Interpreten. Ich bin erst spät dazu gekommen, dieses mittelhochdeutsche Literaturstück zu lesen.

Freilich, die Anfangsverse waren mir aus der Schulzeit vertraut: »Uns ist in alten maeren wunders viel geseit/voin helden lobebaren, von groszer arebeit ...« Aber es dauerte Jahre, ehe sich mir die Geschichte als Erlebnis erschloss. Es begann mit der Musik Richard Wagners, mit diesem Gesamtkunstwerk, dann las ich ein heute leider vergessenes Buch des ebenso vergessenen Martin Behaim-Schwarzbach *Der Stern von Burgund*, der das Epos in einem Roman nacherzählte, eine außerordentlich lesenswerte Variante des *Nibelungenliedes*. Dann also erst der ursprüngliche Text.

Wie auch bei Homer wissen wir nicht, wer es geschrieben hat, aber bestimmte Details im Text verweisen darauf, dass der Schreiber wohl aus Österreich kam, dass er die Handlungsorte seiner Geschichte aus eigener Anschauung kannte, und wer heute auf dem Vorplatz des Doms zu Worms steht, der steht auf literarischem Terrain. Hier wuchs Kriemhild auf, die Schwester des Burgunderkönigs Gunther, der mit Gernot und Gislher das Reich gemeinsam regierte. Siegfried, auf Xanten aufgewachsen, hörte von der Schönheit Kriemhilds, und er ging nach Worms. Aber Gunther will die Schwester nur dann an Siegfried geben, wenn der ihm bei seiner eigenen Brautwerbung zur Seite steht, die sie nach Island auf die Burg Isenstein führt. Auch Hagen von Tronje und Dankwart sind dabei. Nun beginnt die Betrügerei, Siegfried gibt sich als Lehnsmann von Gunther aus, und nur er besiegt unter einem Tarnmantel Brünhild. Es gibt in Worms eine Doppelhochzeit, und auch hier ist Betrug im Spiele, die starke Brünhilde verweigert sich in der Hochzeitsnacht Gunther, den sie die ganze Nacht lang an einem Wandhaken aufhängt. Kein sehr erfreulicher Beginn einer Ehe. Aber alles wird wieder gut, so scheint es jedenfalls. Siegfried und Kriemhild, die lange in Liebe auf Xanten leben, werden nach Worms eingeladen, wo die misstrauische Brünhild in offenen Streit mit Kriemhild gerät. Die gedemütigte Brünhild brütet mit Dankwart den Mordplan aus. Siegfried wird ermordet, die berühmte Lindenblattstelle macht's möglich. Das ist der erste Teil der Geschichte, der nun mit Versenkung des Nibelungenschatzes in den Rhein durch Hagen in seine zweite Phase geht. Fast scheint es so, als wiederholten sich die Vorgänge. Nach langer Trauerzeit willigt Kriemhild in eine Ehe mit dem Hunnenkönig Etzel ein. Sie geht also nach Gran, in das heutige Esztergom. Auch hier wieder lange und glückliche Ehe, aber kein Vergessen bei Kriemhild: Sie lädt die Burgunden, die man jetzt auch als Nibelungen bezeichnet, nach Gran ein. Dietrich von Bern, der als Gast hier ist, warnt die anreisenden Verwandten. Aber es kommt, wie es kommt, wie es kommen muss, das Blutbad beginnt. Man metzelt sich gegenseitig nieder, Kriemhild erschlägt Gunther und Hagen, und sie erfährt nicht, wo der Hort der Nibelungen ist. Da wird schließlich Kriemhild auch das Opfer ihrer Mordlust. Das ist das Ende. Das sind wohl die wichtigen Handlungsstränge. Ich habe sie erzählt, um die Wege dieser Geschichte durch halb Europa sichtbar zu machen und auch ihren Kern, der Untreue und Verrat, Betrug und Besitzgier, Blutrausch und Rache zeigt, eine schlimme Geschichte, die ihre Folgen haben wird. Aber eine Geschichte lebt nicht nur aus den bloßen Vorgängen, sondern aus dem geschichtlichen Hintergrund, der Atmosphäre. Der Erzähler des *Nibelungenliedes* hat ja nicht nur eine Saga aus dem Burgundenreich geschrieben, sondern auch eine Geschichte, die die Handschrift ihrer Zeit trägt. Um 1200 kann man als Zeit der Entstehung vermuten. Übrigens, es war der Fürstbischof von Passau, der wohl den Auftrag gegeben hat, die Geschichte zu schreiben, als Friedensbotschaft, als Mahnung. Aber zur gleichen Zeit entstanden auch andere große Epen, aber sie waren nicht mehr von jener dumpfen Vasallentreue getragen, sondern es gab so etwas wie Lichter in der mittelalterlichen Dunkelheit, die etwas von Befreiung und Aufbruch mitteilten. Wer davon etwas wissen will, er mag den *Tristan* lesen, den *Parzival* oder die Lieder der Minnesänger. Es sind Bücher, die in der großen Zeit der Staufer entstanden, und es gibt etliche schöne Sammlungen dieser Texte, so den Band *Deutsches Mittelalter* von Friedrich von der Leyen und Peter Wapnewski, der einen Überblick über diese Dichtungswelt bietet, und mittlerweile sind im noblen Deutschen Klassiker-Verlag die wichtigsten Texte in vorzüglichen Editionen erschienen. Aber wer den Weg in dieses deutsche Mittelalter sucht, der kann einem Autor folgen, der sich selbst einen Weg in diese Dichtung gesucht hat: Dieter Kühn. Es gibt von ihm eine Trilogie mit den Bänden *Ich Wolkenstein, Neidhard aus dem Reuental* und *Der Parzival* des Wolfram von Eschenbach, die mir ein großes Lektüreerlebnis waren. Kühn sucht die Lebenswege dieser Dichter, er beteiligt den Leser an seinen Recherchen, er nimmt sie mit auf seinen Reisen in Dichters Lande, und er konstruiert Modelle: So könnte es gewesen sein. Aus diesen Büchern kann man nicht nur die wahrscheinlichen Lebenshintergründe seiner Protagonisten erfahren, sondern auch die Welt des Mittelalters in detailreichen Bildern. Nun kann die Fachwissenschaft manches einwenden gegen die Erwägungen und Spekulationen Kühns, aber im Grunde gibt es in der deutschen Literatur keinen besseren, spannenderen Weg in diese ferne Welt des Mittelalters.

Wieder einmal müssen wir betonen: Dies ist keine Literaturgeschichte, denn sonst könnten wir nicht auf Dante verzichten, nicht auf Petrarca. Aber muss man diese Autoren heute lesen? Auch Giovanni Boccaccios *Decamerone* muss man nicht lesen, aber wer einen Blick in die Diesseitigkeit der Renaissance haben möchte oder sich auch nur an den Vergnügungen unserer Vorvorfahren mit vergnügen möchte, der sollte dieses Buch lesen. Es gibt Bücher, und dazu zählt das *Decamerone*, die liest man als ganz junger Mensch, um sich ein wenig Aufklärung über das Geschlechtsleben zu holen. Ich erinnere mich noch gut daran, dass die Geschichte, in der es darum ging, den »Teufel in die Hölle« zu schicken mit ziemlicher Lüsternheit von uns halbwüchsigen Knaben gelesen wurde. Und es dauerte lange, bis ich das Buch als Ganzes in die Hand bekam. Da erst begriff ich den Sinn und Hintersinn dieses Buches: Hier wird ja erzählt von zehn jungen Leuten, sieben Damen und drei jungen Männern, die vor der Pest aus Florenz geflohen sind, und um sich die Zeit zu vertreiben, erzählt jeder zehn Geschichten. Und wenn Dante uns die *Göttliche Komödie* geboten hatte, so war dieses Buch eine menschliche Komödie mit all den Zutaten, die eben menschlich, allzu menschlich sind. Und mit dieser Besinnung auf die Diesseitigkeit des Daseins ist auch das Ende des Mittelalters gekommen, die Neuzeit klopft an die Tür, im Historischen wie im Literarischen.

Das beginnt für mich mit einem Buch, das ich schon aus kindlicher Lektüre kannte. Freilich, der *Don Quixote* kam mir damals in einem Band entgegen, der von Oehmigke & Riemenschneider in Neuruppin herausgegeben wurde, ganze 42 Seiten, dazu aber ein paar Bilder, die ich nie vergessen sollte. Schon das Titelbild mit Don Quixote, der gegen die Windmühlenflügel kämpfte, was für ein Abenteuer erwartete mich da? Aber dann im Buch noch ein Bild, wo der Ritter von der traurigen Gestalt auf Säcke einschlägt und das Blut fließen lässt, eine grausliche Szenerie. Ich geriet dabei selbst in diese ferne Welt. Hinter den Büschen und Bäumen meines Dorfes

> **Soeben erschien:**
>
> # Cervantes Don Quixote
>
> In der besten deutschen Übertragung. Herausgeg. von Will Vesper
>
> **Mit 52 Bildern von Gustav Doré. 800 Seiten**
>
> Gebunden 3 Mk. Vornehme Geschenkausgabe in Halbleder 4.50 Mk.
>
> Indem diese Ausgabe alles Veraltete, Ermüdende und Wertlose streicht, hebt
> sie dadurch das Ewige um so klarer heraus, ohne die Form des großen Werkes
> zu verletzen. So möge von ihr gelten, was einst Cervantes selbst von seiner Dich-
> tung rühmte: Kinder blättern darin, Jünglinge lesen sie, Männer verehren sie,
> Greise loben sie. Durch die vielen, der Größe dieses gewaltigsten und unter-
> haltendsten Romans der Weltliteratur ebenbürtigen Bilder verdient dieser
> 2. Band der Abenteurerromane das gleiche Lob, mit dem die gesamte Kritik
> den 1. Band: Grimmelshausen, Abenteurer des dreißigjährigen Krieges als
> „eine Verlegerleistung allerersten Ranges" pries.
>
> ## Verlag Martin Mörike in München

sah ich Don Quixote heranreiten. So also kam ich zum Don Quixote, und später dann las ich die ganze Geschichte, und die beiden
Bände der Diederich-Reihe in der Übersetzung von Ludwig Braun-
fels stehen seither in meiner Handbibliothek. In der Ausgabe gibt es
ein schönes Vorwort des Romanisten Karl Vossler (man begegnet
ihm des öfteren in den Tagebüchern von Victor Klemperer), und da
heißt es: »Sollte ein ängstlicher Leser mich nach dem besten Weg
zum Gipfel dieses Wunderwerkes fragen, so müßte ich antworten:
Wandeln Sie immerzu der Nase nach! Man kann nicht fehlgehen. –
Den Gipfel freilich erreichen nicht alle. Zu einer gewissen Höhe mit
freier, heiterer und lohnender Aussicht aber gelangen auch die
schwachen Bergsteiger; und das Merkwürdige ist, daß jeder mit der
festen Überzeugung, ganz oben gewesen zu sein, heimkommt.« Das
ist gut gesagt und richtig bedacht, denn dieser dicke Roman ist ein
Buch für viele Leser, für diejenigen, die nur die abenteuerliche Geschichte suchen, für die Liebhaber humoristisch-satirischer Literatur und eben auch für diejenigen, die ein Stück vergangener Welt auf
unterhaltsame Weise erleben wollen. Was also begegnet uns? Dieses
Buch des spanischen Schriftstellers Miguel Cervantes ist eine Abrechnung mit einem ganzen Literaturkatalog. Durch Hunderte von
Büchern waren die tapferen Ritter gezogen, die aus Liebe zu einem

adligen Fräulein Leben und Leib aufs Spiel setzten. Nun waren aus den edlen Rittern Strauchdiebe und Raubritter geworden. Nur in der Literatur blieben sie die Ritter ohne Furcht und Tadel. Auch das ist ja ein Phänomen der Literatur: Die Welt hat sich längst geändert, aber die Sehnsucht nach besonnter Vergangenheit, man nennt das Nostalgie, nistet in den Nestern der Literatur. Die Leser in einer Welt der Widersprüche suchen eine harmonische gute Welt. So sah das wohl auch Cervantes, dessen eigenes abenteuerliches Leben übrigens in einem schönen Roman von Bruno Frank beschrieben wurde. Cervantes plante eine Parodie auf die schwülstigen Ritterromane, und so erfand er seinen Don Quixote von der Mancha, den Ritter von der traurigen Gestalt, der mit seinem tapferen Knappen Sancho Pansa durch die spanische Welt des ausgehenden Mittelalters zieht. Don Quixote hat zu viele Ritterromane gelesen, und so verquickt sich seine reale Welt mit der Welt seiner Ritterträume. Ein glänzender Einfall, der zu den verrücktesten Abenteuern führt. Fast jeder kennt Don Quixotes Kampf gegen die Windmühlenflügel, die er für feindliche Ritter hält, und auch auf dem Boden der Tatsachen, auf den ihn die Mühlenflügel werfen, kommt er nicht zur Besinnung. Und überall wähnt er sich im Minnedienst für seine Dulcinea, der »Herrin dieses mit Gefangenschaft bestrickten Herzens«. So reitet er denn mit Rosinante, dem elenden Klepper, und mit Sancho Pansa auf dem Esel durch eine Welt der Phantasie und stößt dabei immer wieder an die wirkliche Welt. Sancho Pansa ist das gerade Gegenteil des Don Quixote: Er lebt in der Wirklichkeit des Alltags, er wünscht sich die Freuden des Essens und Trinkens und der Behaglichkeit. Er macht das alles mit, weil er seinen Vorteil davon haben möchte. Aber oft genug fällt er mit auf die Nase. Und er kann sich nur wundern über seinen verrückten Herrn. Rings um die beiden agieren über sechshundert Figuren, wie fleißige Interpreten des Romans gezählt haben, sechshundert Menschen aus Fleisch und Blut, ein Kosmos dieser fernen Zeit. Aber wie bei jedem großen Buch: die ferne Welt wird uns zum Vergleich zur heutigen. Don Quixote und Sancho Pansa begegnen wir in anderem Gewand auch heute noch. Es gibt wenige Bücher, die so oft plagiiert wurden wie

der *Don Quixote*. Es gibt gefälschte Fortsetzungen, und es gibt viele
»Bearbeitungen« für Kinder. Aber selbst die übelsten Missetaten an
diesem Buch haben seine großartige Grundgeschichte nie ganz zer-
stören können. Wer wie ich mit einem gestutzten *Don Quixote* seine
Leselust an diesem Buch entdeckt hat, der wird es immer wieder
lesen. Und es ist nur ein Schritt vom *Don Quixote* zu *Gargantua
und Pantagruel*. Es sind die beiden großen Geschichten von Gargantua und Pantagruel, die Francois Rabelais geschrieben hat. Seine
Lebenszeit liegt ein halbes Jahrhundert vor Cervantes, aber auch
dieses Epos setzt auf das Lachen, und hier geht es freilich um etliches deftiger zu als bei *Don Quixote*. (Nebenbei: Von beiden Büchern gibt es Ausgaben mit den Illustrationen von Gustave Dorè,
die uns die ferne Welt in wunderbaren Bildern zeigen). Ob man
*Gargantua und Pantagruel* als Ganzes lesen mag, das hängt von der
Interessenlage des Lesers ebenso ab wie von seinem Sinn für phantastische Prosa-Völlerei. Denn das Buch ist nicht die rechte Lektüre
für zartbesaitete Gemüter. Aber wer wissen will, warum die Schen-
kel junger Weiber stets frisch sind, der muss eben Kapitel 40 im
*Gargantua* lesen. Übrigens, das Buch hat nicht nur seine derben
Seiten eines volkstümlichen Humanismus, sondern es ist auch eine
Lektüre für Bücherfreunde, denn Gargantua lässt für den Mönch
die Abtei Thelem bauen, und dies ist eine Behausung für Bücher,
und sehr amüsant liest es sich, wenn Pantagruel die Liste der Bücher
aufzählt, die er in Paris in der Bibliothek von Sankt Victor findet.
Vielleicht könnte man ein paar davon lesen: *Die Rüpelei der Pfäff-
lein* oder *Das Gulasch der Betbrüder, Der Präsidenten Schmerbäu-
che*? Nebenbei, die Abtei Thelem hat eine mehrfache Fortsetzung
erfahren: Bei Georg Müller, dem edlen Münchner Verlag, gab es vor
dem Ersten Weltkrieg eine Buchreihe *Abtei Thelem*, und als einer
der bedeutendsten Antiquare unserer Zeit, Heribert Tenschert, sein
erstes Geschäft gründete, nannte er es Thelem. Es lohnt also, den
*Gargantua und Pantagruel* zu lesen. Wer über den Verfasser, Francois Rabelais, mehr wissen will, Ernst Sommer, ein fast vergessener
Autor historischer Romane, hat ein Buch über den Mönch, Arzt
und Schöpfer dieses genussfrohen Romans geschrieben. Wäre mir

nicht gerade eine Neuausgabe des *Rasenden Roland* von Ludovico Ariost auf den Tisch gekommen, ich hätte vergessen, dass ich vor längerer Zeit dieses Versepos mit Interesse und Vergnügen in der Übersetzung von Johann Dietrich Griese las, obwohl ich nicht gerade ein Liebhaber von Versepen bin. Aber eben dieses Buch gibt mir Gelegenheit zu einem Lob der Übersetzerkunst: Wir haben schon bei Homer auf die verschiedenen Übertragungen verwiesen. Dass wir an der Weltliteratur partizipieren, den Begriff hat Goethe geprägt, danken wir diesen Nach-Schöpfern. Nun, der neue *Rasende Roland* ist ein schönes Beispiel dafür. Es ist eine Zauberwelt, die uns begegnet, und dass wir sie heute noch als zauberhaft empfinden, danken wir den großen Übersetzern. Da hat um 1970 der Romancier Italo Calvino für seine italienischen Landsleute eine Neuausgabe des *Roland* unternommen. Calvino erzählt immer ein bisschen in seiner schönen Prosa aus den Abenteuern des Helden, und dann gibt er wieder dem Ariost mit seinen Versen direkt das Wort. Nun hat der Übersetzer und Herausgeber des Buches in Enzensbergers (hoch zu lobender) *Anderen Bibliothek*, Burkhart Kroeber, das Kunst-Stück übernommen, Calvinos Italienisch ins Deutsche zu bringen, aber als Nachdichter des *Roland* nutzt er dabei die Übersetzung des Goethe-Zeitgenossen Johann Diederich Griese. Dessen Übertragung hat er nur manchmal ganz behutsam verbessert, also Ariosto, Calvino, Griese und Kroeber. Da sage ich: Das sollte man lesen. Ehe wir uns nun zu einem Autor hinbewegen, über dessen Leben und Autorenschaft immer wieder neu spekuliert wird, will ich doch noch einen Lieblingsautor nennen: Michel Montaigne. Er ist der Vater des *Essai*, und er ist wohl auch der Vater jener skeptischen Weltbetrachtung, mit der er seine Zeit bedachte und die eigene Existenz. Auch wenn er gelegentlich darüber räsoniert, dass bei dem Vergnügen, Bücher zu lesen, auch »Beschwerniße« vorhanden seien, denn »der Leib aber, für welchen ich ebenfalls sorge, bleibt indessen unwirksam, träge und schwer«. Aber das hinderte ihn nicht, doch viel Zeit in seiner Turmbibliothek mit Büchern zu verbringen. Worüber er nachdachte, lesen wir dann in seinen Büchern. Und mit dieser Abschweifung zu Montaigne sind wir bei Shakespeare angelangt, von dem Mark Twain ganz witzig schreibt: »Die Sache ist doch sonnenklar! Shakespeare hat nie gelebt. Seine Werke sind von einem anderen wunderbaren Mann gleichen Namens geschrieben worden!« Damit entledigen wir uns der ganzen Bibliotheken, die sich mit dem Problem beschäftigen, ob er nun oder ob er nicht gelebt hat. Martin Bodmer, ein Schweizer Bibliophile, der eine der schönsten Privatbibliotheken des 20. Jahrhunderts um sich versammelt hatte, ordnete diese um das Fünfgestirn Homer, Bibel, Dante, Shakespeare und Goethe. Und wir stimmen ihm zu: Ohne Shakespeare geht es nicht. Auch hier wird jeder seinen eigenen Anfang haben. Bei mir begann es mit einer Theateraufführung, denn Shakespeare begegnet man wohl zumeist auf dem Theater.

Freilich, ob man das heute noch wünschen darf, in dem überdrehten Regie-Theater, wo Hamlet als Che Guevarra agiert oder König Lear als Nazi-General, ich wage es zu bezweifeln.

Als erstes Shakespeare-Stück sah ich *Macbeth*, damals vor fünfzig Jahren in Weimar. Und wie mir scheint, war ich damit an diesen Autor verloren. Damit ist gesagt, dass Shakespeare ein Autor ist, den man auf dem Theater sehen, was nicht heißt, dass man ihn nicht auch lesen sollte. Shakespeare war ein Stückeschreiber, sieht man einmal von den Sonetten ab, die einen kleinen Band füllen und die natürlich auch etliche Übersetzer im Deutschen gefunden haben. Ich lese gelegentlich in der Nachdichtung von Karl Kraus, obwohl mir scheint, dass es sich dabei um mindestens ebenso viel Kraus handelt wie um Shakespeare. Aber der kleine Band bietet die englischen Originale und die deutsche Nachdichtung. Doch die Sonette sind so etwas wie Begleitmusik zum eigentlichen Werk, den Königsdramen, den Komödien, den großen Tragödien schließlich.

Von den 36 Stücken, die in der ersten Ausgabe, dem sogenannten Folio 1623, also sieben Jahre nach Shakespeares Tod, erschienen, sind, 10 Stücke sogenannte Historien oder Königsdramen, und eines davon wird man wohl kennen oder man sollte es gelesen haben. *König Richard der Dritte*, geschrieben wohl um 1592. Die Geschichte eines Bösewichtes, der auf den Thron will. Und schon be-

ginnt das Morden: Der Bruder Georg wird beseitigt, König Heinrich VI., dann dessen Sohn, auch die Söhne von König Eduard IV. werden dahingeschlachtet, der Herzog von Buckingham, schließlich seine Frau Anna, bis er schließlich in der Schlacht selbst fällt. Ist das Ganze nur ein blutrünstiges Gemetzel mit adligem Untergrund? Es wäre eben nicht Shakespeare, wenn es dabei bliebe. Das Stück ist vielmehr eine genaue Beschreibung jener Zeitumstände, da Mord und Lüge, Trug und Verrat die Politik bestimmten. Ist von diesen Zutaten der Macht nicht manches bis heute erhalten geblieben? Das

Furchtbare, das wohl immer im Menschen lebt, hier wird es sichtbar. Was soll man von Shakespeare lesen? Alles, müsste man sagen, und hier muss man einige Sätze über die deutschen Übertragungen einfügen: Noch immer greifbar und lesbar sind Wielands Übersetzungen von zweiundzwanzig Dramen. Vielleicht ist diese Ausgabe besser als die von A. W. Schlegel und Ludwig Tieck, die wir in den meisten älteren Ausgaben finden. Natürlich hat es seither neue Versuche gegeben, Richard Flatter, Hans Rothe und schließlich Erich Fried. Und dabei wird es nicht bleiben, denn Shakespeare regt immer wieder zu Versuchen an, diesem Genie gerecht zu werden, wie es die Kommentatoren belebt und beschwingt. Der amerikanische Kritiker und Shakespeare-Liebhaber Harold Bloom hat einen Tausend-Seiten-Wälzer über Shakespeare geschrieben, und mir scheint, es hätten auch zweitausend Seiten sein können. Immerhin findet Bloom, dass Shakespeare sozusagen der Gipfel aller Literatur ist. Nun ja, jeder Liebhaber findet, dass seine Geliebte das einzige und göttliche Wesen ist. Aber wir wollen noch auf ein paar Stücke verweisen, nur auf drei oder vier, damit wir nicht in die Bloomschen Dimensionen geraten. *Romeo und Julia*, die Geschichte kennt fast jeder. Zwei Familien sind verfeindet, und aus den Feindfamilien wächst die Liebe zwischen Romeo und Julia, und natürlich geht es tragisch aus: Romeo vergiftet sich, Julia tötet sich, und die bisher verfeindeten Familien versöhnen sich an den Leichen ihrer Kinder. Eine Tragödie, wie so oft bei Shakespeare, nicht ohne komödische Züge. Ein hohes Lied der Liebe, und auch das garstige Lied von Neid und Familienhass. Muss man mehr erzählen? Auch das ist, wenn schon nicht bis zur bitteren Konsequenz, ein Stück von uns. Und während ich über den *Sommernachtstraum* und den *Kaufmann von Venedig* hinweggehe, der Bannstrahl Blooms ist mir gewiss, kann ich an *Macbeth* nicht vorübergehen, denn wie gesagt, es war das erste Stück, das ich auf der Bühne sah. Und seitdem habe ich es etliche Male gesehen und gelesen. Vielleicht ist es überhaupt *das* Stück Shakespeares. Und vielleicht noch berühmter, denn alle gebildeten Leute zitieren auch ein bisschen aus dem *Hamlet*, der Rest ist Schweigen. Ja, das steht im *Hamlet*. Der polnische Essayist

Jan Kott hat ein knappe, wie mir scheint, genaue Analyse dieses Stückes oder dieser Figur geliefert: »Hamlet ist nicht nur der Thronfolger, der seinen Vater zu rächen versucht. Hamlet wird nicht nur durch seine Situation bestimmt, jedenfalls nicht eindeutig. Diese Situation wird ihm aufgezwungen, Hamlet akzeptiert sie, bäumt sich aber gleichzeitig dagegen auf. Er nimmt die Rolle an, befindet sich jedoch selbst außerhalb der Rolle. Er ist jemand anders als seine Rolle. Er überragt sie.« Aber *Hamlet* ist ja nicht nur ein Stück über Hamlet, Ophelia, Horatio, Polonius, aber auch Rosenkranz und Güldenstern, das muss man lesen.

Und zu guter Letzt, mein Lieblingsstück? *The Winter's Tale, Das Wintermärchen.* (Franz Fühmann hat übrigens eine schöne Prosaerzählung nach diesem Stück geschrieben). Das Stück spielt in Böhmen am Meer, die Geographiekenntnisse des Autors ließen also zu wünschen übrig. Das Ganze beginnt wie so oft bei Shakespeare: Leontes, König von Sizilien, will Polyxenes, seinen Gast, den König von Böhmen aus Eifersucht töten lassen. Aber dem gelingt die Flucht, die Gemahlin von Leontes, Hermione, kommt ins Gefängnis. Das Kind, das sie dort gebärt, wird ausgesetzt.

Aber der König wird durch das Orakel belehrt und beschämt. Das Mädchen Perdita aber kommt nach Böhmen, wo sie bei einem Schäfer aufwächst. Schwupp, sind sechzehn Jahre vergangen. Und des

Böhmenkönigs Sohn Florizel verliebt sich in Perdita. Er flieht mit ihr nach Sizilien, die scheinbare Statue Hermoines ist die wirkliche Hermoine, die sich mit Leontes wieder vereint, und wie soll es anders sein, Florizel heiratet Perdita, der »Winter des Grams und der Trauer« war vorüber, wie es bei Fühmann heißt. Eine simple Happy-end-Geschichte?

Ein unsterblicher Schmarren, wie Alfred Kerr meint? Nein und nochmals nein, denn selbst in solchen Konstellationen belässt es Shakespeare nicht bei den äußeren Vorgängen. Das Geschehen ist ein Gleichnis, aus dem Winter wächst ein Stück Frühling.

Da sind wir am Ende unseres Weges durch Jahrhunderte und Literaturen angekommen. Und es gibt nun einen Exkurs mit kriminellem Hintergrund.

# Exkurs: Wer war der Täter? *oder* Die Geburtsstunde des Detektivromans

Über meinem Bett befindet sich ein Regal mit dem größeren Teil meiner Kriminalromansammlung, vielleicht siebenhundert Bände. Sollte das Regal einmal aus der Halterung gerissen werden, so bin ich begraben unter Tausenden von literarischen Leichen. Kein schlechter Tod für einen Kriminalromanleser, wird man sagen, und kein schlechter Platz für meine Krimis, füge ich hinzu. Ich kann mich den ganzen Tag geärgert haben, es kann der Wind der Welt ums Haus heulen. Die Lesestunden im Bett machen alles wieder gut. Ich schiebe mir das Kopfkissen zurecht, greife nach einem Krimi, und die Welt ist für ein paar Nachtstunden wieder in Ordnung.
Manchmal bedenke ich kritisch diese Leidenschaft: Muss es ein Mord sein, damit ich gut schlafen kann? Bin ich ein verhinderter Lustmolch, dass ich mich an einer entdeckten Leiche delektiere? Das Leben bietet uns ja Tag für Tag genügend wirkliche Verbrechen, Erpressung, Einbruch, Totschlag. Selbst meiner alten Nachbarin wurde beim Kirchgang die Handtasche entrissen. Und dann vergnügen wir Krimileser uns am so genannten Gewaltverbrechen? Nein, wir Kriminalromanfreunde sind keine Unmenschen, keine versteckten Liebhaber von Mord und Totschlag, die hier geheime

Triebe ausleben: Die Leiche, die da am Beginn eines Krimis gefunden wird, ist ja eigentlich nur der Anlass, dass sich nun ein Szenarium in Bewegung setzt, das zwar viele Varianten hat, aber wie der tschechische Autor Josef Skvorecky einmal schrieb, das »Paradoxon eines lebendigen Schematismus« ist: Immer wird ein Verbrechen begangen, ein Täter gesucht, ein Fall aufgeklärt. Ob dies nun in der luftleeren, unwirklichen Welt englischer Pfarrhäuser geschieht oder im Dschungel heutiger Großstädte, der Hintergrund ist zweitrangig, entscheidend ist das Rätsel.

Und begonnen hat dies alles im April 1841. Das ist die Geburtsstunde der Detektivgeschichte. Nicht sehr oft kann man in der Literaturgeschichte eine Geburtsstunde genau angeben, aber hier ist es möglich: In *Grahams Magazine* in Philadelphia erschien eine Geschichte des damals zweiunddreißigjährigen Chefredakteurs mit Namen Edgar Allan Poe. Und der Titel: *The murders of the Rue Morgue*. Aus dem Titel wird erkennbar, es ist die Geschichte eines Verbrechens.

Natürlich gab es schon lange vorher Verbrechensgeschichten, aber das Besondere an dieser Erzählung war, dass nicht die Tat, ihre Motive, die Sühne im Zentrum der Handlung stehen, sondern der Weg der Aufklärung des Verbrechens. Und die Hauptfigur ist eben der Mann, dem diese Aufklärung gelingt, der Detektiv. Monsieur Auguste Dupin in dieser Geschichte ist der erste literarische Detektiv. Und alle Elemente, die sich dann immer wieder in der Detektivgeschichte finden werden, sie sind hier schon vorhanden, der Detektiv, das rätselhafte Verbrechen, der Weg der Aufklärung, die Aufklärung des Verbrechens. Es gibt noch ein paar andere Bestandteile des Inventars, die nicht immer anwesend sind, aber doch zu einem guten Teil zur Detektivgeschichte gehören, als da sind der Freund des Detektivs, der sich als Erzähler der Geschichte ausgibt, der Wettbewerb zwischen Polizei und Detektiv. Wir werden davon noch erzählen.

Gelegentlich hat man die Detektivgeschichte ein modernes Märchen genannt. So falsch ist dies nicht: Untaten, Verbrechen geschehen, aber am Ende siegt das Gute. Niemand wird doch bestreiten, dass

# EDGAR POES

## KRIMINALGESCHICHTEN

Übersetzt von Hedda-Moeller-Bruck
Einband und Titel-Zeichnungen, Versalien
und Vorsatzpapier von Marcus Behmer.
Auf Van Geldern in Leder 15.— Mark :: Einfache
Ausgabe in Halbpergament 6.50 M, geheftet 4.50 M

Poe's Kriminalgeschichten haben verdeutscht in einer tatsächlich
würdigen, künstlerischen Ausgabe als einheitlicher Band bisher
noch nicht vorgelegen! So ist das Erscheinen dieses Buches be-
deutsam, und umsomehr, als mit den weiteren sich anschließenden
fünf Bänden eine erstmalige deutsche Gesamtausgabe existieren
wird, die, auf Illustration mit Absicht verzichtend, einzig durch
eine kongeniale Buchkunst dem Werke Poe's jene äußere Fassung
gibt, die es erheischt, um ungetrübten Genuß zu spenden. Die
Moeller-Bruck'sche Übersetzung, in tausenden von Exemplaren
schon verbreitet, ist längst als mustergültig anerkannt. Woran es
fehlte, das war eben die äußere Einkleidung. Behmer, der vor
Jahren mit einer etwas anekdotischen und fahrigen Manier begann, hat eine schöne Entwicklung durchgemacht und neuerdings
in manchen Insel-Bänden Hervorragendes geleistet. Er gestaltet
jetzt ornamental, hat es gelernt, den Reichtum seiner bizarren
Phantasie zu beherrschen und einer klug abgewogenen komposi-
torischen Grundidee dienstbar zu machen. Damit mußte er als
berufen und auserwählt erscheinen für die Aufgabe dieser Poe-
Ausstattung, die er mit merkbarer Liebe in Angriff genommen
und erfreulich schön gelöst hat.

### WIR EMPFEHLEN SUBSKRIPTION
der ganzen sechsbändigen Ausgabe und geben noch die
Subskriptionspreise bekannt: Bibliophilen-Ausgabe in
Leder 12.— Mark :: Halbpergamentband 5.80 Mark
Gehefteter Band 3.80 Mark

## J. C. C. BRUNS
HOF-VERLAGSBUCHHANDLUNG, MINDEN (WESTF.)

das Braten einer Person, genannt Hexe, nicht gerade eine humane
Tötung darstellt. Aber niemand nimmt doch dieses Faktum wörtlich, alle Welt freut sich vielmehr, dass Hänsel und Gretel wieder frei
sind, und wenn sie nicht gestorben sind, so leben sie noch heute. In
Agatha Christies *Zehn kleine Negerlein* werden nacheinander alle
zehn Protagonisten abgemurkst, aber der Leser wartet ja nur darauf,
wie, auf welche Weise nun endlich der Mörder gefunden wird. Ende

gut, alles gut. So ist also die Lektüre des Krimis auch ein Beleg für unsere Sehnsucht nach einer besseren Welt.

Oder ist die Detektivgeschichte eine besondere Kategorie des Rätsels? Es ist das »zauberhaft Logische«, wie es Brecht einmal nannte, das sie auch von anderen Literaturformen unterscheidet. Der Leser rätselt mit dem Detektiv, und eine faire Geschichte gibt dem Leser die Chance, mit den gleichen Indizien zu operieren wie der Detektiv. Harry Kemelman, der eine sehr lesenswerte Serie mit einem jüdischen Rabbi als Detektiv in den USA geschrieben hat, bei der man auch vieles über jüdische Religion und Brauchtum erfährt, hat einen Band mit Kriminalstories veröffentlicht: *Quiz mit Kemelman*, in der ein Detektiv agiert, der regelrecht aus der Retorte kommt: »Alle Probleme werden rein deduktiv gelöst, und der Leser erhält dieselben Hinweise wie der Held und Detektiv.« Aber eine solche reine Form des Detektivrätsels ist sehr selten. Vielleicht ist der Krimi überhaupt ein gutes Beispiel dafür, was Literatur sein kann und was Literatur nicht ist. Wer Wirklichkeit sucht, muss keinen Roman lesen, wer aber das ästhetische Spiel mit der Wirklichkeit mag, der ist auch hier, im Krimi, am richtigen Platz. Und da spazieren wir also ein wenig auf der Spielwiese des Detektivromans. Das beginnt ja bereits mit dem Anfang: Edgar Allan Poe, dieser Erfinder, war in der Wirklichkeit ein Mann, der mit dieser Realität nicht zurechtkam. Und so ist es ein Paradoxon, dass der Autor, der die Detektivgeschichte erfand, halbtot aufgefunden wurde, ehe er am 7. Oktober 1849, erst vierzig Jahre alt, starb. Sein Tod wurde niemals richtig geklärt. Aber Monsieur Dupin, mit dem die Geschichte begann, und gerade mal in zwei Erzählungen von Poe auftauchte, hatte bald einen Nachfolger, dessen Name heute als Synonym für die Detektivgeschichte steht: Sherlock Holmes. Ich habe mir einmal das Vergnügen gemacht, ein paar Orte aus der Londoner Stadtlandschaft des Detektivs zu besuchen. Die Nr. 221b in der Baker Street, in der angeblich Mr. Sherlock Holmes im Boardinghouse von Mr. Hudson lebte, die sucht man freilich vergeblich. Aber wir, die Freunde des exzentrischen Junggesellen, kennen sie sehr genau »die Laboratoriumsecke mit dem säureverfärbten großflächigen Tisch«. Jeder auch nur halbwegs Gebildete weiß von den persischen Pantoffeln und dem Violinkasten in der Zimmerecke, und falls es Leute gibt, die davon nichts wissen, so bleibt ihnen nichts anderes übrig, als die Geschichten, die von unserem Freund und seinen Fällen erzählen, nach solchem Inventar zu durchmustern. Wozu liest man sonst Detektivgeschichten, wenn man keinen Sinn für Details hat? Denn dieser Mr. Holmes und seine Wohnung, sie haben mit detektivischer Praxis zu tun, und mit literarischer Praxis auch. Übrigens, wer die vergebliche Suche in der Baker Street aufgegeben hat, der braucht nur ein paar Schritte weiter zu gehen, einen Fußweg von zehn Minuten vielleicht, da ist er dann am Devonshire Place, und hier an Nr. 2 findet er eine jener ovalen blauen Tafeln, mit dem die Londoner Denkmalbehörde auf berühmte, ehemalige Mitbürger verweist. In diesem Hause nun lebte seit 1891 Dr. Conan Doyle als praktischer Arzt. Aber als dem jungen Mediziner zunächst die Patienten ausblieben, und weil er zuvor Edgar Allan Poe gelesen hatte, versuchte er sich im Schreiben von Detektivgeschichten. Schon seine erste Geschichte *A Study in Scarlet,* die 1841 geschrieben wurde, war ein Meisterwerk. Freilich, wie so oft bei einem Meisterwerk, niemand merkte es zunächst, dass es eins war. Mehrere Verleger lehnten das Manuskript ab, weil es als Roman zu kurz und als Erzählung zu lang war, bis schließlich in *Beetons Weihnachtsalmanach* 1887 der lebendigste, beliebteste und unverwüstlichste Detektiv der englischen Literatur seinen ersten öffentlichen Auftritt hatte. Dieser Mr. Holmes, so sehr er ein Geschöpf der Phantasie war, er war auch ein Geschöpf der Erinnerung. Conan Doyle schuf die Figur nach dem Bild eines seiner Lehrer an der Edinburgher Universität, der ebenso mager, schlank und exzentrisch gewesen sein soll, und der auch die Eigenschaft besaß, aus allerlei winzigen Beobachtungen Herkunft, Tätigkeit von Menschen zu schlussfolgern. Er bekam auch gleich einen Gefährten, den Arzt Dr. Watson, der als Erzähler und bewundernder Freund fungiert. In der Monatszeitschrift *Strand* begann die Erfolgsserie der Sherlock-Holmes-Geschichten. Conan Doyle wunderte sich sehr, dass sie so erfolgreich waren. Als er im Februar 1892 tausend Pfund für weitere zwölf Erzählungen verlangte, nahm er an, kein vernünftiger Verleger würde darauf eingehen, aber sein Angebot wurde umgehend akzeptiert. Mittlerweile hatte er nur noch wenig Lust, neue Abenteuer seines Detektivs zu beschreiben. Und als er 1893 die Reichenbach-Fälle bei Meiringen in der Schweiz besuchte, ließ er in einer der nächsten Geschichten seinen Detektiv die Wasserfälle hinunterstürzen. Nun war er ihn los. Doch er hatte nicht mit den Protesten seiner Leser gerechnet. So musste Sherlock Holmes wieder auferstehen, denn immerhin lockten auch 30 000 amerikanische Dollars für dieses Wunder. Und prompt erschien der Detektiv dann in der Geschichte *The Empty House* und erklärte, dass er sich gerettet und versteckt habe. Sherlock Holmes war wieder da, und er sollte am Leben bleiben. Ob er sich tatsächlich in ein kleines Landhaus nach Sussex zurückgezogen hat, um dort Bienen zu züchten? Dieses Rätsel ist bisher ungelöst.

Es ist verständlich, dass Sherlock Holmes Nachfolger fand. Erst mit ihm begann eigentlich der Siegeszug der Detektivgeschichte. Vielleicht ist es hier angebracht, ein wenig Ordnung in das Feld dieser Literatur zu bringen. Kriminalroman, Detektivgeschichte, was ist das eine, was ist das andere? Romane, in denen das Verbrechen eine Rolle spielt, hat es seit langem gegeben, und es gibt nicht wenige Literaturgeschichten, die klettern in allen Verbrechensgeschichten herum, erklären Dostojewskis *Brüder Karamasow* zum Kriminalroman, beordern Schillers *Verbrecher aus verlorener Ehre* in dieses Schubfach und Tschechows *Tragödie auf der Jagd* auch. Das ist sicher alles möglich, es kommt nur auf die Definition an, was man unter einem Kriminal- oder Detektivroman versteht. Wir bleiben aber bei der Literaturform, die den Detektiv ins Zentrum stellt, ob er nun als privater Ermittler oder Polizist agiert. Vielleicht war der erfolgreichste Autor von Kriminalgeschichten in den zwanziger Jahren des vorigen Jahrhunderts Edgar Wallace, der rund 172 Romane verfasste und etliche Geschichten und Stücke dazu. Aber wenn er auch Millionen Leser hatte, wenn auch in jedem seiner deutschen Übersetzungen der Werbeslogan zu finden war: »Es ist unmöglich, von Edgar Wallace nicht gefesselt zu sein«, heute dürften viele Leser das Gegenteil nach der Lektüre von Wallace-Krimis sagen. Warum ist das so? So merkwürdig es klingt, Wallace hat sein Handwerk nicht beherrscht, er hat ein paar Zutaten der Detektivgeschichte genommen, ein rätselhaftes Verbrechen, einen noch rätselhafteren Verbrecher, der auftaucht und verschwindet, unweigerlich gehört auch zumeist eine Liebesgeschichte dazu, kurz und gut: Die Zutaten sind vorhanden, aber das Ganze wird ziemlich schlampig verarbeitet. Heute ist der Krimileser verwöhnt – oder ist es ganz einfach gewöhnt, dass seit Agatha Christie und Dorothy Sayers das Handwerkliche, die Kunst der Detektivgeschichte, wenn man das so sagen darf, ein unabdingbares Muss für jeden Krimischreiber ist. Deshalb sind Wallace und manche andere einst hochgelobte Krimischreiber heute nur noch schwer zu konsumieren. Aber was man mit Vergnügen genießen kann, sind einige der Filme, die nach Romanen von Wallace gedreht wurden. Die Schauspieler sorgen für glänzende Unterhaltung, Gert Fröbe im *Grünen Bogenschützen* oder Joachim Fuchsberger in *Die Bande des Schreckens*. Aber zurück zur Kunst des Handwerklichen: Da sind wir schon bei den beiden Damen aus Old England, die wohl doch die rechtmäßigen Erben Conan Doyles sind, und wie gute Erben verwalten sie nicht nur das überkommene Kapital, sondern mehren es. Ihre Namen: Agatha Christie und Dorothy Sayers. Beide kennt heute jeder, und einige Krimischreiber, die den Krimi als Aufklärungsschrift und Gesellschaftskritik entdeckt haben, mokieren sich über die Weltfremdheit von Lady Agathas Krimis, die man freilich nicht wiederholen kann. Aber der Krimi ist eine Gelegenheit, Geschichten zu erzählen, Erfindungen aus Phantasie und Realität, nicht aber Klagelieder und Kampfgesänge auszustoßen. Dabei war Agatha Christie durchaus keine weltfremde Person, sie wurde oft genug vom Leben gebeutelt. Als sie gerade ihre ersten Romane veröffentlicht hatte, starb ihre Mutter, und ihre Ehe ging in die Brüche. Die Autorin verlor das Gedächtnis, verschwand und wurde von der Polizei gesucht, ein Krimi der Wirklichkeit. Sie ließ sich scheiden, ging auf Reisen, heiratete schließlich den Archäologen Max Mallowan, und die Ausgrabungen ihres Mannes im Orient besiedelten dann auch einige Krimis, die allesamt nach einem bewährten Muster gestrickt wurden: Ein Mord ist geschehen, es gibt einen kleinen Kreis von Verdächtigen, und nun tritt eine der beiden Detektivgestalten auf, die Agatha Christie erfunden hat: Der exzentrische Belgier Hercule Poirot, der Mann mit den »kleinen grauen Zellen«, oder eine ältere Dame namens Jane Marple. Natürlich sind diese beiden Protagonisten reine Kunstfiguren, jeder Leser weiß, dass wir uns hier in einer erfundenen Welt befinden, aber was tut's? Wir wollen eine spannende, verwickelte detektivische Handlung, und die bietet uns die »Lady of Crime«. Es ist ein Werk der Superlative: Ihre mehr als 80 Bücher sind heute in mehr als 400 Millionen Exemplaren und in 104 Sprachen verbreitet. Ihr Theaterstück *Die Mausefalle*, uraufgeführt am 25. November 1952 in London, steht dort seither ununterbrochen auf dem Spielplan des St. Martins Theater. Bisher gab es mehr als 16 000 Aufführungen. Dabei ist dieses Werk nicht unumstritten: Was die einen als das Nonplusultra des Kriminalromans lieben und fanatisch verteidigen, halten die anderen lediglich für eine gehobene Form des Kreuzworträtsels. Andererseits bestätigen ihr Kollegen und Theoretiker, dass sie raffinierte Sujets erfunden hat; der Kriminalromanautor und Literaturprofessor Hans Pfeiffer meinte: »Ich kenne kaum einen unheimlicheren Kriminalroman als die *Zehn kleinen Negerlein*. Dieses Buch bedient eine Variante des Detektivromans, der mit dem Element des »geschlossenen Raumes« spielt. Ein Verbrechen in einem Raum geschehen zu lassen, den keiner betreten kann, das scheint die hohe Kunst des Krimis, Ellery Queen, aber auch Sjöwall/Wahlöö und des öfteren unsere gute Agatha haben sich mit Erfolg daran versucht. Aber wer ein bisschen mehr Wirklichkeit im Krimi sucht, der wird der Dame wohl irgendwann untreu werden. Mit zunehmendem Alter greife ich nur noch gelegentlich zu den Agatha-Büchern, die ich freilich allesamt gesammelt habe. Die Luft in den Pfarrhäusern und auf Nilkreuzfahrtschiffen ist mir ein bisschen zu dünn geworden. Da sind mir die Peter-Wimsey-Krimis ihrer Freundin Dorothy Sayers lieber. Lord Peter ist freilich ein Exzentriker (wie seine Erfinderin) und darin ein direkter Nachfahre von Sherlock Holmes, er sammelt seltene Bücher und spielt Kricket, und seine detektivischen Abenteuer sind reines Hobby, wenn sie auch manchmal den unmittelbaren Lebenskreis betreffen. Was die Krimis der Sayers von ihrer Konkurrentin unterscheidet, sind wohl zwei Elemente: Zunächst einmal ist die Handlungswelt ihrer Bücher nicht realitätsfern. Was sie in *Mord braucht Reklame* über die Geschehnisse in einer Werbeagentur erzählt, zeugt von Sachkenntnis und Weltverstand. Und dann ist die Dame Sayers ein intelligenter Snob, ihre Dialoge sind witzig und haben oft jenes »Understatement«, das (angeblich) dem echten Engländer zu eigen ist. Also, vor die Wahl gestellt, entscheide ich mich für Lady Sayers.

Wenn wir uns nun in die Mitte des 20. Jahrhunderts bewegen, müssen wir nach Amerika gehen, denn dort gibt es tatsächlich eine Weiterentwicklung des Genres, hier hat die hard-boiled-story ihre Geburtsstunde. Man konnte wohl im Amerika der dreißiger Jahre als Detektivromanautor an der Wirklichkeit nicht ganz vorübergehen, und wo eben Mord und Totschlag in der Realität ziemlich heftig existieren, lässt es sich schlecht von stillen Abendstunden in alten Pfarrhäusern fabulieren. Und es beginnt gleich mit einem Meisterwerk, mit Dashiell Hammet *Der Malteser Falke*. Hammet hat nur fünf Romane geschrieben, aber der *Malteser Falke* (1930), der übrigens erst 1951 in deutscher Sprache erschien, hat wohl auch seine originellste Detektivfigur, den unvergesslichen Sam Spade. Es ist nicht sosehr die Story, der Plot, der das Buch so unvergesslich macht, sondern der Stil, mit dem diese Geschichte erzählt wird. Wir wissen nach der Lektüre, dass der einzige Ehrliche der Detektiv ist, die Welt, in der er agiert, ist korrupt, verkommen und kriminell. Zu dieser Autorengruppe gehören viele Schreiber, die wir hier nicht alle aufzählen können. Raymond Chandler ist wohl der unübertroffene Meister des Hard-boiled-Krimis. Dieser Autor hat eine geniale Charakteristik des Genres gegeben: »Meine Theorie vom Schreiben von Kriminalgeschichten unterstellt, dass das Geheimnis und die Lösung des Geheimnisses nur das sind, was ich die ›Olive im Martini‹ nenne, und eine wirklich gute Kriminalgeschichte ist eine, die man selbst dann liest, wenn man weiß, dass jemand das letzte Kapitel aus dem Buch herausgerissen hat.« War danach alles, was wir bisher über die Detektivgeschichte geschrieben haben, unrichtig?

Durchaus nicht, denn die Olive im Martini ist ja eben das Besondere, aber Chandler verlagert den Akzent der Detektivgeschichte
auf den Wirklichkeitsbezug seiner Handlung, auch auf das Künstlerische seines Textes, denn seine Geschichten sind keine Reportagen.
Der moderne Detektiv ist nichts anderes als ein fahrender Ritter der
Neuzeit, Don Quixote im Neonlicht, meinte Nino Erné, ein großer
Kenner von Kriminalgeschichten. Raymond Chandler hat neben einer Reihe von Geschichten nur sieben Romane mit seinem Detektiv
Philipp Marlowe geschrieben, einer so gut wie der andere. Mein
Lieblingsbuch *The Long Goodbye* (1953). Was mich immer wieder
zu den Büchern von Chandler greifen lässt, auch seine Briefe und
die Anmerkungen zur Kriminalliteratur sind lesenswert, es ist die
Atmosphäre, die diese Bücher ausstrahlen. Es sind die Details, die
uns diesen Autor unvergesslich machen. In *The Long Goodbye*
trinkt Philipp Marlowe in einer Bar einen Gimlet, in den Chandler-
schen Büchern wird heftig getrunken, auch ihr Autor war ein Alko-
holiker. Gimlet nun wird in Victors Bar getrunken, und »richtiger
Gimlet besteht zur einen Hälfte aus Gin und zur andern aus Roses
Limettensaft und aus sonst nichts …«, und Hans Wollschläger hat
das Buch so kongenial übersetzt, dass man immer in der Versuchung
ist, einen Gimlet zu trinken, wenn man das Buch aus dem Regal
holt. Aber wo bekommt man hierzulande Roses Limettensaft her?
Damit hat also die amerikanische Renaissance des Kriminalromans
begonnen. Und neben Hammet und Chandler, den Urvätern, gibt es
etliche Kinder und Enkel, die man mit Vergnügen lesen kann. Da ist
Ed McBain mit seinen Geschichten aus dem Polizeirevier 87 in New
York, da sind Ross MacDonald und seine Frau Margaret Millar, die
alle in diese Ahnenreihe gehören, und da sind drei Autoren, denen
ich ein paar zusätzliche Anmerkungen nachschicken will: In den
sechziger Jahren, den Kinderjahren des Fernsehens, habe ich eine
Serie gesehen, wenn ich es recht erinnere, in der ein Strafverteidiger
namens Perry Mason mit seiner hübschen Sekretärin Della Street
und dem Detektiv Paul Drake gegen den elenden Staatsanwalt
Hamilton Burger und seinen Schergen Leutnant Tragg kämpften.
Gerichtskrimi also, rund 70 Perry-Mason-Bücher hat Erle Stanley

Gardner geschrieben, und er wurde dabei ein reicher Mann. Man kann die Geschichten, die mehr in das Phantasiereich des konstruierten Krimis reichen, allesamt mit Vergnügen lesen. Auch Rex Stout gehört zu dieser Mannschaft: Das Beste an seinen über vierzig Nero-Wolfe-Krimis ist das Inventar dieser Detektei: Nero Wolfe ist weit über hundert Kilo schwer, und er verlässt sein Haus in der 35. Straße West in New York nur selten. Er hat seinen Privatkoch, den Schweizer Fritz Brenner, den Gärtner Theodore Horstmann, der Wolfes große Orchideensammlung pflegt, und da ist vor allem Archie Goodwin, der diese Geschichten erzählt, Sekretär und Detektiv, der mit Humor und Ironie ebenso sein Zusammenleben mit dem dicken Wolfe, wie die Aufklärung der Fälle beschreibt, bei der Wolfe die rein deduktive Gedankenarbeit leistet und Archie die Kärrnerdienste. Ach ja, diesen Amerikaner habe ich schon erwähnt, ich will nochmals auf ihn verweisen, es ist Harry Kemelman, der mit seinen Geschichten um Nicky Welt begonnen hatte, und der nun seine gut ersonnenen Detetivgeschichten mit dem Leben in einer jüdischen Gemeinde in Neuengland verknüpfte. Was ich über jüdische Kultur und Lebensweise weiß, es entstammt zumeist diesen Krimis. Dabei hatte er den hübschen Einfall, die Wochentage als Titel zu nutzen, und es begann mit *Am Freitag schlief der Rabbi lang*. Da die Woche nur sieben Tage hatte, Kemelman aber immer weiterschrieb, gab es dann *Eines Tages geht der Rabbi*, und drei weitere Rabbi-Small-Bücher. Doch eines Tages verlässt er doch die Stadt, nicht ohne nochmals mit seiner Talmud-Logik einen Fall zu lösen.

Ich habe in meinem Leben vielleicht tausend Krimis gelesen, vielleicht auch ein paar mehr, und solche Lektüreerfahrung ist nur stichwortartig mitzuteilen: die schwedische Variante des Sozialkrimis existiert in den zehn Martin-Beck-Romanen des Ehepaars Sjöwall/Wahlöö und ihr legitimer Erbe ist Henning Mankell mit seinen grausigen Geschichten, die Kurt Wallander aufzuklären hat. Mittlerweile ist seine Tochter Linda in den Polizeiberuf eingestiegen und wird uns wohl künftig schwedische Kriminalfälle präsentieren. Die niederländische Variante hat Janwillem van de Wetering geschrie-

# HYPERION-BÜCHER
## DIE KEINEN ERFOLG
## HATTEN UND DAHER
## JEDEM ERNSTEN KOPFE
## EMPFOHLEN
## SEIEN

**G. K. CHESTERTON, ORTHODOXIE.** Gebund. M 4.50
Geheftet . .. .. .. .. .. .. .. .. .. .. .. M 3.50
Eines der geistvollsten und interessantesten Bücher unserer
Zeit. Alle Welt spricht darüber. Es ist also Zeit, es auch zu lesen!

**G. K. CHESTERTON, DER MANN, DER DONNERS-
TAG WAR.** Roman. Gebunden . .. .. .. .. .. M 4.50
Geheftet . .. .. .. .. .. .. .. .. .. .. .. .. M 3.50
Wie würden die, die amüsiert die aus hundert Kritiken be-
kannte Fabel dieses in atemloser Hast sich abspielenden
Detektiv- und Anarchisten-Romanes erzählen, dies Buch
erst preisen, wenn sie seine Originalität, seine abgründige
Tiefe, den blendenden Witz aus ihm selbst kennen würden!

**JOSÉ MARIA DE HERÉDIA, TROPHÄEN.** Sonnette.
Deutsch von Emil Freiherrn von Gebsattel. Umschlag
von Walter Tiemann. Gebunden .. .. .. .. .. M 4.50
Geheftet . .. .. .. .. .. .. .. .. .. .. .. .. M 3.—

### GEDICHTE!
**ANDRÉ GIDE, DER SCHLECHTGEFESSELTE PRO-
METHEUS.** Humoreske. Deutsch von Franz Blei. Mit
Bildern von Pierre Bonnard. Gebunden. .. .. M 4.—
„Ach bitte, geben Sie mir lieber Roda-Roda!"

**RUDOLF WILKE, SKIZZEN.** Lithographien in original-
getreuer Wiedergabe. Mit einem Vorwort von Ludwig
Thoma. Gebunden .. .. .. .. .. .. .. .. .. .. M 27.—
Wilke war wahrlich ein großer Künstler. Bedeutend rund-
licher ist Heilemann's Contur und — deutlicher Bayros'
galanter Griffel. —

In besseren Buchhandlungen, sonst direkt vom Verlage
**HYPERION-VERLAG HANS VON WEBER
MÜNCHEN XXXI**

ben, sein Polizistentrio mit dem Commisaris, Adjudant Grijpstra
und Brigadier de Gier agiert in Amsterdam. Ich habe van de Wetering mal in Surry in Maine in den USA besucht, wo er heute lebt. Er
hatte seit längerer Zeit nicht mehr die rechte Lust, seine Krimiserie
fortzusetzen. Aber er muss ja nicht schreiben. Seine Bücher haben
Millionenauflagen. So vergnügt er sich an der Bildhauerei, und
Holländer bleibt Holländer, er betreibt auch einen einträglichen
Immobilienhandel. Schließlich interessiert er sich für den Zen-

Buddhismus, hat darüber Bücher geschrieben, auch eines über seine Erfahrungen in einem japanischen Zen-Kloster, das ich zu seinen besten Büchern zähle (*Der ferne Spiegel*). Mit Krimis kann man Geld verdienen, man kann reich werden, wenn man sein Metier beherrscht.

Georges Simenon hatte sich ja gegen Ende seines Lebens auch aus dem Krimigeschäft zurückgezogen und saß gemächlich unter einer uralten Zeder. Es gibt davon ein hübsches Foto, unter dem Baum wurde auch später seine Asche verstreut. Am 19. September 1972 hatte der unermüdliche Schreiber beschlossen, sein Haus in Epalingen zu schließen und nicht mehr zu schreiben. Das Haus war sein 29. Domizil, er hatte im Laufe seines Lebens Schlösser besessen, Farmen und elegante Villen, nun zog er in ein altes rosa Häuschen inmitten des Neubauviertels in Lausanne. Nach 194 Romanen hatte er die Mappe mit der Aufschrift *Victor* beiseite gelegt, der geplante Roman wurde nicht geschrieben. Es entstanden später noch tagebuchartige Notizen und mehrere große autobiografische Bücher. Aber warum erzähle ich das hier? Um die Dimension dieses Autors sichtbar zumachen. Simenon war wohl die außergewöhnlichste und auch bedeutendste Autorenfigur im Kriminalroman des 20. Jahrhunderts. Zumindest war er der meistgelesene, meistübersetzte, meistverfilmte, mit einem Wort der »erfolgreichste Schriftsteller«, wie *Die Zeit* einmal schrieb. Und auf die Frage: Was soll man von ihm lesen, antwortete André Gide: Alles. Nun ja, ob man tatsächlich alle einhundertvierundneunzig Romane von ihm gelesen haben muss, darüber kann man streiten. Ich nehme jedesmal in den Urlaub einen Magier mit, natürlich habe ich sie mittlerweile alle gelesen. Er schrieb 87 *Maigrets*, und der erste war *Maigret und Pieter der Lette*, als letzter entstand, 1971, *Maigret und Monsieur Charles*. Aber auch die so genannten »Non-Maigrets« haben mit Verbrechen zu tun. Doch es sind eben keine Detektivromane, obwohl etliche Simenon-Leser sie höher schätzen als die *Maigrets*. Über Kommissar Maigret gibt es mittlerweile etliche Bücher bis zum Kochbuch von Madame Maigret, aber auch wer diese Sekundärliteratur nicht gelesen hat, der hat ein Bild von diesem Monsieur Jules Maigret. Obwohl ich natürlich weiß, dass Maigret eine erfundene Figur ist wie Sherlock Holmes, hatte ich doch den Spleen, die scheinbar realen Lebensorte dieser imaginären Figuren zu besuchen. So bin ich auch in Paris Maigrets Spuren nachgegangen. Denn: Wer wüsste etwas von der Brasserie Dauphin, vom Boulevard Richard Lenoir, wenn er nichts von diesem schwergewichtigen Mann wüsste, der pfeiferauchend, mit Hut und Mantel hier gegangen ist. Die Wirklichkeit braucht also die Erfindung, kein Mensch sonst würde sich für dieses Restaurant, für diese durchschnittliche Straße interessieren. Paris sollte der kleinen niederländischen Stadt Delfzijl folgen, die ein Denkmal für Magier errichten ließ, denn hier saß 1929 Georges Simenon, der einen Roman schrieb, in dem zum ersten Mal diese legendäre Gestalt auftauchte, das Buch hieß *Maigret und Pieter der Lette*. Der pfeiferauchende, einsame Kommissar, der oft für den Täter mehr Sympathie hatte als für das Opfer, er gehört zu Paris wie der Eiffelturm. Uns interessieren in seinen Büchern nicht die Fälle, sondern die Menschen, hat mal einer seiner Leser geschrieben. Aber es ist auch die Atmosphäre, die hier mit wenigen, aber genauen Details in Szene gesetzt wird, es sind die knappen Dialoge, die uns mitnehmen in die Welt von Schuld und Sühne. Simenon ist ein Phänomen. Was soll man von ihm lesen? Die *Maigrets* sind meines Erachtens fast alle von gleichbleibender Qualität. Soweit sie auf dem deutschen Buchmarkt greifbar sind (die größten Verdienste um Simenon hat der Schweizer Verlag Diogenes), kann man sie alle lesen. Meine Lieblinge: *Maigret und der Minister*, *Maigret in der Liberty-Bar*, *Maigret und die Affäre Saint-Fiacre*, ach ich höre auf, man muss selber seine Lieblinge finden. Übrigens gibt es einen *Maigret*, in dem Simenon mit Sinn für Ironie und Mystifikation erzählt, wie sie sich kennengelernt haben, der junge Autor namens Sim – ein frühes Pseudonym von Simenon – und der Kommissar Magier, den der Chef der Pariser Kriminalpolizei beauftragt hatte, den jungen Schreiber ein wenig in die Geheimnisse der Pariser Kriminalpolizei einzuführen. Als Dank wird der Autor dann dem Kommissar ein Buch zuschicken, in dessen Helden er sich wiederfindet. Eine hübsche Geschichte, eine amüsante Erfindung (*Maigrets Memoiren* 1950).

Und zu guter Letzt: Simenon hat, ehe er mit den *Maigrets* begann, rund 180 Groschenhefte und mehr als 1000 Erzählungen in Zeitschriften publiziert, und um in unserem Thema zu bleiben, es gibt einen Band *Le petit Docteur*, in dem Simenon einen anderen Detektiv in dreizehn Geschichten agieren lässt: Jean Dollent, einen Landarzt aus der Gegend von la Rochelle. Schade, dass er diese Gestalt nicht fortgeführt hat.

Wir kommen ans Ende unseres Exkurses. Wir bewegen uns in der näheren Vergangenheit und unmittelbaren Gegenwart, wenn wir Namen und Detektive nennen: Die beiden geadelten Damen aus England, P. D. James und Ruth Rendell verdienen ebenso unsere Aufmerksamkeit wie die Amerikanerin in Venedig, Donna Leon, die ihren Commissar Brunetti nun schon durch dreizehn Romane und gute italienische Küche spazieren lässt. Überhaupt, die Damen dominieren in der Gegenwart: Elisabeth George, Amanda Cross, Martha Grimes, Minette Walter, Ingrid Noll. Es scheint, als erweise sich kriminalistische Weiblichkeit den männlichen Konkurrenten überlegen. Diese Damen beherrschen ihr Handwerk. Sie wissen, was eine Kriminalgeschichte braucht. Ihre Detektive sind keine Pappkameraden. Sie leben nicht im luftleeren Raum, aber der Krimi verkommt auch nicht zum sozialkritischen Pamphlet. Jetzt fällt mir ein großes Versäumnis ein: Patricia Highsmith. Nicht nur ihre Ripley-Romane sind Meisterwerke. Und je länger ich in meinen Regalen stöbere, um so unmöglicher wird es, diese Epistel auch nur annähernd mit den wichtigen Namen und Büchern zu versehen.

Soll ich auf Dick Francis verzichten, auf Leo Malet mit seiner hübschen Krimiserie, die jeweils in einem Pariser Arrondissement spielen? Auf die fast unbekannten Bücher, wie etwa den einzigen Krimi des Schweden Ulf Durings *Nach dem Essen soll man ruhen*, der ins Deutsche übersetzt wurde. Da muss ich doch noch einen Satz hinzufügen, denn der Krimi ist so etwas wie ein Modellversuch. Drei Leutchen, natürlich Krimileser, versuchen einen Fall aufzuklären. Sie bereden alle möglichen Motive und Gelegenheiten, und trotzdem gibt es am Ende eine Überraschung. Genug, nach dem Essen soll man ruhen, und da nehme ich mir ein Buch eines meiner Lieblingsautoren: Es ist Colin Dexter mit seiner Inspektor Morse-Serie, Oxford-Krimi vom Feinsten, elegante Rätselerfindungen und gescheite Weltbetrachtungen. Von besonderer Delikatesse *Mord am Oxford-Kanal*, wo ein historischer Kriminalfall von Inspektor Morse vom Krankenbett aus gelöst wird. Oder seine Geschichten *Ihr Fall Inspector Morse*? Mit dem dreizehnten Morse-Roman endet die Serie. In der deutschen Ausgabe hat das Buch den schönen, nachdenklichen Titel *Und kurz ist unser Leben,* Inspektor Morse verlässt in diesem Buch unsere Welt. Er wird kein Opfer eines Verbrechens, sondern seines exzessiven Lebenswandels. Aber was heißt das schon? Belassen wir es dabei, auch für uns Krimileser ist das Leben zu kurz, viel zu kurz. Was soll man lesen?

# Zwischenspiel: Fünf Lieblingsautoren

Eine Literaturgeschichte ist eine Literaturgeschichte ist eine Literaturgeschichte könnte man mit Anklang an einen berühmten Satz von Gertrude Stein (wer das ist, das kann man bei Meister Hemingway nachlesen) schreiben. Aber wir schreiben hier keine Literaturgeschichte, die ganz persönlichen Neigungen des Autors bestimmen die Chronologie. Und nachdem wir uns auf geschichtlichen Wegen in die Welt der Bücher bewegt haben, bestehen wir auf dem Recht, dieses Prinzip zu durchbrechen. Hier soll die Rede sein von fünf Autoren, die ich natürlich hätte auch anders einordnen können, denn Arno Schmidt, der am Schluss steht, gehört ins 20. Jahrhundert, Gutzkow sollte am Rande der Goethezeit stehen, aber er macht sich auch gut bei dem Manne aus Bargfeld. Pepys, der Tagebuchschreiber käme ins englische Fach und die Herren Boswell und Samuel Johnson hätten ihren Platz in der Aufklärung, wenn dies eben eine Literaturgeschichte wäre. Aber ich habe das Vergnügen, solche Einordnungen gelegentlich zu missachten. Sind es Einzelgänger? Vielleicht, vielleicht auch nicht. Aufklärer auf eine besondere Weise sind es ganz bestimmt, und was ebenso wichtig ist, es sind außerordentlich unterhaltsame Schreiber. Meine Einordnung benennt sie als Lieblingsautoren, weil ihre Bücher immer irgendwo in der Nähe meiner Lesestätten, also am Bett oder Sessel mit Rotweinglas oder im Sommer auf der Gartenbank hinter der Hecke stehen oder liegen. Habe ich es satt, wieder einen dieser Jung-Autoren zu lesen, in deren Entwicklungsromanen sich so gar nichts entwickelt, das Regal, in dem die Bücher der genannten Herren stehen, ist nicht weit. Und bei ihrer Vorstellung beginne ich mit dem guten Samuel Pepys (man spricht den Namen pips oder pepis aus) und mit dem 26. Mai 1703 in Clapham bei London, als der eben Genannte im

## Gustav Kiepenheuer / Verlag / Weimar

## Die Liebhaber-Bibliothek

wird in jeder Beziehung vom Guten das Beste bringen. / Anerkannt wertvollen fesselnden Inhalt, vornehme Ausstattung und Illustrationen erster Künstler machen die Bücher zu Liebhaberbänden im wahren Sinne und zu den reizendsten Geschenkwerken.

Jeder Band kostet
solide und reich geb. **1**⁵⁰ M  in echt Wildleder mit d. Hand geb. **4**⁵⁰ M

Bisher sind erschienen:

Illustration aus Brentano

**J. P. Jacobsen
Novellen**
Mit einer Einleitung von Ernst Ludwig Schellenberg. Diese epochemachenden Novellen werden hiermit zum erstenmal in einer geschmackvollen Einzelausgabe geboten.

**Andersen Bilderbuch ohne Bilder**
Mit 60 Silhouetten von M. Saalwächter. Ein Kabinettstück feiner Buchkunst.

**Saint-Pierre
Paul und Virginie**
Mit 8 Bildbeilagen u. Titelblatt nach Stahlstichen a.d. ersten deutschen Ausgabe. Ein reizvolles Buch, das sich in seiner entzückenden Aufmachung bald alle Herzen erobern wird.

**Brentano
Novellen**
Mit Bildern von Helene Vrieslander und einer Einleitung v. E. L. Schellenberg.

*Jede bessere Buchhandlung legt die Bücher gern zur Ansicht vor. Weitere Bände sind in Vorbereitung.*

Alter von siebzig Jahren starb. Was damals ein hübsches Alter war. Er hinterließ seine Bibliothek von dreitausend Bänden seinem Neffen John Jackson. Nach Jacksons Tod sollte die Bücherei nach Cambridge gehen, und vermutlich wäre dieses Legat so wie manches andere für immer in Vergessenheit geraten. Aber da gab es sechs dicke Kalbslederbände, 3100 Seiten in einer besonderen Kurzschrift, und hier hatte nun Pepys zwischen 1660 und 1669 seine Tage und Jahre beschrieben, ein Zeitdokument, für uns heute das vergnüglichste Tagebuch der Weltliteratur. »Heute morgen begann ich ein Verfahren, das ich wegen seiner Bequemlichkeit beibehalten werde, da es mir Geld und Zeit spart, nämlich mich mit einem Rasiermesser

selbst zu rasieren, was mir mächtig gefällt.« Das steht unter dem
6.1.1664, und es zeigt schon, dass wir es hier mit einem Tagebuchschreiber zu tun haben, der sich mit sich selber beschäftigt. Aber die
Zeit, in der er lebt, wird sichtbar. Denn es war das Jahrhundert der
bürgerlichen Revolution in England, und Pepys lebte mitten in den
Querelen, die diese Zeit für ihn, einen Staatsdiener, bereit hielt.
Cromwells Umwälzungen wehen noch in die Jugendjahre Pepys,
der als Protegé und Vetter von Sir Edward Montague am Aufstieg
seines Gönners beteiligt ist. Montague hatte den König zurückge-
bracht, Pepys steigt in der Admiralität auf, er wird zuletzt sogar
Staatssekretär. Aber Pepys interessierten die Verhältnisse nur inso-
weit, wie sie seine Lebenswege beflügelten. In jedem Jahr teilt er
akribisch mit, wieviel er Geld gemacht hat. »Aber Gott sei Dank
und ich bitte Gott, mich dafür dankbar zu machen; ich stelle fest,
daß ich in gutem Geld mehr als 6200 Pfund wert bin, was über
1800 Pfund mehr ist als im vorigen Jahr«, schreibt er am 31.12.1666.
Pepys erzählt sein Leben, und er ist ein echter Hallodri, vor allem
den Frauen zugetan. Die Aufzeichnungen über sein Sexualleben
sind für uns heute eine Quelle echter Komik. »Es ergeht einem mit
Pepys ähnlich wie mit Shakespeares Falstaff: Das eine Mal ist er
Mitmensch, das andere Mal ein Filou, dann wieder ein befugter Tad-
ler und am negativen Ende der Skala der routinemäßige Vergeuder
von Kanonenfutter« (Anselm Schlösser). Pepys ist ja ein vielseitig
interessierter Mann, er liest gern, und er liebt die Musik, er sammelt
Bücher. Er beschreibt sehr genau die großen Katastrophen jener
Jahre, die Pest in London 1665 und das Große Feuer von 1666. Also,
man kann ihn mit Vergnügen lesen. Es gibt leider keine vollständige
deutsche Ausgabe dieses Tagebuches, die beste englische Edition
*The Diary of Samuel Pepys 1660–1669*, in elf Bänden zwischen 1970
und 1983 bei Bell & Hyman in London erschienen, kann man gelegentlich auch im deutschen Antiquariatsbuchhandel finden. Auf
dieser Ausgabe basieren die deutschen Auswahlbände *Das geheime
Tagebuch*, herausgegeben von Anselm Schlösser (Insel 1980 ), die
nach wie vor beste Auswahl, auch wenn die Edition von Volker
Kriegel und Roger Willemsen hübscher ausgestattet ist (Eichborn

2004). Aber die richtige Frage aller Pepys-Leser hierzulande lautet: Wann endlich haben wir den ganzen Knaben auf Deutsch? Da steht es um Samuel Johnson und James Boswell schon besser. Es gibt eine vorzügliche Ausgabe von James Boswells *Das Leben Samuel Johnsons* und *Das Tagebuch einer Reise nach den Hebriden*, auch das *Londoner Tagebuch* von Boswell ist im Antiquariat greifbar. Aber da müssen wir erst einmal ein paar Sätze über die beiden Herren aus England verlieren. Das Ganze spielt genau hundert Jahre nach Pepys, und da trifft der junge schottische Rechtsanwalt James Boswell am 16. Mai 1763 im Hinterzimmer des Buchhändlers Davies in der Londoner Russel Street den englischen Lexikographen und Schriftsteller Samuel Johnson, den großen Dr. Johnson, wie er genannt wurde, und er weiß, dass er diese Beziehung pflegen wird, obwohl Johnson durchaus »verehrungswürdig«, aber auch »unausstehlich« war, wie Oliver Goldsmith schrieb. Und aus dem näheren Umgang mit dem Aufklärer, aus gemeinsamen Reisen zum Beispiel auf die Hebriden, schrieb Boswell seine Biografie des Mannes, der zu seiner Zeit eine einsame Größe in London war. Johnson war ein reizbarer, raunzender alter Knabe, der nach seinem *Dictionary* nicht mehr viel schrieb, sondern auf seinem Ruhm ausruhte, bedeutende Sätze von sich gab, die sich gelegentlich nur als Banalitäten erwiesen. Und alles das schrieb Boswell auf in seiner Biografie, vielleicht der ersten literarischen Biografie in der englischen Literatur. Und seither kennt man Boswell, und durch ihn kennt man Johnson. Das alles liest sich heute noch ganz wunderbar. Ein bisschen erinnert das alles auch an Pepys. Boswell schreibt, was ihm Johnson sagt, aber auch, wie er selbst lebt. Und er ließ sich gern von Johnson beraten, als er beispielsweise mal ein Mädchen im Blickfeld hatte, das er ehelichen wollte, fragte er Johnson, ob es gut sei, eine kluge und witzige Dame zu ehelichen. Und der meinte: »Machen Sie sich darüber keine Sorgen. Heiraten Sie. Bevor ein Jahr dahingeht, werden Sie finden, dass ihr Witz nicht mehr halb so glänzend ist.« Solcherlei Lebens-Kunst-Stücke gefielen den Lesern, und sie amüsieren noch immer. Aber Boswell beließ es nicht bei Johnson, er belagerte den Maler Sir Joshua Reynolds, er reiste durch die Welt, immer auf der

Suche nach bedeutenden Leuten und berühmten Gegenden. In Wittenberg schrieb er einen Brief an Johnson, auf dem Bauche liegend, weil er unbedingt Melanchtons Grabplatte als Schreibtisch verwenden wollte. Er traf Gellert und Gottsched in Leipzig, und vor allem besuchte er im schweizerischen Jura, in Motiers, Jean-Jaques Rousseau. Rousseau aber hatte keine Lust, mit dem jungen Schotten zu parlieren. Er versuchte, ihn auf elegante Art hinauszuwerfen. »Mögen Sie Katzen?« fragt er. »Nein.« »Das habe ich mir gedacht. Es ist mein Charaktertest. Da haben Sie den despotischen Instinkt der Menschen. Sie mögen Katzen nicht, weil Katzen frei sind und sich niemals versklaven lassen. Eine Katze macht nichts auf Kommando wie andere Tiere.« Aber Boswell war nicht auf den Mund gefallen: »Eine Henne auch nicht.« Das verschlug dem Philosophen die Sprache.

Nur für kurze Zeit, dann redet er mit dem hartnäckigen Knaben aus Schottland. Und der entlockt ihm so manche Auskunft und schließlich sogar Sympathie. Und natürlich musste er auch Voltaire treffen, also auf nach Ferney. Auch hier veni, vidi, vici. Sein Biograf, Professor Pottle, kommentiert amüsiert: Ein köstliches Bild. James Boswell versucht, den Weisen von Ferney zur christlichen Religion zu bekehren. Das alles kann man lesen im *Leben von Samuel Johnson*, das ist freilich auch das Lebenswerk Boswells. »So breitet sich im Schatten des gigantischen Selbstporträts die Landschaft einer Epoche aus … Boswell gelang es, das Aroma der Wirklichkeit über die Jahrhunderte hinweg zu vermitteln, eine Ahnung, wie es denn gewesen sein mochte« (Klaus Harpprecht).

Gelegentlich sollte man auch erzählen, wie man zu einem Autor gekommen ist, und da will ich einen Kratzfuß vor Rolf Vollmann machen, dessen Thomas-Mann-Abneigung ich nicht teile. Ich halte sie sogar für eine merkwürdige Form von Dummheit, Vollmann verzeihe mir diese Direktheit, die man sich bei dem klugen, belesenen Mann eigentlich nicht vorstellen kann.

Der wohnt übrigens als Leser von Beruf oberhalb des Neckars an der Neckarhalde in Tübingen und ist umgeben von allerhand Literatur. Gelegentlich will ich aus seinen Lese-Büchern zitieren. Hier muss ich bekennen, dass er mich zum Gutzkow-Leser befördert hat. Natürlich wusste ich als Literat, wer Gutzkow war, aber ich hatte nie auch nur eine Zeile von ihm gelesen. Und nun wollte mir Vollmann erzählen, dass dieser Vielschreiber, Tagesjournalist, Polemiker und Vertreter der Jungdeutschen auch noch ein glänzender Romancier sei. Und er hatte Recht. Ich las an langen Winterabenden *Die Ritter vom Geiste*, dreitausendsechshundertneun Seiten. Das muss man sich vorstellen, viele Winterabende mit Herrn Gutzkow. Ich las noch etliches andere, aber die *Ritter* ließen mich zu Gutzkow kommen – und auch zu Vollmann. Doch das ist schon eine andere Geschichte. Was ist das also für ein Mammutbuch? Das Geschehen beginnt in Tempelheide, einem Vorort Berlins, obwohl der Name Berlin nie auftaucht. Und es treffen zwei Figuren aufeinander, der Maler Wildungen und der etwas zwielichtige Fritz Hackert. Sie treffen auf dem Landsitz des Gerichtspräsidenten von Harder zusammen und begeben sich alsbald gemeinsam auf die Reise in die Hauptstadt. Der Maler Siegbert von Wildungen trifft auf der Reise auf seinen Bruder, der ihn auf einen Schrein aufmerksam macht, in dem sich Dokumente befinden, die auf Grundbesitz der Brüder verweisen. Der Schrein ist das geheimnisvolle Vehikel, das die Geschichte ein wenig ins Detektivische bewegt, und dazu kommt ein weiterer Handlungsstrang, der uns einen Prinzen bietet, der wiederum eine gewisse Sympathie für die sozialistischen Arbeiter hat. Der ganze Gutzkow schimmert hier durch. Es gibt schließlich einen Geheimbund, der zur Verbesserung der Welt begründet ist. Ob freilich die Welt damit verbessert wird, bleibt fraglich. Gutzkow schreibt über seine Absicht: »Diese Freiheit der Individuen neben der Nothwendigkeit des bezweckten Themas einer Geschichte darzustellen, war meine Absicht, und ich überlasse es jedem Unparteiischen, zu entscheiden, ob die allerdings absolute Unmöglichkeit jenes Mechanismus ... sich auch, was ich leugnen muß, mitgetheilt habe dem durch diese Hebel hervorgerufenen individuellen Leben.« Gutzkow ist sich bewusst, »daß dieser Mechanismus oft klappert«, aber da sich die Geschichte in vielen Nebenhandlungen mit rund zweihundert Figuren bewegt, können wir uns ihrer Spannung nicht entziehen. Und nicht ihrem Zauber, der daraus resultiert, dass Gutzkow eben ein rechter Erzähler ist, der seine Handlung gelegentlich zwar in holprige Nebengassen führt. Aber er bietet uns eine Fülle von Licht und Schatten in den Zeitläuften, bis es am Schluss des neunten Bandes heißt: »Ein Faden, ewig ausgesponnen,/Ist jedes Stäubchen Sonnenlicht!/Die Ewigkeit hat nie begonnen –/Was nie begonnen, endet nicht!« Und es endet also die Geschichte. Übrigens hat Gutzkow noch weitere Romane geschrieben: *Wally, die Zweiflerin*, die es heute, so glaube ich, bei Reclam gibt, aber ich habe sie nur teilweise gelesen. Es ist kein Roman, sondern ein Traktat, dazu neigte Gutzkow gelegentlich. Und gar nicht gelesen habe ich bisher den zweiten Neunbänder von Gutzkow *Der Zauberer von Rom*. Das Buch ist nirgendwo zu bekommen, Rolf Vollmann, der Schatzgräber hat es in der von Gutzkow gekürzten Ausgabe gelesen und versprach eine Neuausgabe vor mehreren Jahren. Bis heute hat er diese nicht veranstaltet, egoistisch, der Mann, er hat es gelesen, aber ich würde es auch gern lesen. Gutzkow, ich will es wiederholen, lohnt die Entdeckung und die Lektüre. Das wusste schon unser Freund Arno Schmidt, der auch ein Schatzgräber war. Freilich, Schmidt verweist nicht freundlich auf die mögliche Lektüre, sondern er ordnet sie an. Was Schmidt entdeckt, das wird von ihm auch mit Qualitätsmerkmalen versehen, die niemand anzuzweifeln hat. Aber der Reihe nach: Als Arno Schmidt gerade seine ersten Prosastücke herausgegeben hatte, war er ein ziemlich armer Hund. Er hatte kein Geld, wohnte in verschiedenen Quartieren, die ihm Prozesse einbrachten, bis er 1958 nach Bargfeld kam, wo er das Glück hatte, einen Mäzen zu finden, der ihm seine letzten Arbeitsjahre erleichterte. Aber vorher hatte er neben glänzenden Übersetzungen (Bulwer-Lytton, wir werden nochmals darauf zurückkommen, Cooper) mit literarischen Funk-Features seine Prosa-Produktion finanziert. Und da kommen wir nochmals auf Gutzkow zurück, denn ihm ist ein solches Feature gewidmet. Schmidt hat solche Arbeit gelegentlich mit einem lässigen Understatement abgetan: »All das sind größtenteils Brotarbeiten, hastig ums liebe Geld geschrieben: wer'ne Bude auf'm Markt hat, muss eben schreien.« Nun, ganz so hastig sind die Dinge nicht verfasst, Schmidt war ja ein Mann, der anderen Schreibern, Autoren, Herausgebern gern ihre Schludrigkeiten vorwarf, mit Recht, muss man sagen. Aber er war natürlich auch einer, der von seinem Urteil über die vergessenen Kollegen völlig überzeugt war. Ob man Samuel Christian Pape oder Barthold Heinrich Brockes heute noch lesen muss, wage ich zu bezweifeln. Doch es ist ein großes Vergnügen, Schmidts Auslassungen über die »Gehirntiere« zu lesen. Wer also mehr über Karl Gutzkow wissen will, der darf in dem Band *Die Ritter vom Geist* eben dieses Eingangsfeature lesen, das dem Ritter vom Geist Karl Gutzkow gewidmet ist. Was er beispielsweise von dem *Zauberer von Rom* hält: »die unvergleichlich beste Schilderung der katholischen Welt, die es gibt; und, zumal für einen Deutschen, eigentlich eine unerlässliche Lektüre«. Nun ja, das kann man also lesen. Aber dabei sollten wir es um Himmels willen nicht belassen, Arno Schmidt ist auch mit seinen eigenen Prosastücken unserer Aufmerksamkeit wert. Wer noch nichts von ihm gelesen hat, dem empfehle ich zwei kleine Bände, einmal die Texte um den Vermessungsrat a. D. Stürenburg und die Kurzgeschichten *Sommermeteor*. Dann kann man ja mit dem *Leviathan* beginnen, seinem Erstling und sich bis zu *Zettl's Traum* und den anderen Großromanen hochlesen. Aber ich kann es mir nicht versagen, ein paar Sätze zu *Zettl's Traum* mitzuteilen. Ich habe es bei mir unter einem kleinen Büchertisch stehen, denn es hat ein Format von ca. 30 × 43 cm, und es wiegt neun Kilo. Ich selber habe es nicht auf die Waage gelegt, vielleicht wiegt es auch noch mehr. – Helmut Heißenbüttel, der Arno Schmidt und seine Produktion mochte, er hat einen hübschen Aufsatz über *Zettl's Traum als dickes Buch* veröffentlicht. Und er kommt dabei zu der Feststellung, dass es umfangreicher ist als alle *Maigret*-Romane von Simenon zusammen, in einem normalen Buchformat wären das 5000 Seiten. Man muss also schon ein Enthusiast sein, um dieses Buch zu konsumieren. Es lässt sich ja auch nicht lesen wie ein normales Buch, denn Schmidt hat sich ein ganz eigenes System der Druckseite ausgedacht, die man nicht beschreiben kann. Die Handlung ist ganz simpel: Vierundzwanzig Stunden in einem Heidedorf mit dem Schriftsteller Daniel Pagenstecher, Wilma und Paul Jacobi und deren Tochter Franziska. Dabei geht es in den Gesprächen und Reflexionen um Pagenstechers Arbeitsmethoden und um die Erkundung des Werkes von Edgar Allan Poe, dessen Spuren man nicht nur bei Schmidt wiederfindet, sondern den er auch bei vielen anderen Autoren mit Vergnügen sucht. Ja also zurück zu *Zettl's Traum.* Heißenbüttel meint, dass wir es hier mit einer »weitschweifenden Literatur-Psychoanalyse« zu tun haben, aber es gibt auch ganz hübsche Gegenreden, denn Schmidt wurde des öfteren ziemlich heftig befehdet: »Nur ein SCHMIDT#sches ›Etym‹Kann die Genialität von Zettel's Traum beschreiben: B/klo=ppt«, meint ein Leser namens Horst Werner aus Münster. Natürlich, wer seinen Shakespeare gelesen hat, der kann zumindest den Titel dechiffrieren, denn Zettl ist eine Figur aus dem *Sommernachtstraum,* und bei Schmidt wird gleich aus dem Stück ein Motto gefunden: »Der Mensch ist nur ein Esel, wenn er sich einfallen läßt, diesen Traum auszulegen.« Ob man nun die fünfhundert oder sechshundert Lesestunden aufbringt, um dieses Werk zu konsumieren, es ist eine Entscheidung, die jeder selber treffen wird. Aber als passionierter Leser kommt man wohl an Arno Schmidt nicht vorbei, er ist eine singuläre Gestalt der deutschen Literatur des 20. Jahrhunderts. Und wer ihn einmal wirklich gelesen hat, der wird ihm vielleicht »verfallen«, wie man so sagt, denn Arno Schmidt kann ein Leserleben füllen.

# Aufklärung und Unterhaltung

Ganz kommen wir nicht ohne ein paar literaturhistorische Hinweise aus, trotzdem keine Schubladen, nur Wegweiser, Zeitzeichen. Immanuel Kant: Aufklärung ist der Ausgang des Menschen aus seiner selbstverschuldeten Unmündigkeit. Das 18. Jahrhundert hat man einmal als das eigentliche Zeitalter der Aufklärung bezeichnet, aber natürlich hat das schon im 17. Jahrhundert begonnen. Und die Literatur hat sich der Aufklärung angenommen: Da wir auf den *Robinson* von Defoe vielleicht bei anderer Gelegenheit verweisen, wollen wir auch Swifts *Gullivers Reisen* übergehen und zwei andere Engländer besuchen: Henry Fielding und Lawrence Sterne. Ich habe Fielding erst später gelesen. Da gab es in meinen Jugendzeiten zu viel Bemerkungen über den kritischen Realisten und zu wenig lustvolle Verführung, also ließ ich die dicken Bände im Regal stehen. Übrigens, hier ist Gelegenheit zu einer Zwischenbemerkung: Natürlich wird man mich schelten, auf die großen Bücher der Philosophen, der Historiker zu verzichten, auf die Werke der Wissenschaftler, aber dies ist ein Buch meiner Leselust an schöner Literatur. Nur gelegentlich wollen wir da an einer Kreuzung von der einen Hauptstraße in eine andere abbiegen, also ein paar Sätze über die Humboldts verlieren, und so notwendig es wäre, etwa Kant oder Schopenhauer, Burckhardt oder Nietzsche zu vermerken, wir verzichten darauf.

Aber zurück zu Henry Fielding. »Jetzt, in der zweiten Hälfte des XX. Jahrhunderts, steht der weltweite Übergang vom Kapitalismus zum Sozialismus auf der Tagesordnung. Können uns dabei Romane wie der *Tom Jones* noch etwas sagen?« So steht es in meiner Ausgabe des *Tom Jones* vom Verlag Neues Leben, Berlin 1970. Dieser Übergang steht wohl nicht mehr zur Debatte, so ändern sich die

Zeiten, aber ein Roman ist eben kein Wegweiser in nahe oder ferne Gesellschaftsmodelle, sondern er ist eine Geschichte. Kann man nun verstehen, dass ich dem Buch mit solchem Nachwort nicht folgen wollte und auf den *Tom Jones* zunächst einmal verzichtete? Aber dann nahm ich doch die schöne Ausgabe mit den Zeichnungen von Eberhard Binder-Staßfurt eines Tages in die Hand und begann zu lesen. Man liest ja einen Roman zur Unterhaltung, und wie gesagt, wenn er einem das nicht bietet, hat er nichts zu geben. Nun nimmt uns also Fielding an die Hand und führt uns durch sein Labyrinth von Zeit und Welt und erzählt uns die Geschichte eines Findelkindes. Natürlich gehört in eine solche Geschichte auch ein Bösewicht, der hier den Namen Blifil trägt und eine schöne, kluge Frau, die den Knaben in allen Lebenslagen betreut, Sophia Western ist der gute Geist der Geschichte. Wer nun meint, das Ganze liefe so simpel ab, wie es hier in wenigen Zeilen mitgeteilt wurde, der irrt, denn Fiedlings Roman ist ein Roman der Abschweifungen, die sind das wahre Leben. Und da darf ich gleich einen weiteren Engländer zur Lektüre vorschlagen: Lawrence Sterne mit seinem *Tristram Shandy*, ein Hauptwerk der Abschweifungsliteratur. Verständlich, dass Hermann Hesse ihn mochte, der ja eine besondere Liebe zu seinem deutschen Bruder im Geiste hatte: Jean Paul, zu dem wir noch kommen werden. Dieser Sterne hat einen krausen, putzigen Humor, wenn man es so sagen darf. Schön hat man einmal über seine Romanwelt gesagt, die Seele sucht Gott, das Fleisch will Lust. Das ist wohl ein Menschheitsproblem, aber bei Sterne findet es sich in einem Humor, der ebenso direkt wie versponnen ist. Man kann das Buch lesen, man sollte es lesen.

Ehe ich zu den französischen Aufklärern komme, denen ich ein paar Seiten widmen muss, stelle ich einen Mann und sein Buch vor, dessen Namen noch immer in aller Munde ist, auch wenn man seine dicken Memoiren nur noch selten liest. Das Buch ist ja ein so genanntes »Stellenbuch«, da schnüffeln die Leser nach bestimmten Stellen, aber so richtig fündig werden sie bei diesem Autor nicht. Kaum eine andere Persönlichkeit ist mit ihrem Namen so zum Synonym geworden: Der kleine Ladenschwengel, der es mit der Chefin treibt, der große Boss, der das Dienstmädchen liebt, sie alle sind nach des Volkes Rede Casanova. Zumeist ist solche Kennzeichnung ein Missverständnis, denn dieser Venezianer war ja keiner dieser Knaben, die ihre Hosen nicht halten können. Was er trieb, war auch nicht mit August des Starken Dauerfeuer zu vergleichen, er war ein Renaissancemensch, ein Aufklärer, den es ins Rokoko verschlagen hatte. Er kam zu spät, und er kam zu früh. Und wer gern einmal die Lebenswelt eines solchen merkwürdigen Mannes erleben will, der darf nach Böhmen fahren, in das kleine Provinzstädtchen Duchcov. 1785 bis 1789 lebte er in dem Barockschloss der Familie Waldstein. Bevor er hierher kam, bereiste er ganz Europa in vielerlei Missionen. Er sah Madrid und Moskau, Paris und Rom, Barcelona und London. Er war Sekretär eines Anwalts, eines Kardinals, eines Galeerenkapitäns und eines Botschafters. Er war diplomatischer Agent des Königs von Portugal und finanzieller Agent des Königs von Frankreich. Er besaß Dutzende von Pässen und Geleitbriefen, echte und gefälschte, von Grafen und Königen. Er war einer der berühmtesten Ausbrecher seines Jahrhunderts. Ihm gelang die Flucht aus den für unüberwindlich gehaltenen Bleikammern von Venedig, die er selbst in einem lesenswerten Teil seiner Memoiren beschrieben hat. Und eben diese Memoiren sind es, die ihn unsterblich machten, diese Bücher, die bis in unser Jahrhundert nur verstümmelt und merkwürdig gekürzt existierten. Erst 1960 edierte der Verleger Brockhaus die erste ungekürzte und unzensierte Ausgabe. Er schreibt die Geschichten seines Lebens, erfundene und tatsächliche, und da hat er intuitiv das Geheimnis großer Literatur verwirklicht, denn alle bedeutende Literatur ist erfunden und gefunden zugleich. Er redet in diesen Bänden unentwegt von sich selbst, aber wir Leser finden dies nicht penetrant, sondern höchst aufschlussreich. Was ihm widerfuhr, es widerfährt auf andere Weise auch uns. Was ihn bewegte, bewegt es nicht auch uns? Und wie gesagt, es sind nicht die »Stellen«, die dieses Buch heute noch lesenswert machen. Wir Kinder des 20. und 21. Jahrhunderts wissen längst alles und noch ein bisschen mehr. Es ist nebensächlich, ob es 116 oder 232 Eroberungen waren, die durch sein Verführerleben geistern. Wir suchen die alte Weisheit der Liebe: Nur was man verhüllt, kann man enthüllen. Und die Fleischbeschau im Fernsehen heute, die gefilmten Stellungsübungen, es sind ja Abstiege in die Gewöhnlichkeit.

Casanovas Memoiren, vielleicht sind sie in einzelnen Teilen ein wenig geschwätzig, sind eine Literatur, die uns ein Zeitbild, ein Kulturbild gibt, und sie sind die Geschichte eines außergewöhnlichen Menschen. Wenn wir von diesen Memoiren reden, dann müssen wir noch ein anderes Bekenntnisbuch nennen, es heißt *Confessions (Bekenntnisse)*. Wenn wir auch auf die anderen Schriften dieses hellen Kopfes verzichten, auf die *Neue Heloise* oder *Emile* und den *Ge-*

Im Pan-Verlag, Berlin W. 15, erschienen soeben:

## Die Denkwürdigkeiten des
# Giacomo Casanova

Ausgabe in 2 Bänden, herausgegeben von Dr. Hans Landsberg. Brosch. (pro Bd. je ca. 700 S.) M 8.-, in Halbpergt. M 10.-. Einmalige Vorzugsausgabe (50 Exemplare auf echt Bütten in Chairleder) geb. M 30.-

Die Aufgabe, ein Lebenswerk, das seit seinem Erscheinen vor nunmehr 90 Jahren eine wahre Fundgrube für unsere Novellisten und Dichter gebildet hat, in gedrängter, nicht verstümmelter Fassung den Ansprüchen des heutigen Lesers darzubieten, war verlockend genug, um es einem größeren Publikum nicht als Eroticon, sondern als Kulturwerk vorzulegen.

### Friedrich Hebbel

schrieb einst über die Memoiren Casanovas: „Wer so schreiben konnte, der durfte so leben!" Und Tieck sagte nach Einblick in das Manuskript, das ihm Brockhaus vermittelte: „Hätt' ich nur noch mehr und alles im Zusammenhang lesen können! Der Mensch ist ganz verrucht, aber sein Leben und die Art, es darzustellen, ist höchst anziehend!" Unserer Ausgabe liegt die Buhlsche, die beste aller bisher erschienenen, zugrunde, sie hat alle charakteristischen Partien des Originals beibehalten und legt den Hauptakzent auf die Schilderung der großen Kulturzentren. / Zur Illustrierung geben wir unserer Ausgabe

### einige wenig bekannte Kupferstiche

bei. In ihrer neuen Fassung verlieren also die Denkwürdigkeiten nichts, denn wir bieten keine kastrierte Erotik oder verstümmelte Zeit- und Lebensbilder. Ihr dokumentarischer Wert als Quellenwerk bleibt unangetastet; ohne Ballast und Längen haben wir den eigentlichen Casanova in seiner intimen Monumentalität, und für wenig Geld ein Memoirenwerk, für das man bisher das Fünf- und Zehnfache ausgeben mußte! Unsere Ausgabe ist trotz ihres billigen Preises typographisch auf das vornehmste ausgestattet.

*sellschaftsvertrag*, die *Bekenntnisse* sind auch für uns Heutige eine spannende Lektüre. Meine Kollegen, ich arbeitete damals nach dem Abitur für zwei Jahre in einer Bibliothek, haben mir das Buch zum 18. Geburtstag geschenkt. Sie wussten nicht, was sie taten. Das Buch wurde für mich eine Zeit lang eine Obsession, ich begann meine eigene Existenz zu durchforschen. »Ich fragte mich: in welcher Verfassung bin ich? Und wenn ich jetzt in diesem Augenblick sterbe, werde ich dann verdammt werden?« Übrigens, Ludwig Harig hat eine Roman-Biografie von Rousseau geschrieben, die auch ein Buch über Ludwig Harig ist. Viel später erst sah ich in des Illustrators Werner Klemke schöner Bibliothek die großen Ausgaben der französischen Aufklärer, einen Rousseau in achtunddreißig Bänden, Voltaire in dreißig Bänden, Montesquieu in fünf Bänden, auch Diderot fehlte nicht. Ob er diese elegant gebundenen Lederbände allesamt gelesen hatte oder ob er die »Franzosenwand«, wie er diesen Teil seiner Bibliothek nannte, nur in ihrer Ausstrahlung liebte? Klemke war ganz sicher ein Mensch, der den Geist der Aufklärer in seinen Illustrationen lebte. Ich gestehe es, natürlich habe ich nicht alles aus dem Reich der Enzyklopädisten gelesen, denn mit dieser Bibel der Aufklärung begann vielleicht alles. Und Denis Diderot war der geistige Vater, der Organisator des Ganzen. Sie gehören alle dazu, Melchior Grimm und Jean d'Alembert, Voltaire und Montesquieu. Und zu meinen Lieblingsbüchern gehören aus diesem Reich Montesquieus *Mes pensées* und Diderots *Jakob und sein Herr*. Ein paar Kostproben von Herrn Montesquieu: »Um wenig zu wissen, muss man viel studiert haben«; »Es gibt viele Menschen, von denen gekannt zu werden höchst unangenehm ist« und schließlich: »Man liest immer nur Bücher, die nicht gelesen werden sollten.« Jedenfalls gehört Diderots *Jakob und sein Herr* nicht zu diesen Büchern. Ein zeitgenössischer Liebhaber von Diderot und Bruder im Geiste der Aufklärung, Hans Magnus Enzensberger, hat über Diderots Schatten, der bis in unsere Tage reicht, des öfteren geschrieben. Und er hat uns damit auch *Jakob und sein Herr* wieder in die Hand gegeben. Will wer wissen, was in diesem Buch steht? Ich verrate es nicht, er muss es selbst lesen.

Aber nun zurück an den heimischen Herd. Drei Autoren sind es, die ich hier nennen will. Ich muss dabei auf manchen anderen verzichten, aber: Liest jemand aus reinem Vergnügen noch Klopstock oder Gleim? Derselbige freilich kann besucht werden in seinem Freundschaftstempel in Halberstadt, wo er Bilder aller seiner Freunde und Zeitgenossen aufgehängt hat, ein Genie der Freundschaft, das braucht es ja auch in der Literatur, die so viele Einzelgänger verzeichnet. Aber ein paar Theaterstücke, ein oder zwei Romane und etliche kurze Prosatexte wollen erwähnt werden aus den Zeiten der Aufklärung. Da erinnere ich mich, wie ich einmal an einem stillen Sonntagnachmittag in Kamenz ankam, die Veranstaltung, die auf mich wartete, begann erst in drei Stunden. Also las ich noch einmal etwas von jenem Mann, den man uns in der Schule neben Schiller und seinem Stück *Kabale und Liebe* besonders verleidet hatte. Lessings *Emilia Galotti* wurde uns als ein Annex zur Gesellschaftstheorie verordnet, und was man in der Jugend verstößt, das muss man mühsam wiederfinden. Aber eben mit jenem Lessing hatte ich auch ein schönes Erlebnis. Ich sah als ganz junger Mensch in einem Theater sein Stück *Nathan der Weise*, und ich sah das Stück noch des öfteren, und wenn mir zu meiner Lebenshaltung Toleranz in Fragen der Religion zugewachsen ist, aus diesem Brunnen habe ich wohl geschöpft. Ich saß also damals in einem Hotelzimmer der Stadt, in der Lessing geboren wurde, schaute auf den leeren Marktplatz und las etwas, was ich nie vergessen sollte *Minna von Barnhelm,* das ja eigentlich heißt *Minna von Barnhelm oder Das Soldatenglück,* und da kann man sich denken, dass es kein simples Lustspiel sein wird, sondern eben eine Komödie, die nichts anderes ist als die helle Seite der Tragödie. Da haben wir jenen Major von Tellheim, der, verarmt und verschuldet, von seiner treuen Verlobten, eben jener Minna von Barnhelm gesucht wird, und nach mancherlei Verwicklungen kommen die beiden zusammen. Übrigens, wie im *Nathan* ein Ring eine entscheidende Rolle spielt, ist es auch hier ein Ring, der Verlobungsring, der die Geschichte mitbewegt.

So las ich also von der »großen Liebhaberin der Vernunft«, wie sich Minna einmal im Stück bezeichnet, und alle Frauenrechtlerinnen sollten wissen, dass sie hier ihre erste Vorfahrin haben. Nein, vielleicht nicht, denn diese Frau ist nicht nur eine »Rechtlerin«, sondern eben auch eine Frau: »Franziska, wenn alle Mädchen so sind, wie ich mich jetzt fühle, so sind wir sonderbare Dinger. Zärtlich und stolz, tugendhaft und eitel, wollüstig und fromm. – Du wirst mich nicht verstehen. Ich verstehe mich wohl selbst nicht.« Das lese ich lieber als Alice Schwarzer. Auf Lessing, den Kritiker, den Briefschreiber wollen wir bei Gelegenheit zurückkommen. Im Gegensatz zu Lessing, dessen Stücke immer wieder auf der Bühne erscheinen, ist ein anderer Aufklärer fast ganz vergessen: Christoph Martin Wieland. Interessant ist die Lebensgeschichte dieses Mannes, der ja in Goethes Weimar als Prinzenerzieher, als Zeitschriftenherausgeber, als einer der fleißigsten Autoren seiner Zeit saß. Man muss nicht alles lesen, was da in etlichen Dutzend Bänden versammelt ist. Arno Schmidt-Mäzen und Literaturwissenschaftler Jan Philipp Reemtsma hat sich um die Wiederbelebung Wielands verdient gemacht. Seiner Ausgabe des *Peregrinus* hat er ein Wieland-Zitat als Motto vorangestellt, dass dieses Buch aufgeschrieben sei, »Menschenkunde und Menschenliebe zu befördern«. Ja, das scheint mir eine sehr schöne und umfassende Charakterisierung Wielandscher Dichtkunst: Menschenliebe und Menschenkunde. Wenn man sich Mühe gibt, über die ersten Seiten zu kommen, wenn man sich mit ein paar Anmerkungen über den geschichtlichen und literarischen Hintergrund aufklären lässt, das Buch ist ein Vergnügen. Übrigens, Wieland ist generell ein Vergnügen. Es gibt im *Teutschen Merkur*, der Zeitschrift, die er über Jahrzehnte in die Welt geschickt hat, einen kleinen Text, der heißt *Wie man ließt*, und das ist ja unser Thema. Und es gibt ein paar Sätze, die wollen wir hier vermerken, denn wer hat schon den *Teutschen Merkur* zur Hand: »Was Wunder, wenn die Leute in einem Buche finden was gar nicht drinn ist …? Was Wunder, wenn der Geist eines Werkes den Meisten so lange, und fast immer unsichtbar bleibt? Was Wunder, wenn dem Verfasser oft Absichten, Grundsätze und Gesinnungen angedichtet werden, die er nicht hat, die er, vermöge seines Charakters, seiner ganzen Art zu existieren, gar nicht einmal haben kann …Was ist nun mit solchen Leuten anzufangen? Nichts ... Aber gleichwohl wäre es zu wünschen, daß die Leute besser lesen lernten.« Da hat er wohl recht, der Herr Wieland.

Ach ja, dies wird das Kapitel der Vergessenen: Reden wir noch von Johann Gottfried Herder. Gelegentlich, bei der Charakterisierung von Weimar, werden die vier Großen der klassischen deutschen Literatur aufgezählt: Goethe und Schiller, Wieland und Herder. Und die beiden letzten werden noch weniger gelesen als die beiden ersten. Wer ihn gelesen hat, weiß, dass Herder eine außerordentliche Figur des deutschen Geisteslebens gewesen ist. Aber warum liest man ihn nicht? Vielleicht hat Herder zu viel geschrieben, zu viel auf unterschiedlichen Feldern geackert? Das ist ja oft ein Unglück, dass die vielseitigen Autoren nicht so wahrgenommen werden wie ein Romancier, ein Dichter, ein Dramatiker mit einem schmalen Werk. Herder hat sich in diesen populären Genres kaum getummelt. Er war ja mehr ein schreibender Philosoph und Theologe. »Herders geistiges Eigentum hat eine Art von anonymer Wirkung erlebt«, schreibt einer seiner Biografien. Auch wenn Straßen und Plätze, Institute und Gesellschaften seinen Namen tragen, sie ändern nichts an der Situation, dass er ungelesen ist. Trotzdem sind seine Gedanken untergründig wirksam: Er war einer der Schüler Immanuel Kants, und da er aus dem Osten Deutschlands kam, war er vielleicht einer der ersten, die die Kultur des Ostens nach Europa brachten, ja überhaupt die Stimmen anderer Völker für uns Deutsche hörbar machten. Kürzlich erst schwärmte von ihm ein junger Philosoph, die ja zumeist nichts mehr mit Herder oder Kant am Hut haben, die lesen Sloderdijk und wissen nicht, was sie tun. Aber eben dieser junge Mann hatte Herders *Ideen zur Philosophie der Geschichte der Menschheit* entdeckt, und er brachte mich dazu, ebenfalls dieses Werk zu lesen. Was steht in diesem Buch? Versuchen wir ein paar Wegweiser zu setzen. Herder wollte natürlich möglichst alles in diesem Werk unterbringen, Philosophie und Geschichte, Moral und Theologie. Vielleicht ist das Wichtigste, dass hier einer versucht, die Naturgeschichte mit der Weltgeschichte zu verbinden. Obwohl der Theologe Herder sich auch einen Ausblick in den Himmel nicht versagen kann, werden doch vor allem irdische Gegenstände besichtigt. Dass Kant seinen Herder nicht so recht verstehen konnte, ist wiederum verständlich, denn Herder war eben nicht der reine Philosoph, sondern der Poet, der Historiker, der Theologe, der sich in Philosophie übte. Letztendlich geht es um die Entwicklung der Humanität, die Herder als Ziel des Menschseins sieht. Genug des Versuchs, Herders Ideengebäude zu zeigen: Da muss man ihn lesen. Und da es ihm auch darum ging, andere geistige Verwandte nicht der Vergessenheit anheim fallen zu lassen, schrieb er *Denkmale und Rettungen*, kurze, engagierte Porträts von Lessing und Hamann, Hutten und Kant, ja auch über Benjamin Franklin und Peter den Großen. Vielleicht kann man damit beginnen, Herder zu lesen. Originalton Herder: »In der Tat, man achtet die Verlassenschaft eines vortrefflichen Schriftstellers oft zu wenig, wenn man die Schätze desselben mit der Urne einscharrt ... Man vergisst, an sie als an eine Quelle zu eilen, aus welcher man sich Stärke und Heiterkeit ins Auge trinken könnte.« Dies wäre keine schlechte Maxime für einen weiteren Autor, der mittlerweile zu den Ungelesenen gehört: Jean Paul Friedrich Richter. Freilich, es gibt immer wieder Enthusiasten, die diesen merkwürdigen, verspielten Prosaschreiber mit seinen seufzenden und humoristischen Texten neu entdecken. Und wenn man der Literaturgeschichte glaubt, sind wohl selten über einem Werk so viele Frauentränen vergossen worden, wie über Jean Pauls Büchern. Vielleicht gehört er doch schon zum romantischen Inventar unserer Literatur? Hermann Hesse wurde nicht müde, den Biertrinker aus der Rollwenzelei in Bayreuth zu preisen, er hat sogar einmal einen der dicken Romane, den *Titan* gekürzt, damit er einer größeren Leserschar zugänglich werden sollte. Aber bei Jean Paul scheiden sich die Geister: Entweder man hat Sinn für diese Prosaphantasien oder nicht. »Wenn man mir die Examensfrage stellen würde, in welchem Buch der neueren Zeit sich Deutschlands Seele am stärksten und charaktervollsten ausdrücke, so würde ich ohne Besinnen Jean Pauls *Flegeljahre* nennen«, schreibt Hermann Hesse. Freilich, was ist Deutschlands Seele? Aber lassen wir all die Charakterisierungen, nehmen wir uns die *Flegeljahre*, schlagen sie auf und

beginnen zu lesen. Das beginnt mit einer Testamentseröffnung, die einige hoffnungsvolle Erbanwärter ziemlich verschreckt, denn sie bekommen nichts. Und auch der Universalerbe hat es nicht leicht. Er muss ja des Erblassers Leben noch einmal probieren. Und da weiß man schon, was einem blüht. Jean Paul ist ein Autor, da scheiden sich die Geister – und die Leser. Der handlungssüchtige Buchleser wird ihn wohl verschmähen, denn die Arabesken und Abschweifungen, die ironischen Glanzlichter und die poetischen Weglaternen, die er zu bieten hat, sind nichts für ihn. Aber merkwürdigerweise, es gibt immer wieder Leser, die ihn finden.

Ich will am Ende dieses Kapitels eine simple Anekdote erzählen, die oft genug am Abendbrottisch auf den Dichter hinweist, von dem hier die Rede sein soll. Liegt da der Käse, so sagt sicher einer von uns zu den anderen Familienmitgliedern: »Ein Stückchen aus Limburg. Geradeswegs aus Limburg«, auch wenn ein Appenzeller oder Emmentaler auf den Tisch kommt, und da sind wir mitten in dem schönsten Lustspiel der deutschen Literatur, im *Zerbrochenen Krug* von Heinrich von Kleist. Und jenes Wort fällt also, da Dorfrichter Adam den Gerichtspräsidenten Walter durch ein üppiges Mahl von der Sache mit dem zerbrochenen Krug ablenken will. Hebbel meinte einmal, dass dieses Stück zu den Theaterstücken gehört, »denen gegenüber nur das Publikum durchfallen kann«. Kleist ist freilich kein Komödienschreiber, kein heiterer Geselle. Man kennt sein Schicksal, den Freitod des Vierunddreißigjährigen mit seiner Verlobten im Wannsee am 21. November 1811. Aber es gibt in diesem Werk einige Glanzstücke der deutschen Literatur, neben dem *Zerbrochenen Krug* auch *Prinz Homburg*, aber auch einige kurze Prosastücke *Über die allmähliche Verfertigung der Gedanken beim Reden* oder *Über das Marionettentheater*, die den scharfen Verstand, die wunderbare Sprachmusik des Dichters ebenso ausweisen wie seine Novellen und Anekdoten. Den *Michael Kohlhaas* kennt jeder, aber die *Anekdote aus dem letzten preußischen Krieg*, ein Paradevorlesestück für jeden großen Schauspieler mit eleganter Steigerung und einem Schluss, der einem unvergesslich bleiben wird: »So einen Kerl, sprach der Wirt, habe ich Zeit meines Lebens nicht gesehen.« Ja, vielleicht darf man das auch über diesen Dichter sagen, so einen Kerl hab ich zeit meines Lebens nicht gesehen.

# Wege zu Goethe und Schiller

Es ist nicht sehr originell, wenn man empfiehlt, Goethe und Schiller zu lesen. Oder doch? Haben wir nun eine Zeit der Goethe-Nähe oder der Goethe-Ferne, wie die Germanisten gern die verschiedenen Phasen der Annäherung oder Abstoßung nennen?

Ist Schiller ›unser‹, wie es immer wieder einmal bei Jubiläen durch die Feuilletons tönt, und so großartig Thomas Manns *Versuch über Schiller,* im Jubiläumsjahr 1955 geschrieben, ist, er hat am Schluss natürlich das Pathos, das die Leser auch bei Schiller verschreckt: »Von seinem sanft-gewaltigen Willen gehe durch das Fest seiner Grablegung und Auferstehung etwas in uns ein: von seinem Willen zum Schönen, Wahren und Guten, zur Gesittung, zur inneren Freiheit, zur Kunst, zur Liebe, zum Frieden, zu rettender Ehrfurcht des Menschen vor sich selbst.« Das könnte man wohl auch als einen Epitaph für Goethe nehmen. Versuchen wir deshalb einen anderen Anfang, und entsprechend unserem Vorhaben heißt er: Mein Weg zu Goethe und Schiller. Vielleicht musste man jung sein und in jener Zeit der Schiller-Begeisterung in den fünfziger Jahren des vorigen Jahrhunderts gelebt haben, um gerade zu Schiller gedrängt zu werden. Ich habe damals alle Dramen von Schiller gelesen, aber der Auslöser war wohl jene frühe Weimar-Reise, die ich meinen beiden Freunden und mir kurz nach dem Abitur verordnete. Damals also ein enthusiastisches Unternehmen, wie man es nur mit achtzehn versuchen kann. Das Abitur in der Tasche, die erste wirkliche Reise. Eine Woche Weimar, drei Mammutabende im Theater: *Macbeth, Götz von Berlichingen* und der ganze *Wallenstein* an einem Abend. Ich weiß noch, wie wir von 18 Uhr bis gegen Mitternacht diesen Gewaltmarsch in der Inszenierung von Karl Kayser miterlebten.

DER ZWIEBELFISCH

# KLASSIKER ÜBER DAS LESEN.

### GOETHE:

Gewisse Bücher scheinen geschrieben zu sein, nicht damit man daraus lerne, sondern damit man wisse, daß der Verfasser etwas gewußt hat. ⟨Sprüche in Prosa II.⟩

Die größte Achtung, die ein Autor für sein Publikum haben kann, ist, daß er niemals bringt, was man erwartet, sondern was er selbst, auf der jedesmaligen Stufe eigner und fremder Bildung, für recht und nützlich hält.
⟨Sprüche in Prosa II.⟩

Eigentlich lernen wir nur von Büchern, die wir nicht beurteilen können. Der Autor eines Buchs, das wir beurteilen könnten, müßte von uns lernen. ⟨Sprüche in Prosa III.⟩

Wer einem Autor Dunkelheit vorwerfen will, sollte erst sein eigenes Innere beschauen, ob es denn da auch recht hell ist. In der Dämmerung wird eine sehr deutliche Schrift unlesbar. ⟨Aphorismen.⟩

### SCHILLER:

Ich habe mir's für alle künftigen Fälle zur Regel gemacht, alles, was ich drucken lasse, gut und kostbar drucken zu lassen: so geht es am gewissesten ab, denn auch der elendeste Lump will nicht mehr mit Lumpen vorlieb nehmen.
⟨Briefwechsel mit Goethe, d. 12. IX. 1796.⟩

Mochte auch das Spektakel manche falsche Aktualisierung ausweisen, das ist vergessen. Aber der Eindruck dieser Theaterbilder, die Figuren, ihre Reden, die Dialoge sind unvergessen für immer. Wallenstein also, der Mann zwischen Gedanke und Tat, aber auch Octavio Piccolomini, sein Gegenspieler, zeigen, wie die revolutionäre Bewegung, die große Idee in den Niederungen der schmutzigen Politik tragisch endet. Das erste Mal Schiller, – was für eine Welt! Ich las später alle anderen Stücke bis zu dem Fragment *Demetrius*, ich las die Balladen, von denen meine Mutter noch etliche aufsagen konnte. Der Sprichwort-Schiller, der Zitaten-Schiller, es gibt wohl keinen deutschen Autor, der soviel geflügelte Worte produziert hat, oder müsste man besser sagen, von dem so vieles zu geflügelten Worten geworden ist. Aber Schiller führte auch zu anderer Lektüre: Ich las Golo Manns große Chronik *Wallenstein* und Alfred Döblins Roman, ich las Biografien von Gustav Schwab und Reinhard Buchwald. Und gerade jetzt genieße ich mit Anteilnahme Sigrid Damms Buch, das von ihrer Suche nach Schiller erzählt, ihrem Weg zu diesem Klassiker. Wenn ich es recht bedenke, ist es wohl heute für mich das Leben dieses Menschen, der gegen Unbilden und Krankheiten sein gewaltiges Werk schuf, das mich festhält. Aber trotzdem: Man muss Schiller einmal gelesen haben, seine Stücke auf der Bühne sehen, um zu wissen, wer dies ist. *Die Räuber, Kabale und Liebe, Wallenstein, Maria Stuart,* unerlässlich und von mir viel später erst entdeckt, der Prosaschreiber, der Historiker, also *Der Verbrecher aus verlorener Ehre,* vielleicht tatsächlich nur eine Brotarbeit, wie einer seiner Interpreten meint. Doch wie er diese Geschichte des Sonnenwirts nach einem tatsächlichen Vorfall erzählt, das ist Brotarbeit hohen Ranges. Als Historiker: Da werden seine drei großen Bücher genannt *Geschichte des Abfalls der vereinigten Niederlande von der spanischen Regierung, Geschichte der französischen Unruhen ...* und *Geschichte des Dreißigjährigen Krieges.* Natürlich ist der Zusammenhang zu den Dramen erkennbar, und natürlich schrieb Schiller auch diese Dinge vor allem, um vom Schreiben leben zu können. »Ist es wahr oder falsch, daß ich darauf denken muß, wovon ich leben soll, wenn mein dichterischer Frühling verblüht?« Insgesamt ist dies also kein Weg für ihn, aber vielleicht wären ohne diese Vor- und Brotarbeiten einige seiner großen Stücke nicht geschrieben worden, der *Don Carlos, Wallenstein.* Damals in Weimar, bei unserem Theatermarathon, unternahmen wir auch eine Reise durch alle Museen, also auch ins Schiller-Haus, das kleine gelbe Gehäuse, wo er die letzten Jahre seines Lebens verbrachte, wenige Schritte nur entfernt von dem großen Goethe-Haus am Frauenplan. Goethe und Schiller.

Vielleicht lernt man die beiden so unterschiedlichen Leute am besten kennen aus ihrem Briefwechsel. Das sind zehn Jahre einer Korrespondenz, eines Gesprächs, das 1794 mit einem Brief Schillers begann, der Goethe darum bittet, doch gelegentlich für seine Zeitschrift *Die Horen* tätig zu werden. Und während Schiller an Goethe als »Hochwohlgeborener Herr« schreibt, antwortet Goethe an »Ew. Wohlgeboren«. Nun, aus diesem förmlichen Anfang wird ein Glücksfall für Leser, die hier die Verfertigung von Kunst-Werken verfolgen können. Im April 1805 ist diese Korrespondenz zu Ende. Es gibt unter den Nachträgen in der Ausgabe, die Hans Gerhard Gräfe und Albert Leitzmann veranstaltet haben, ein Blatt Schillers an Goethe aus dem Januar 1805, vielleicht sollte das am Schluss stehen: »Ich hatte mich eben angezogen, um zu Ihnen zu kommen; aber die Krämpfe regen sich, und ich bin bange, in die Luft zu gehen ...« Der Todkranke wagt die wenigen Schritte nicht von der Esplanade an den Frauenplan. Da sind wir nun angekommen, denn auch das liegt am Weg, an meinem Weg zu Goethe nun. Hier weiß ich noch genau, dass meine erste Goethe-Ausgabe, sechsbändig, von Paul Wiegler im Jubiläumsjahr 1949 herausgegeben, eben in diesem Jahr auch zu mir kam, große Teile von *Dichtung und Wahrheit*, der ganze *Faust*, Gedichte. Sie ging mit auf die Reise, als wir 1955 nach Weimar fuhren. Ich weiß nicht mehr, ob ich alle Bände dabei hatte oder nur den *Faust* und den Text des *Götz von Berlichingen*, aber ich weiß noch, dass in Weimar mein Weg zu Goethe im Gartenhaus begann, das ich dann, wie oft wohl, immer wieder besuchte. »Hab mein liebes Gärtgen vorm Thore an der Ilm schönen Wiesen in einem Thale. Ist ein altes Häusgen drinne, das ich mir reparieren lasse. Alles blüht, alle Vögel singen ...«, so schreibt er an Auguste von Stollberg. Am 21. April 1776 hat er es in Besitz genommen. Darf ich ein bisschen erzählen von diesem Haus und Goethe und damit vielleicht auf das Werk verweisen? Bücher haben ja ihre Ursprünge, Lektüre hat ihre Gründe, deshalb muss ich davon reden. Heute leuchtet es weiß aus dem Grün der Bäume und der Büsche, die es eingehüllt haben. Was einst als Pflänzlein durch Goethes Hand ging, es ist nunmehr zu einem blätternen Wall geworden, der es schützt. Hier vielleicht kann es sein, dass man tatsächlich etwas von dem Hausherrn spürt, wenn man an einem Sommervormittag durch die Wiesen an der Ilm, durch den hölzernen Torbogen geht, ehe die Touristenschwärme einfallen. Manchmal ist man hier fast allein, in den kleinen, niedrigen Räumen, mit dem kargen Mobiliar. Was für ein Gegensatz zu der Residenz am Frauenplan. Eine kleine Küche, ein Esszimmer mit bunten Bauernmöbeln mit dem Blick in den Garten und die Wiesen. Kürzlich hat man die Möbel ausgetauscht, es gibt dafür leere Flächen und ein paar Tafeln, die Herren von der Klassik-Compagnie hatten herausgefunden, dass die Zimmer anders eingerichtet waren. Wie denn? Man sagt es uns nicht. Mag es Illusion gewesen sein, besser eine Illusion, die die Phantasie beflügelt als die kühle Leere, die allein den Stiftungs-Herren gefällt. Und oben im Arbeitszimmer, ebenfalls nicht sehr üppig, ein Stehpult mit einem schmalen Sitz. Hat er es auf dieser merkwürdig spartanischen Sitzgelegenheit lange ausgehalten? Ich habe das Sitzen einmal probiert, gegen die Anweisungen, nichts zu berühren. Man sitzt sehr unbequem, ist das gut für die Phantasie, wird sie damit angetrieben? Der Dichter Johannes Bobrowski, der früh Verstorbene, mit dem ich einmal in Weimar war, meinte, alles Reden von Intuition sei Quatsch, der Dichter müsse einen Hintern haben, er müsse seine Zeit absitzen, da käme auch die Intuition. Ob das Goethe auch so gesehen hat? Aber er hat ja nicht nur hier gesessen, er war ja schon eingebunden in die Mechanismen des Hofes, dieses Ländchens. Den ganzen Tag über Amtsgeschäfte, Visite bei Hof, später Sitzung im Geheimen Konsilium, Mittagstafel mal beim Herzog, mal in einem anderen Haus, irgendwann am späten Abend kehrte er zurück. Was bleibt, sind ein paar frühe Stunden für das Zeichnen, das Schreiben. Man kann nachlesen, was er hier geschrieben hat, ein paar Gedichte hat man als Faksimiledrucke unter die Glasplatte auf dem kleinen Tisch im Altanzimmer gelegt. Der Altan, der Balkon ist schon zu Goethes Zeiten wieder abgerissen worden. Schade, man könnte sich vorstellen, wie er hinaustrat in die Nacht oder den kühlen Morgen. »Füllest wieder Busch und Tal/still mit Nebelglanz,/Lösest endlich auch einmal/Meine Seele ganz.« Charlotte von Stein schickt er die erste Fassung. Und neben den wissenschaftlichen Arbeiten, den Sammlungen zur Geologie und Mineralogie, die er schon hier betrieb, so nebenbei die *Iphigenie*, *Wilhelm Meisters theatralische Sendung*, Entwürfe zum *Tasso*, Gedichte, Gedichte vor allem.

Einmal bin ich am späten Abend durch die Wiesen an der Ilm gegangen, es war dunkel, und doch hatte ich das Gefühl, dass in einem der kleinen Sprossenfenster ein Licht flackerte, vielleicht ein Glühwurm, ein Irrlicht, aber für mich eine glückliche Phantasie: Hier brennt ein Licht, man muss es nur sehen. Ja, dieses Licht, dieses Leben hat hier begonnen, obwohl es schon ein paar Jahre vorher in Frankfurt angefangen hatte.

Und seither kam die Bücherflut, die sich mit seinem Namen verbindet. Es gibt Hunderte von Einzelausgaben, Dutzende von großen Werkeditionen, es gibt Tausende von Büchern, die sich mit seinem Werk, seinem Leben beschäftigen. Auf ein paar will ich verweisen: Zunächst die Monumente: Die größte und umfassendste Goethe-Ausgabe ist die so genannte Weimarer Ausgabe oder auch Sophien-Ausgabe, einhundertdreiundvierzig Bände, es gibt sie auch in zwei sehr schönen Reprints und als Taschenbuch. Wer diese Ausgabe hat, der hat fast alles von Goethe. Zwei neuere Editionen sind ihr fast ebenbürtig, *Sämtliche Werke, Briefe und Tagebücher* aus dem Deutschen Klassiker Verlag, etwa 50 000 Seiten, davon 15 000 Seiten Kommentarwissen, fünfundvierzig Dünndruckbände. Immerhin dreieinhalbtausend Euro. Aber aus dieser Edition kann man den zweibändigen *Faust* als Einzelstück kaufen, bearbeitet von Albrecht Schöne, es lohnt sich. Und während ich eben nur diesen *Faust* aus der Frankfurter Ausgabe besitze, habe ich in meinen Regalen neben der Weimarer Sophien-Ausgabe auch die Münchner Ausgabe von Hanser stehen, wer sie besitzt, der hat auch gleich die *Gespräche mit Eckermann* (Nietzsche: Das wichtigste Buch von Goethe), den Briefwechsel mit Zelter.

Diese Ausgabe ordnet die Werke chronologisch, also erst der junge Goethe mit seinen Arbeiten und so weiter; Werke nach Epochen seines Schaffens nennt sich das. Alle drei Ausgaben haben ihre Meriten und ihre Probleme. Natürlich kann der Liebhaber auch zu anderen Ausgaben greifen, es gibt sie, wie gesagt, dutzendweise, die Hamburger Ausgabe, die Berliner Ausgabe, den Insel-Goethe und vieles andere mehr. Wer ein Leben lang Goethe liest, der wird vermutlich umsteigen vom großen Wagen auf das kleine Gefährt oder

vielleicht eher umgekehrt. Was soll man noch von Goethe lesen?
Briefe, es gibt eine kleine dreibändige Ausgabe in der Bibliothek
Deutscher Klassiker, die in der DDR erschien, die kostete mal 18,00
Mark, es ist eine schöne Einführung in die Briefwelt Goethes. Man
kann das dann mit den Briefen an Charlotte von Stein, den Briefen
aus seiner Ehe mit Christiane und je nach Interessenlage mit vielen
anderen Brief-Gesprächs-Partnern ergänzen. Übrigens, die meisten
Leute kennen nur die *Gespräche mit Eckermann*, die uns außerordentlich interessante Aufschlüsse über Goethes letztes Jahrzehnt
bieten. Nun, es gibt auch eine Edition in sechs Büchern (vier Bände), die andere Niederschriften über Gespräche mit Goethe enthält:
*Goethes Gespräche*, in der so genannten Biedermannschen Ausgabe.
Biografien: Ich habe wohl zwei Dutzend in meinen Regalen stehen,
für den Goethe-Anfänger empfehle ich das knappe Taschenbuch in
der dtv-Porträt-Reihe von Anja Höfer, ein spannendes, sehr lesba-
res Buch wie auch die zweibändige Biografie von Richard Frieden-
thal *Goethe. Sein Leben und seine Zeit*. Wer alles wissen will, muss
die Bände der Biografie des Cambridge-Professors Nicholas Boyle
lesen. Weshalb schreiben die Engländer immer so dicke Biografien?
Professor Boyle ist im Band 2 erst im Jahre 1803 angekommen, und
schon sind es über zweitausend Seiten. Aber das Ganze kenntnis-
reich, alle möglichen und unmöglichen Forschungen auslotend,
souverän und elegant geschrieben, so dass man die zweitausend Seiten mit Vergnügen liest. Es gibt, wie gesagt, noch etliche andere
Biografien; Bielschowsky, den alten Oberlehrer, dem ich meine ersten Goethe-Kenntnisse entlockte, den Sonderling Heinrich Meyer,
der an Goethes Geburtstag 1948 diese Sätze in seinem Vorwort
schrieb: »Dieses Buch will nicht auf die Gefühle wirken. Es hat die
Phrase und die schönen Beiwörter vermieden. Es will nur zeigen,
wie Goethe sein unsäglich zerrissenes, unglückliches Schöpfdasein
führte, weich und verletzlich wie ein Kind, herrisch und grillig aus
Hilflosigkeit, vom Willen beherrscht und vom Willen getrieben,
und wie dieser Wille immer wieder mit dem leidenschaftlichen
Glücks- und Schönheitsbedürfnis in Streit geriet, wie er immer wieder aus sich heraus eine schöne Welt aufbauen wollte und mußte, die

dann doch so schmerzte, daß sie Leidenschaft wurde, daß sie, wie er selber sagte, ›pathologisch‹ wurde. Gewiß ein Konflikt zwischen Phantasie und Wirklichkeit! Aber was heißt das, wenn die Phantasie erst Wirklichkeiten schafft, indem sie Leben in sich hineinreißt und dann, wenn es ganz ihr eigen geworden ist, als Dichtung nochmals aus sich hervorbringt.« Nicht schlecht gedacht und nicht schlecht gesagt. Man sieht, wie Goethes Leben, sein eigentliches Kunst-Werk, wie einer seiner Biografien bemerkte, uns noch heute bewegt. – Verständlich, dass ein solches Werk den Witz, die Parodie hervorbrachte. Bei Zweitausendeins ist vor Jahren eine Anthologie der beiden Ober-Satiriker Eckhard Henscheid und F. W. Bernstein erschienen *Unser Goethe*, und manchmal findet man das Buch noch im Antiquariat. Alles respektlos, witzig, unfreiwillig komisch auch etliches von Goethe selbst. Herrliche Funde, die Titel der Festvorträge der Goethe-Gesellschaft, ein ganzes Kapitel mit Parodien zum Goethe-Gedicht *Über allen Gipfeln*, und wenn man das alles gelesen hat, weiß man, das alles schadet diesem Dichter, diesem Werk nicht. Oder eine andere Episode: In den ersten Nachkriegsjahren, als es durchaus nicht diese Fülle von Goethe-Publikationen gab, konzipierte Walther Victor, ein Journalist, Goethe-Liebhaber, nach der Rückkehr aus dem amerikanischen Exil sein Buch *Goethe. Ein Lesebuch für unsere Zeit*, und es wurde mit mehreren hunderttausend Exemplaren das erfolgreichste Buch über Goethe in der DDR, und es zog eine ganze Serie von *Lesebüchern* nach sich. Victor zog nach Weimar, wie es sich für einen Goethe-Menschen gehörte, und vielleicht verwandelt sich, wer so intensiv das Werk Goethes durchmustert, selbst ein wenig in den Gegenstand seiner Neigung. Natürlich beließ er es nicht bei dem Lesebuch über Goethe, ein, zwei Dutzend weitere Goetheiana mussten es schon sein. Gucke ich mir die Regalzeile mit seinen Büchern an, besonders gefällt mir noch immer sein *Dasein und Wirken*. Da hat er dokumentarisch belegt und sparsam kommentiert ein Lebensjahr Goethes, das Jahr 1809, und es ist interessant, was man in einem Goethejahr finden kann. Übrigens, auch Goethes Tageslauf ist betrachtet worden, in einem schönen Essay des Goethe-Editors Erich Trunz (Herausgeber der Hambur-

Zar Paul I. und seine Gemahlin Maria Feodorowna (stark verkleinert)

### Die Goethezeit in Silhouetten

Herausgegeben und mit einer Einleitung versehen von Dr. Hans Timotheus Kröber. / Preis gut gebunden 6 Mark, Geschenkausgabe in Halbperg. 10 Mark.

Das Buch mit seinen 70 ganzseitigen, lebensvolle Szenen darstellenden Schattenrissen, ist ein entzückendes Geschenkwerk für jeden Goethefreund, das reizvollste Bilderbuch aus der graziösen Zeit, in der die Scherenkunst ihre höchste Blüte erreichte.

**Verlag Gustav Kiepenheuer in Weimar**

ger Ausgabe) *Ein Tag aus Goethes Leben*, sehr lesenswert, was der Autor da aus vielen Brunnen gespeist für den 12. April 1813 entdeckt hat. Es gibt etliche Goethe-Chroniken (die letzte 2002 von Rose Unterberger bei Insel), und wer es ganz genau wissen will, der kann sich die acht großformatigen Bände einverleiben: *Goethes Leben von Tag zu Tag. Eine dokumentarische Übersicht* (Robert Steiger/Angelika Reimann). Hier halten wir ein, wie gesagt, die Goethe-Literatur umfasst Tausende von Bänden. Wir haben eine Ausnahme gemacht und eine große Zahl von Büchern genannt, Goethe rechtfertigt diese Ausnahme. Aber Wege zu Goethe? Da wollen wir ein altes Buch aufblättern und ein paar Zeilen zitieren, die uns erzählen, wie eben der Held dieses Romans (wir werden auf das Buch noch zurückkommen) eines Tages in seiner Kammer einen »ansehnlichen Stoß Bücher, an die fünfzig Bändchen« entdeckt: »Ich entfernte mich von selber Stunde an nicht mehr vom Lotterbettchen und las dreißig Tage lang, indessen es noch einmal strenger Winter und wieder Frühling wurde, aber der weiße Schnee ging mir wie ein Traum vorüber, den ich unbeachtet von der Seite glänzen sah. Ich griff zuerst nach allem, was sich durch den Druck als dramatisch zeigte, dann las ich alles Gereimte, dann die Romane, dann die Italienische Reise, dann einige künstlerische Monographien, und als sich der Strom hierauf in die prosaischen Gefilde des täglichen Fleißes, der Einzelmühe verlief, ließ ich das weitere liegen und fing von vorne an und entdeckte diesmal die einzelnen Sternbilder in ihren schönen Stellungen zueinander und dazwischen einzelne seltsam glänzende Sterne, wie den Reinecke Fuchs oder den Benvenuto Cellini. So hatte ich noch einmal diesen Himmel durchschweift und vieles wieder doppelt gelesen und entdeckte zuletzt noch einen ganz neuen hellen Stern: Dichtung und Wahrheit ...« Aber der Trödler kommt, und da man die Bücher nicht bezahlen konnnte, nimmt er sie wieder mit. Dieser grüne Heinrich freilich ist der Autor Gottfried Keller selber, der hier seine Goethe-Lektüre reflektiert. Nun sind wir am Ende unserer Wege zu Schiller – und Goethe und: wir sind doch noch ganz am Anfang.

# Eine Abschweifung:
## Das Dreigestirn Lichtenberg, Claudius, Hebel

Was heißt denn Abschweifung? Gehören die drei Autoren, denen wir ein bisschen nachsinnen wollen, denn nicht zu den Schreibern, die uns ans Herz gewachsen sind? Aber selbstverständlich gehören sie dazu, und weil sie Lieblinge des Lesers sind, bekommen sie eine besondere Abteilung. Da machen wir auch eine Ausnahme und lassen einen Poeten ins Prosagärtlein herein: Matthias Claudius (1740–1815), den Wandsbeker Boten, den kennt fast jeder – dem Namen nach. Und ein paar literarisch ambitionierte Leute wissen auch, dass er eines der schönsten Gedichte der deutschen Literatur geschrieben hat: »Der Mond ist aufgegangen …« Sollen wir das hier in Gänze zitieren? Später werden wir es abdrucken. Also, der *Wandsbeker Bote*: Das war eine kleine, vierseitige Zeitung, sie »ist auf schlechtem Löschpapier gedruckt, umfasst vier Quartseiten, wird viermal die Woche ausgeliefert und hat eine Auflage von vierhundert Stück«, wie uns die Dokumente berichten. Und weiß Gott: Nicht nur Claudius selbst schrieb für das Blatt, sondern auch die Herren Goethe, Voß, Lessing, Herder. Ob die Herren Walser und Reich-Ranicki auch für eine Dorfzeitung schreiben würden? Jedenfalls wurde das Blatt bekannt und sein Redaktor auch.
Aber leben konnte er davon nur mehr schlecht als recht. Also geht er ins »Ausland«, nach Darmstadt, aber außer der Tatsache, dass sein »Bauernmädchen«, wie er seine Frau nennt, wiederum ein Kind erwartet – es sollen schließlich ein Dutzend werden, erwartet ihn dort nichts außer Gleichgültigkeit und Ärger. Da kehrt er zurück nach Wandsbek, und hier bleibt er denn auch und lebt mehr schlecht denn recht. Ist das richtig? Vielleicht nicht ganz, denn er lebt ja auch mit seiner Familie, seinen Kindern, den Freunden und mit seinen Schreibwaren & Drucksachen. Claudius ist ein Autor, den man nicht

so recht kategorisieren kann. Aufklärung? Ja und nein, einen »konservativen Revolutionär« nennt ihn ein kluger Mann. Vielleicht ist das richtig. Er schreibt ein paar Gedichte, einige Prosastücke, Briefe, alles ist von einer schönen Menschlichkeit getragen. Er will, wie er einmal sagt, »die Leute am Ärmel zupfen«, deshalb lesen wir ihn auch heute noch. »Alle Zeit Wein oder Wasser trinken, das ist nicht lustig. Aber zuweilen Wein, zuweilen Wasser trinken, das ist lustig, so man mancherlei liest.« Ja, so man mancherlei liest. Und unter diesen kleinen Stücken, die er schreibt, ist manches große Stück unvergänglicher Poesie: »Ach, es ist so dunkel in des Todes Kammer,/ Tönt so traurig, wenn er sich bewegt/Und nun aufhebt seinen

schweren Hammer/Und die Stunde schlägt.« Karl Kraus dazu:
»… niemals noch hat die Stunde so geschlagen, niemals währet ein
Atemzug so die Ewigkeit wie den vier Zeilen von Claudius *Der
Tod*.« Übrigens, Franz Schubert hat es vertont. Abschweifungen?
Da kommen wir gleich zu Herrn Lichtenberg (1742–1799), er ist
nur zwei Jahre jünger als der Wandsbeker Bote. Und Gert Hofmann
hat einen schönen Roman über ein paar Lebenszeiten dieses ge-
scheiten buckligen Professors geschrieben (*Die kleine Stechardin*).
Wer ihn gelesen hat, weiß ein bisschen mehr über das arme, glückliche Leben dieses Mannes. Wir wollen hier keine Biografie liefern,
sondern nur wiederholen, was viele Leser wissen: Lichtenberg hat
keine großen Werke geschrieben. Sieht man von seinen Erklärungen
der Hogarthschen Kupferstiche ab, gibt es eigentlich überhaupt
keine Werke im strengen Sinn der literarischen Kategorien. Seine eigentliche Leistung sind die *Sudelbücher*, acht Wachstuchhefte, wenn
ich es richtig erinnere, in die er Einfälle, Beobachtungen, Pläne, Entwürfe eintrug, an deren Veröffentlichung er freilich in dieser Form
nie dachte. Einmal, bei Gelegenheit des Beginns eines neuen Heftes
schrieb er »Vermischte Einfälle, verdaute und unverdaute Begeben-
heiten, die mich besonders angehen; auch hier und da Exzerpte und
Bemerkungen, die an einem andern Ort genauer eingetragen oder
sonst von mir genutzt sind.« Und das ist eine ziemlich genaue
Kennzeichnung dieser Splitter und Schnitzel. Es gibt kein System
der Ordnung, es sei denn, man nimmt die geistige Entwicklung
Lichtenbergs als das Ordnungssystem, wie es einer seiner besten
Herausgeber (neben Wolfgang Promies), Kurt Batt, versucht hat.
Und tatsächlich, so spontan auch die Eintragungen zunächst sind,
später werden etliche der kleinen Texte bearbeitet und präzisiert.
Und da will ich doch meinen alten Freund Kurt Batt zitieren, der
schon lange tot ist, aber seine Fritz-Reuter-Ausgabe und eben dieser
Lichtenberg-Band haben ihn überlebt: »So tritt uns aus den Sudel-
büchern der ganze Lichtenberg entgegen mit seinen persönlichen
Fragen und Zweifeln, mit seinen Qualen und Freuden, aber mehr
noch, die Ära ökonomischer, wissenschaftlich-technischer und politischer Umwälzungen, das große Zeitalter der bürgerlichen deut-

schen Philosophie und Literatur erfährt hier eine Brechung, deren Eigenart darin besteht, daß Lichtenberg zugleich Beteiligter und dennoch distanzierender Richter ist, da er zwar dem großen Strom der Aufklärung, nicht aber einer ihrer Strömungen zugehört.« Das ist sehr genau gesehen und gesagt: Vielleicht war Lichtenberg überhaupt d e r deutsche Aufklärer, denn genauer und pointierter kann man die Aufklärung des Menschen kaum betreiben. Und nun müsste man Beispiele liefern, aber wenn wir da anfangen, kommen wir in Teufels Küche: Denn wo anfangen, wo aufhören? Also sagen wir lieber, wo wir den Lichtenberg lesen können: Es gibt mehrere Auswahlausgaben, aber in diesem Falle sollten wir doch eine gute Gesamtausgabe auf den Lesetisch legen. Da hat man die Wahl zwischen der von Wolfgang Promies herausgebenenen sechsbändigen Ausgabe der *Schriften und Briefe* (ursprünglich bei Hanser, zuletzt bei Zweitausendeins erschienen) oder dem Insel-Lichtenberg in fünf Bänden, herausgegeben von Franz H. Mautner. Beide Ausgaben sind bei den Verlagen seit langem vergriffen. Wofür man sich also entscheidet, hängt vielleicht von der Möglichkeit ab, die eine oder andere Ausgabe im Antiquariat zu finden. Und als schönen Notbehelf gibt es die Gesamtausgabe der Sudelbücher im insel taschenbuch – hoffentlich noch, wenn dieses Buch erscheint.

Für die Leser, die Lichtenberg noch gar nicht kennen, will ich denn doch ein Dreigestirn aus seinen »Sudelbüchern« zitieren: Eins: Ich habe Leute gekannt, die haben heimlich getrunken und sind öffentlich besoffen gewesen. – Zwei: Ihr Unterrock war rot und blau sehr breit gestreift und sah aus, als wenn er aus einem Theatervorhang gemacht wäre. Ich hätte für den ersten Platz viel gegeben, aber es wurde nicht gespielt. – Drei: Wenn ein Buch und ein Kopf zusammenstoßen, und es klingt hohl, ist das allemal im Buch? – So, wer nun nicht nach einem Lichtenberg-Buch rennt, der ist fürs Lesen – und Leben verloren.

Wir wollen noch einen Dritten vorstellen, der manches gemeinsam hat mit den beiden Vorgängern: Johann Peter Hebel (1760–1826). Da will ich erst mal ein paar Sätze über einen Teil unserer heutigen Germanistik loswerden, die ja eigentlich dazu da sein sollte, den

Leuten die Literatur zu präsentieren. Und da gucke ich in ein Heft, das man dem Werk von Hebel gewidmet hat: »Das paradoxe Faktum, daß die Gattungsbezeichnung Kalendergeschichte nicht mit der Literarisierung der Publikationsform im 18. Jahrhundert geläufig wird, sondern erst nach der Verselbständigung entsprechender Erzähltexte in der Manier von Ludwig Anzensgruber 1882 publizierten Sammlung *Launiger Zuspruch und ernste Red'* mit ihren signifikanten Untertitel *Kalender-Geschichten* verdeutlicht die Unschärfe dieses Begriffs und unterstreicht die Notwendigkeit, die Diskussion über das Genre im Rekurs auf die einschlägigen Quellen unter medienhistorischen Prämissen wieder aufzunehmen.« Dies ist der erste Satz eines Aufsatzes, der sich *Mediale und narrative Interdependenz* nennt und uns angeglich etwas über Johann Peter Hebel erzählen will. Freilich, jede Wissenschaft hat ihre Sprachregelungen, aber wer über Hebel schreibt, der sollte sich überlegen, wie man schreibt. Denn nach diesem Auftakt wird man nicht weiterlesen, weder diesen geschwollenen Gescheitschreiber noch Hebel. Und im zweiten Falle wäre das ärgerlich. Also wollen wir uns dem Autor der *Kalendergeschichten* zuwenden und die narrative und mediale Interdependenz hinter uns lassen. Hebel wurde am 10. Mai 1760 in Basel geboren. Er war nach Schule und Studium sein ganzes Leben lang Lehrer und Theologe. Er brachte es weit: Prälat der Evangelischen Landeskirche in Baden, Mitglied der kirchlichen Generalsynode und des Landtags, Ordensträger, Ehrendoktor und so weiter. Dass er schon 1803 seine *Alemannischen Gedichte* herausgibt, lassen wir beiseite, aber seit 1807 übernimmt er die Redaktion des *Landkalenders,* der in *Der Rheinländische Hausfreund* umbenannt wird, und vier Jahre später erscheint bei Cotta ein Band *Schatzkästlein des Rheinischen Hausfreunds,* und von diesen beiden Büchern, dem *Schatzkästlein* und den *Alemannischen Gedichten* rührt sein Ruhm als Autor her. Die Geschichten, die wir heute noch lesen, kommen aus einem Kalender, wie ihn das Landvolk in den vergangenen Jahrhunderten zumeist von den Landesherren ins Haus bekam. Freilich, der Landesherr legte in einem Dekret fest, daß seine Landeskinder den Kalender zu kaufen hatten. Man hätte es sich denken können. Aber was nun Hebel aus dem alten Kalender machte, wie er ihn erneuerte und den Aberglauben verstieß und Aufklärung betrieb, das ist ein Thema für sich. Wir sagen, dass dieser Kalender so viel Anklang fand, hängt mit seiner Unterhaltsamkeit zusammen. Aufklärung unterhaltsam, das ist ein wenig verkürzt, aber weil diese beiden Elemente zusammenkommen, lesen auch wir heute noch die Geschichten aus dem *Hausfreund*. Und es ist eine »Welt der Herren und Knechte, der Betrogenen und Betrüger, die uns da entgegentritt«, eine Welt, die durchaus nicht mit den Moralsprüchen zu fassen ist, die Hebel seinen Geschichten anhängt, es ist eine Welt zwischen Heimat und Kosmos, eine Welt des Widerspruchs, die uns da entgegentritt. Meine Lieblingsgeschichte? Solche Auswahl fällt mir schwer, soll ich die Geschichte vom »unverhofften Wiedersehen« nennen, die ich auch deshalb liebe, weil das Ereignis im Bergwerk von Falun seine Weiterungen hat bis zu Franz Fühmann, der sich mit einer Geschichte des Bergwerks von Falun beschäftigte. Oder die Geschichten vom Zundelfrieder? Ach dann will ich es bei der Geschichte *Der silberne Löffel* belassen, die mit den hübschen Moralsprüchen endet: Merke: Man muss keine silbernen Löffel stehlen. Und Merke: Das Recht findet seinen Knecht. Was es damit auf sich hat, muss man freilich selber lesen. Und da wären wir auch am Ende unserer Abschweifung.

# Romantische Landschaften

»Das Klassische nenne ich das Gesunde und das Romantische das Kranke.« Ein beliebter Satz der Literaturgeschichte, Goethe zu Eckermann im Gespräch. Aber wie so oft bei Goethe gibt es auch Anderes: »Es ist Zeit, daß der leidenschaftliche Zwiespalt zwischen Klassikern und Romantikern sich endlich versöhne.« Aber was ist denn nun eigentlich romantisch? Kaum ein anderer literarischer oder literarhistorischer Begriff ist so diffus wie der Begriff der Romantik. Haben wir es dabei mit einer Naturschwärmerei zu tun, mit dem Rauschen von Quellen und Wäldern, dem lieben Mond und einer Gefühligkeit, die sich in Burgen und Klöstern der Vergangenheit bewegt? Freilich, all das gehört zum Inventar wie auch die Wiederentdeckung der Volkspoesie, aber vor allem ist wohl die Literatur der Romantiker der Versuch, sich eine Gegenwelt zu schaffen zu einer Welt, in der diese genialischen Jungen nicht zurechtkamen. Oder ist nicht Literatur immer der Versuch, aus unbefriedigender Gegenwart in die Welt der Phantasie auszubrechen? Die Autorin Christa Wolf hat mit ihrem Mann einen Band mit Texten herausgegeben, der *Ins Ungebundene gehet eine Sehnsucht* heißt, im Untertitel *Gesprächsraum Romantik*. Verständlich diese Sehnsucht in einer Gesellschaft, in der das Gebundene dominierte. Christa Wolf schreibt denn auch: »All das, was er hatte (der Begriff Romantik), und was manche heute vielleicht noch darin sehen: Mondscheinromantik, Liebesschmerz, Herzensweh, romantisiertes Mittelalter, Klerikalismus – das alles ist er jetzt nicht mehr für mich ...« Aber insgesamt ist dies vielleicht auch ein Beispiel dafür, wie Bücher und Autoren unter veränderten gesellschaftlichen Bedingungen neu entdeckt und gebraucht werden. Und das ist ja ein Aspekt unseres Themas, wir wollen uns Büchern nähern, die uns noch heute etwas bedeuten. Da gibt es schon ein paar Autoren, die wir hier vorstellen wollen. Aber ehe wir in die romantischen Landschaften steigen, soll ein Lieblingsautor Platz bekommen, der ganz unromantisch durch die Welt ging: »Wer geht, sieht im Durchschnitt anthropologisch und kosmisch mehr, als wer fährt ... Ich bin der Meinung, daß alles besser gehen würde, wenn man mehr ginge.« Nun, unser Johann Gottfried Seume, in Poserna bei Weißenfels am 29. Januar 1763 geboren, war ein »großer Wanderer«, wie es Goethe einmal bemerkte. Und sein für mich schönstes Buch beginnt denn auch mit dem denkwürdigen Satz: »Ich schnallte in Grimme meinen Tornister, und wir gingen.« Immerhin ging es zu Fuß bis nach Syrakus (*Spaziergang nach Syrakus im Jahre 1802*), und wie Seume diese Welt-Wanderung beschreibt, das ist für den Leser ein großes Vergnügen. Seume gehört nicht so recht in das Feld zwischen Romantik und Klassik, er ist ja ein Aufklärer, ein Spätaufklärer, wie die Literarhistoriker dies zu benennen pflegen. Und so ist denn auch dieses Reisebuch ein politisches Buch, aber es ist auch ein Buch, das diesen braven Mann als originellen Schriftsteller zeigt. Er ist ein glänzender Beobachter und ein Beschreiber mit Witz und Lakonismus. Dabei entwickelt er eine Weltsicht, mit der es sich lohnt, auch heute nach Syrakus oder anderswohin zu gehen. Seume, der neben anderen Schriften auch *Mein Leben* und *Mein Sommer 1805* geschrieben hat, die ebenso lesenswert sind, ist ein Ausnahme in deutschen Literatur-Landen, »mit unbestechlichem Blick und revolutionärem Bewußtsein« (Walter Benjamin). Ach ja, »viel gelebt und wenig geschrieben! besser als umgekehrt« meinte Seume. Da hat er wohl recht. Und da wir gerade von den Autoren reden, die viel gelebt haben, wollen wir Adelbert von Chamisso (1781–1838) nicht vergessen, der auch durch die Welt reiste. Als er einmal bei seinem Freund Julius Eduard Hitzig einen Zeitungsartikel las, wo von einer Entdeckungsexpedition zum Nordpol die Rede war, war es um ihn geschehen. »Ich wollte, ich wäre mit diesem Russen am Nordpol! rief ich unmutig aus, und stampfte wohl dabei mit dem Fuß.« Und Freund Hitzig regelt die Sache. Unter dem Kommandanten Otto von Kotzebue reist er von 1815 bis 1818 rund um die Welt, freilich sollte es fast fünfzehn Jahre dauern, ehe er sein Buch *Reise um die Welt* in die Welt schickte. Für mich gehört es neben den Weltreise-Büchern von Darwin und Gontscharow zu meinen Lieblingstexten im Reise-Genre, denn wer wollte nicht auch mit dem Fuß stampfen und rufen: Ich wollte, ich wäre mit Chamisso unterwegs. Dieser Reisende kam ja nicht gerade freiwillig nach Deutschland, und als Konsul Napoleon seiner Familie die Rückkehr nach Frankreich gestattet, kann sich Chamisso, der mittlerweile preußischer Offizier geworden war, nicht so recht entscheiden. Er sehnte sich nach Frankreich, aber er blieb schließlich in Deutschland, und was Wunder, dass er bald den jungen Romantikern anhing. Er hörte 1803 Schlegels Vorlesungen über die romantische Poesie, und der Offizier war auf dem besten Wege, ein Dichter zu werden. Wenn man auch die Mehrzahl seiner Gedichte und Geschichten heute nicht mehr lesen muss, seinen *Peter Schlehmil* sollten wir nicht vergessen. Hugo von Hofmannsthal hat ihn in seine schöne Anthologie *Deutsche Erzähler* nicht aufgenommen: »Sein *Schlemihl* ist freilich wundervoll angefangen, die Erfindung ist von hohem Rang, doch fällt die Erzählung ab, wird trüb und matt ...« Ob das richtig ist? Ich finde die Geschichte von dem Mann, der seinen Schatten verkauft, dieses Symbol für »bürgerliche Solidität und menschliche Zugehörigkeit« (Thomas Mann) ein insgesamt kunstvolles Zusammenspiel von Phantasie und Realität, eine Geschichte von jener genialischen Art, wie sie für die Romantiker bezeichnend war. Übrigens, Hugo von Hofmannsthals schon benannte Sammlung der *Deutschen Erzähler* des 19. Jahrhunderts enthält vielleicht all die Stücke, die wir aus der romantischen Literatur lesen sollten: La Motte Fouqués *Undine*, über deren Lektüre ich als Kind heiße Tränen vergossen habe, Arnims und Brentanos schöne Geschichten. Tiecks *Blonder Eckbert*, da würde ich den *Aufstand in den Cevennen* vorziehen, Hauffs *Kaltes Herz* und Mörikes *Mozart auf der Reise nach Prag*. Auch von Eichendorff und E.T.A. Hoffmann finden sich Erzählungen in diesem Band, aber da wollen wir noch ein wenig nachgraben. Es gibt ja Bücher, die durchaus nicht zu den ganz großen Ereignissen einer Literaturepoche gehören, aber wir begegnen in unserem Leserleben eben nicht nur Meisterwerken. Ganz zufällig kam mir vor langer Zeit ein Einzelband einer Eichendorff-Ausgabe mit dem Roman *Dichter und ihre Gesellen* in die Hand. Da waren schon die Zeitgenossen skeptisch, und Wolfgang Menzel hat das Inventar dieses Buches sehr schön beschrieben: »... denn daß das altmodisch ist und uns nur wie verwittert goldenen Rahmen in leerstehenden alten Jagdschlössern mahnt, versteht sich von selbst.« Das ist richtig gesehen und gesagt. Aber eben weil wir dieses romantische Inventar einmal erleben wollen, bietet uns dieser Roman von Eichendorff, der 1844 fast unbeachtet erschien und auch später nicht gerade ein großes Publikum gefunden hat, ein vielstimmiges Bild. Da sind die alten Marmorstufen, der Postillion, und natürlich »ein prächtiges Schloß über schimmernden Fernen, ein bunter, fürstlicher Hofhalt, Komödianten und ein Liebchen im Grün«. Da wir solches später nur als Versatzstücke in der Kolportage wiederfinden, lesen wir es hier mit Vergnügen.

Kürzlich saßen wir mal bei Lutter & Wegner am Gendarmenmarkt, die berühmte Weinstube hat wieder ein neues Domizil im Herzen Berlins, und die E.T.A. Hoffmann-Freunde unter uns wissen natürlich, dass hier vor Jahr und Tag der Schauspieler Ludwig Devrient und E.T.A. Hoffmann etliche Flaschen Sekt tranken, und vielleicht bedachte und erzählte er hier manche Geschichte, Hoffmanns Erzählungen also. Es gibt fast nichts von Hoffmann, was man nicht lesen kann. Seine phantasievoll und gelegentlich mit Weindunst geschwängerten Erzählungen und Romane sind so frisch wie zur Zeit ihrer Entstehung. Oder ist frisch nicht der rechte Ausdruck für des Kammergerichtsrates Texte? Sie sind vertrackt, und auf eine ganz originelle Weise verknüpfen sie das Alltägliche und das Geheimnisvolle, das Realistische und das Phantastische. Dieser skeptische Exzentriker ist etwas, was es in dieser Form in der deutschen Literatur bisher nicht gegeben hat, er war auch ein Musiker, Komponist und Zeichner, ein genialischer Kompositeur vieler Essenzen. Man muss ihn lesen, um dies zu erleben, seine *Serapionsbrüder*, den *Kater Murr*, den *Goldenen Topf*, die *Elixiere des Teufels*. Vielleicht ist das Schönste, was er geschrieben hat, die *Lebensansichten des Katers*

Der wahnsinnige Kreisler nach Hoffmanns Zeichnung. Aus E. T. A. Hoffmann von Rich. Schaukal; Die Dichtung Band 12. Verlag Schuster & Loeffler, Berlin

Murr. Da haben wir gleich die Methode dieses Autors, denn das Buch, dessen vollständiger Titel lautet *Lebensansichten des Katers Murr nebst fragmentarischer Biographie des Kapellmeisters Johannes Kreisler in zufälligen Makulaturblättern* ist ja eine Doppelbiografie. Kater Murr bietet aus den Makulaturblättern ein paar Stücke aus dem Leben des Kapellmeisters, der an seiner Zeit leidet und in den Wahnsinn getrieben wird, und dies eben wird kommentiert durch den Kater, der seine spießige Weltsicht verbreitet. Das ist hier ein bisschen simpel dahingeschrieben, aber simpel ist das Geschriebene bei Hoffmann eben nicht. Er ist, wie gesagt, ein genialischer Komponist vieler Essenzen, aber da muss jeder selbst auf den Geschmack kommen.

Und nun will ich auf zwei Brüder verweisen, die vielleicht schon nicht mehr zur Romantik gehören, und es gibt nur zwei Bücher von ihnen, die sie berühmt gemacht haben. Wenn wir die Namen nennen: Jakob und Wilhelm Grimm, sagen alle: *Grimms Märchen*. Und es gibt wohl nur wenige Kinder, die nicht mit Märchen aus diesem Buch aufgewachsen sind. Rotkäppchen und Schneewittchen, Froschkönig und Aschenputtel, Rumpelstilz und Bremer Stadtmusikanten und so weiter und so fort. Auch wenn Axel Eggebrecht in seiner Literaturgeschichte daran zweifelt, ob denn »abgeschnittene Finger und geschlachtete Jungfräulein« der unmündigen Phantasie so recht zuträglich sind, ich zweifle daran, dass die Lektüre dieses Buches künftige Verbrecherbiografien vorbereitet. Aber nicht nur die *Märchen* und die *Deutschen Sagen* sind etwas, was uns leidenschaftliche Leser interessiert, es ist der Forscherdrang, der Sinn für das Vergangene, die Geschichte in seiner schönsten Weise als ein Element der Romantik. Das Opus Magnum der beiden Brüder kommt aus diesem Geist: Das *Deutsche Wörterbuch* oder mittlerweile heißt es auch das *Grimmsche Wörterbuch*. Freilich, die beiden Brüder hatten sich gewaltig geirrt, als sie hofften, in vier Jahren damit fertig zu werden, denn schon der Band 1 brauchte anderthalb Jahrzehnte. Etliche hundert Mitarbeiter brachten ihnen rund 600 000 Belegzettel für die Stichworte von A bis Z. »Wie wenn tagelang feine, dichte flocken vom Himmel fallen, werde ich von der masse der wörter gleichsam eingeschneit«, schreibt Jakob Grimm. Es gab im vergangenen Jahr eine hübsche Ausstellung in Berlin, die einen interessanten Katalog hinterlassen hat, aus dem wir ersehen, wie die beiden Männer »unablässig fort alle tage bis abends eilf uhr« an dem Jahrhundertunternehmen saßen.

Das Buch wurde erst 1958 vollendet, dreiunddreißig lexikalische Bände, aber was heißt vollendet, schon sitzen Gelehrte daran, einen Nachtrag und Ergänzungen zu sammeln, man denkt an acht weitere Bände. Hoffentlich irrt man nicht wie die Brüder Grimm. Mittlerweile gibt es den *Grimm* auch als Taschenbuchausgabe, und wer auf eine kleine Ferienreise verzichtet, kann ihn erwerben. Walter Jens hat einen glänzenden Essay über dieses Unternehmen geschrieben, und am Schluss heißt es da: »Ein Rat … für jedermann, der den dreiundreißigbändigen Taschenbuch-Grimm in die Hand nimmt und sich ganz gewiß irgendwo zwischen »bescheißen« und »Weltzeit« festlesen und nie mehr von dieser anderen: verführerischen und schrecklich-schönen Bibel der Deutschen loskommen wird, Grimms Deutschem Wörterbuch, das ihn Zeile für Zeile belehrt, wie faszinierend, in der Fülle ihrer Benennungsfähigkeiten, seine Muttersprache ist und wie gering, an solchem Angebot gemessen, die Aussicht, das geliebte Deutsch je zu beherrschen.«

Wir werden gelegentlich auf die romantische Landschaft zurückkommen, denn wir haben ja hier kein Wort von Gedichten geredet, nichts von Briefen? Dürfen wir auf die Arnims verzichten und auf Brentano, auf Uhland und die Droste-Hülshoff, von der wir wenigstens die *Judenbuche* nennen wollen, jene dunkle, kriminalistische Geschichte, die wir übrigens in jenem schon benannten Band *Deutscher Erzähler* finden? Wir verzichten – schlechten Gewissens, und begeben uns nun in die Welt, die auch romantische Wälder und Wiesen vorzuweisen hat. Da wollen wir einen Autor zur Lektüre empfehlen, der wie kein anderer in der Welt bekannt ist. Seine Bücher sind immer wieder beliebte und genutzte Vorlagen für Filme, Fernsehstücke und auch für Comics. Und auch wer die *Drei Musketiere* nicht gelesen hat, nicht *Der Graf von Monte Christo*, er kennt seinen Namen: Alexandre Dumas. Man muss heute weder seine Theaterstücke noch manchen anderen Text aus seiner Romanfabrik lesen, denn Dumas hat sein umfangreiches Werk tatsächlich mit etlichen Mitarbeitern geschrieben, er hat es vielfach verwertet, auch darin ein Vorläufer heutiger Medienproduktionen. Ob man nun *Königin Margot* noch heute lesen sollte oder *Die drei Musketiere*, das ist dem Geschmack und der Zeit eben des geneigten Lesers überlassen, aber ein Buch, einen dicken Wälzer von Dumas sollte man unbedingt lesen: *Der Graf von Monte Christo*. Er ist für mich das Nonplusultra des romantischen Romans und auch ein glänzendes Beispiel des Abenteuerbuches. Unvergessen die Geschichte des Edmont Dantès, der dank des geistigen und materiellen Erbes von Abbé Faria, mit dem er in vierzehnjähriger Haft zusammenlebt, schließlich der geheimnisvolle Graf von Monte Christo wird. Dieser nun rächt sich an seinen ehemaligen Peinigern, an Fernand, der ein General geworden ist, an Danglar, dem Bankier. Natürlich wird er die Bösewichter besiegen. Der romantische Wunschtraum in einer ganz und gar unromantischen Welt: Das Gute siegt. Und so lesen wir auch heute dieses Buch.

Ein Zeitgenosse und Kunstgefährte von Dumas war Victor Hugo, der nicht nur materiellen Erfolg hatte, sondern auch zu einem Nationaldichter Frankreichs wurde. Der Romantiker als Revolutionär, vielleicht ist es das, was seine französischen Leser bis ins Heute an ihm lieben. Denn Hugo war im Gegensatz etwa zu Dumas kein Autor, der des Geldes und Ruhmes wegen schrieb, sondern aus in-

nerer Überzeugung. Seine Bücher waren ihm Mittel im Kampf gegen Unfreiheit und Unterdrückung. Ich hatte lange nicht mehr an diesen Dichter gedacht, dessen großer Roman *Die Elenden* mich einst begeisterte, als ich in dem kleinen luxemburgischen Städtchen Vianden auf einer Brücke eine Büste sah: Hugos Kopf von Rodin. Hier stand das kleine Häuschen, das er für eine kurze Zeit des Exils bewohnt hatte, in diesen schmalen Zimmern hatte er Verse und Pamphlete geschrieben. Es ist eine kluge Bemerkung, die Goethe in den Noten und Abhandlungen zum *Westöstlichen Diwan* als Motto gesetzt hat: »… Wer den Dichter will verstehen,/Muß in Dichters Lande gehen.« Es ist ein großes Vergnügen, durch alte Dichterhäuser zu gehen, und nachdem ich Hugos Quartier in Luxemburg gesehen hatte, wollte ich auch sein Domizil in Paris besichtigen. Von 1832 bis 1848 lebte Hugo an der Place des Vosges, vielleicht ist dies einer der schönsten Plätze von Paris. Man betritt ihn durch eine schmale Straße, ein Viereck, von Häusern umstanden, ein kleiner Park, und die Nr. 6 ist das Haus, in dem Hugo die letzten Jahre seines Lebens verbrachte.

Überhaupt erscheint einem dieser Platz wie ein Stück aus Hugos Welt, keine Autos, die frühe Dunkelheit unter den Bäumen, die Lichter in den Fenstern und ein paar Restaurants. Hier habe ich bei einem Glas Rotwein noch einmal seinen Roman *Notre-Dame von Paris* zu lesen begonnen, der in deutschen Übersetzungen zumeist unter dem Titel *Der Glöckner von Notre-Dame* erschienen ist. Ein romantisches Inventar, schlimme Kolportage, sagen manche, und wer den Film gesehen hat, der wird die Gestalt des Charles Laughton nicht vergessen, der den Glöckner spielt (es gibt übrigens ein Dutzend Verfilmungen dieses Romans), und Rolf Vollmann, unser Leser-Freund hat wohl recht: »Hundertmal legt man das Buch weg bis zu diesem Schluss, aber immer wieder liest man weiter, nicht weil es gut wäre, denn das ist es nicht, aber es bannt das arme lesende Gemüt; man bringt sich nicht weg von dem Buch; nun gut, sagt man sich endlich, nun gut: ein Roman eben – und ist jetzt gewappnet gegen alle weiteren Schandtaten dieses scheußlichen Genres.« Nun müssten wir noch in der romantischen Landschaft der französischen Literatur George Sand erwähnen, die exzentrische Person, die nicht nur etliche Männer verrückt machte, sondern auch eine der ersten Emanzen war, Zigarren rauchend, Hosen tragend und die Welt schockierend. Aber ihre Romane sind meines Erachtens etwas für die Literaturgeschichte, gelesen habe ich dagegen mit Interesse ihr kleines Reisebuch *Ein Winter auf Mallorca*. Sie kam ja mit dem schwerkranken Geliebten Frederic Chopin im Spätherbst des Jahres 1838 in das alte Kloster Valldemosa. Aber man lebte mehr recht und schlecht dahin, die Einheimischen mochten die merkwürdigen Fremden nicht, es war kalt, es war Winter, und so war George Sand froh, als sie im Februar 1839 wieder nach Frankreich kam. Warum erzähle ich das? Dieses kleine Buch gibt vielleicht mehr von seiner Autorin wieder als all ihre romantischen Romane. Auch den Vater des romantischen Romans, wie man ihn gelegentlich genannt hat, kann man heute kaum mehr so recht lesen, obwohl es noch immer Liebhaber seiner dicken romantischen Romane gibt. Und als wir vor ein paar Jahren durch Schottland reisten, nahm ich seinen *Rob Roy* mit und las ihn mit Vergnügen, aber wohl mehr als Heimatkunde denn als Literatur. Dann besuchte ich Abbotsford, dieses Anwesen mit Türmchen und Mauern, Gängen und Sälen und einer vieltausendbändigen Bibliothek samt allen möglichen Souvenirs aus schottischer Geschichte. Belassen wir also Sir Walter Scott im Fach Heimatgeschichte, da findet er Freunde – und wohl auch Leser. Wir aber begeben uns nun ins ferne Russenland, das ich in meinem Leben wohl ein halbes Dutzend mal besuchte. Als ich zum ersten Mal nach Moskau kam, hatte ich eine Dolmetscherin, die Tatjana hieß, wie bezeichnend, denn im tiefgeliebten Epos *Eugen Onegin* ist Tatjana ja die stolze Widersacherin Onegins. Ja, also damals hatte ich nicht nur eine höchst lebendige Tatjana an der Seite, sondern auch das erste Beispiel für die große Verbundenheit des russischen Volkes mit ihrem Dichter. Was ich auch sagte, was ich auch fragte, die Antwort lautete fast immer: »Nun, da muss man Puschkin zitieren ...« Und es wurde Puschkin zitiert. Alexander Puschkin ist wohl ein romantischer Dichter, aber das romantische Gefühl verknüpft sich mit dem revolutionären Aufbruch, der von den Intellek-

**Das schöne illustrierte Buch der russischen Literatur**

A. Puschkin: Ruslan und Ludmilla
Ein phantastisches Märchen mit handkolorierten Lithographien von W. Masjutin

A. Puschkin: Der Reiter aus Erz
Eine Petersburger Begebenheit mit handkolorierten Zeichnungen von A. Benois

M. Ljesskow: Pawlin
Ein Petersburger Roman mit Holzschnitten von K. Rössing
(von den Originalstöcken gedruckt)

A. K. Tolstoi: Der Vampir
Eine phantastische Novelle mit Originallithographien von W. Masjutin

M. Lermontow: Ein Held unserer Zeit
Ein Roman aus dem Kaukasus mit Holzschnitten von W. Masjutin
(von den Originalstöcken gedruckt)

F. Dostojewskij: Petersburger Chronik
Mit Holzschnitten von W. Masjutin

✱

Ferner sind erschienen:

Der moskowitische Eros
Eine Sammlung russischer dichterischer Erotik

Russische Volkslieder
Vierzig Lieder mit vollständigem Notensatz

Bildergalerie zur russischen Literatur

Orchis-Verlag · München
Leopoldstraße 3

---

tuellen seiner Generation entscheidend mitgetragen wurde. Puschkin hat einige wunderbare Erzählungen geschrieben *Die Hauptmannstochter, Der Postmeister*, die uns dieses ferne Russland nahebringen. Aber mehr noch: Dieses ferne Russland lebte auch im zwanzigsten Jahrhundert, diese »russische Seele«, wie man manchmal ein bisschen vereinfacht sagt. Und wer Russlands Geschichte bis ins Heute verstehen will, der muss Puschkin lesen. Noch ein anderer tragischer Romantiker lebt in Russlands Literatur: Michail Jurjewitsch Lermontow. Manches aus seinem Lebenslauf wiederholt die Puschkinsche Biografie, die Verbannung in den Kaukasus, das Gefühl, nichts ausrichten zu können in diesen Zeiten und schließlich, wie bei Puschkin, auch der Tod im Duell. Siebenundzwanzig Jahre alt starb er, aber er hinterließ einen Roman, der auch für uns heutige Leser noch lesenswert ist: *Ein Held unserer Zeit*. Aus Puschkins *Eugen Onegin* und Lermontows *Ein Held unserer Zeit* erfahren wir die Vorgeschichte des russischen zwanzigsten Jahrhunderts, und wir verstehen, dass diese Bücher für die Russen mehr bedeuten als nur Literatur: Es sind Lebensmittel.

»Amerika, du hast es besser«, hat man gelegentlich geschrieben, da die junge Nation nicht den Ballast der alten europäischen Geschichte zu tragen hatte. Und diese Literatur beginnt wie die Geschichte: Mit der Erkundung und Besiedlung dieses weiten Landes. Sagten wir Besiedlung? Da gab es ja schon Bewohner, und James Fenimore Cooper erzählt nun in seinem *Lederstrumpf* und in den nachfolgenden Bänden von Natty Bumppos Weg durch die neue Welt. Arno Schmidt, der gerne vorlaut übertreibt, nennt ihn einen »Archetyp wie Faust, Parzival, Ewiger Jude«. Nun, solcher Charakterisierung muss man nicht folgen, aber andererseits ist dieser *Lederstrumpf* eben auch nicht nur ein Abenteuerbuch für Knaben. Übrigens erzählt Arno Schmidt in seinem Feature, dass Scott sich über die magere Handlung von Coopers Büchern beklagt habe, und da war er nicht der Einzige.

Diese Bücher leben aus den Gestalten und aus der Beschreibung von Landschaft, wer dafür keinen Sinn hat, der kann sich Cooper schenken. Bei dieser Gelegenheit will ich noch auf ein Buch verweisen, das ein Amerikaner geschrieben hat und das auch von amerikanischen Wäldern handelt: Henry David Thoreaus *Walden oder Leben in den Wäldern*. Hermann Hesse schreibt dazu: »Die amerikanische Literatur, so kühn und großartig sie ist, hat kein schöneres und tieferes Buch aufzuweisen als Walden.« Nun, dieser Mann kann uns nicht in allen seinen Lebensgewohnheiten ein Vorbild sein: Keine Kirche, keinen Alkohol, keine Frauen, kein Fleisch, aber eben aus einer solchen strengen Lebensführung verkündete er die »Pflicht des Bürgers zum Ungehorsam gegen den Staat«, wenn es das Gewissen des Einzelnen fordert. Da kommt er auch zu der Folgerung, »die beste Regierung ist die, die am wenigsten regiert«. Sein Buch ist eine wunderbare Beschreibung amerikanischer Landschaft oder sagen wir besser, eines respektvollen Umgangs des Menschen mit Natur und Landschaft. Zu einem solchen Leben gehört für Thoreau auch das Lesen, die Lektüre, wie ein Kapitel seines Buches heißt. Mit einer Replik aus diesem Buch wollen wir unsere Besichtigung romantischer Landschaften beschließen: »Wie mancher Mensch hat eine neue Ära in seinem Leben von dem Lesen eines Buches an zu datieren! Vielleicht existiert für uns das Buch, das unsere Wunder erklärt und uns neue offenbart. Das jetzt Unaussprechliche finden wir vielleicht irgendwo ausgesprochen ...«

# Exkurs: Die Welt der Briefe

Das Zeitalter der Briefe ist unwiderruflich vorüber. In unserem Briefkasten finden wir Schreiben, Prospekte, Formulare, aber wann erreicht uns ein Brief? Selbst unter Autoren ist es üblich geworden, per E-Mail oder Fax zu verkehren. Mit Georg Hensel und Heinz Knobloch korrespondierte ich in ihren letzten Lebensjahren nur per Fax. Es ist billiger, es geht schneller, man muss nicht mehr zum Briefkasten, meinte Heinz Knobloch, der früher ein Briefschreiber war. Aber vielleicht ist es noch etwas anderes: Die Kultur des Briefeschreibens ist in unseren schnelllebigen Zeiten versunken. Wir haben keine Zeit mehr, etwas mit einander zu bereden. Wir tauschen Nachrichten aus per Telefon oder E-Mail, aber die schöne Ausführlichkeit, die die Nachricht in Lebenszusammenhänge bettet, sie scheint uns nicht mehr gemäß. Wir können dies beklagen, aber wir ändern es nicht. Trotzdem sind uns Briefe aus der Vergangenheit nicht nur Lebenszeichen unserer Vorfahren, sondern sie sind eine ganz eigene, subjektive literarische Form. Von Hermann Hesse weiß man, dass er in seinem Leben rund 30 000 Briefe schrieb; von Thomas Mann existieren zirka 14 000 Briefe. Es sind sehr unterschiedliche Briefschreiber, die sich da zeigen: Hesse kümmert sich wohl wenig um die Form des Briefes, seine Korrespondenten erwarten von ihm Lebenshilfe.
Und die bietet er auch, ein bisschen missmutig manchmal, ein bisschen wehleidig. Auch ich habe in früher Jugend den Alten in Montagnola mit Briefen belästigt, und ich bekam eine Antwort. Thomas Mann ist ein anderer Briefschreiber: Nur selten öffnet er sich ganz, zeigt seine wahren Gefühle, oft sind die Briefe Kommentare zum Werk, Begleitmusik des Lebens, Freundlichkeiten. Von Hesse wie von Thomas Mann gibt es ausgiebige Briefausgaben, einzelne Brief-

wechsel. Wer sich für diese Autoren interessiert, wird ihre Briefe lesen. Merkwürdigerweise habe ich eine besondere Vorliebe für die Brieflektüre. Warum? Vielleicht weil ich einer der letzten Briefschreiber bin? Oder weil mich schon immer die Lebensumstände von Autoren interessiert haben? Es gibt ein ganzes Fach meiner Bibliothek mit Briefbänden, und es sind nicht nur Briefe von Autoren, Künstlern, sondern auch Zeugnisse ganz einfacher Menschen, mit denen man durch Zeiten und Geschichte geht. Darf ich ein paar Bände herausnehmen und zur Lektüre empfehlen? 1980 reiste ich mit der polnischen Luftfahrtgesellschaft LOT nach Amerika, die Umstände dieser Reise zu erzählen, würde eines eigenen Kapitels bedürfen, also lasse ich dies weg. Ich flog jedenfalls nach Warschau, wo ich dann in eine Maschine stieg, die am Bug den Namen von Henryk Sienkiewicz trug, und dieser, in Polen bis heute nicht vergessene Autor, hat nach seiner Amerikareise ein Buch verfasst: *Briefe aus Amerika.* Freilich, er, der Pole, reiste mit dem Dampfer »Germanicus« und ich, der Deutsche, mit dem polnischen Flugzeug namens Sienkiewicz. Aber der achtundzwanzigjährige Reisende war damals ein unbekannter Literat, noch nicht der Autor des Weltbestsellers *Quo vadis,* den er erst zwanzig Jahre später veröffentlichen sollte. Seine Briefe aus Amerika sind freilich keine Zeugnisse unmittelbarer Eindrücke, sondern sie sind für die Veröffentlichung geschrieben. Im Grunde ist es ein Reisebuch, für das die Briefform gewählt wurde, eine literarische Möglichkeit, die im 19. Jahrhundert und bis in die Anfänge des 20. Jahrhunderts recht häufig ist. Iwan Gontscharow, wir werden im Zusammenhang mit seinem Roman *Oblomow* auch über seine Aufzeichnungen von einer Weltreise *Fregatte Pallas* schreiben, zeigt die Möglichkeiten des Verfahrens: Es gibt seine tatsächlichen Reisebriefe, die er von den verschiedenen Stationen seiner Weltumsegelung nach Hause schickte. Und aus den Briefen und zusätzlichen Aufzeichnungen entstand dann das Reisebuch. Um nochmals auf Sienkiewicz zurückzukommen: Wenn man das Buch liest, kann man als heutiger Reisender nur sagen: Nichts ist mehr so, wie es einmal war. Oder doch? Freilich, ein paar Eigenschaften der Amerikaner haben sich wohl nicht geändert, es ist aufschlußreich, seine Eindrücke von einer Schwurgerichtsverhandlung zu lesen: »Der Gerichtsvorsitzende saß an einem besonderen Pult, gequält von einem lauten Schluckauf, kaute Tabak, mit den Kiefern mahlend wie ein Ochse, und ließ seinen leeren Blick über die Versammelten gleiten. Die Geschworenen hatten ihre Röcke ausgezogen, kauten ebenfalls Tabak und lagen mehr auf ihren Stühlen als dass sie saßen, die Füße auf die Tischplatte gelegt ...« Nun, ganz so schlimm ist es vielleicht heute nicht mehr, und die gelegentliche Flegelhaftigkeit nennt man heute Lockerheit, die alten Briefe sind nicht so alt, wie man auf den ersten Lektüreblick denkt. Freilich, es gibt so etwas wie den manischen Briefeschreiber. Rainer Maria Rilke erschien mir gelegentlich in diesem Licht. Man möchte ein bisschen lästernd sagen, dass es keine Gräfin in den ersten Jahrzehnten des 20. Jahrhunderts gab, die keinen Briefwechsel mit Rilke geführt hat. Und nicht nur Damendienst; an seinen Verleger Kippenberg und seine Frau schrieb er Briefe, die tausend Buchseiten füllen, sieben Bände Gesammelte Briefe und unzählige veröffentlichte Einzelbriefwechsel. Immerhin hat man rund einhundert Orte in zwölf Ländern gezählt, in denen Rilke längere oder kürzere Zeit lebte, schreibt Rilke-Biograf Horst Nalewski. Ich bin einmal in Ronda gewesen, in den Bergen Andalusiens, und dort zeigte man uns im Hotel Reina Victoria, das noch immer ein wenig vom alten Glanz britischer Spanienreisender lebt, auch das Zimmer, in dem Rilke einige Wochen wohnte. »Die Poststunde drängt, liebster Freund. Nehmen Sie, in gewohnter Nachsicht, dieses Rohmaterial von Sorgen und Verhältnissen in Betracht und lassen Sie sich wärmstens die Hand reichen«, schreibt Rilke aus Ronda am 7. Januar 1913 an Anton Kippenberg. Und oft genug erzählen seine Briefe von den Sorgen, den schwierigen Verhältnissen, in denen er lebte. Es gibt unter den Bergen seiner Briefwechsel auch ein dünnes Bändchen, dessen Lektüre vielleicht auch heute noch unsere Aufmerksamkeit verdient: *Briefe an einen jungen Dichter*.

Auch hier erscheint einem manches ein bisschen angestaubt, aber beeindruckend ist schon, wie ernsthaft Rilke mit jenem Herrn Kappus korrespondiert, aus dem eben kein Dichter geworden ist. Es

DIE RENAISSANCE
IN BRIEFEN

Von Dichtern, Künstlern,
Staatsmännern, Gelehrten
und Frauen. Bearbeitet von
LOTHAR SCHMIDT

Band I und II geh. je M 5.—, geb. je M 6.—. Beide Bände in
Geschenkkarton M 12.—. Geschenkausg. in Leder M 12.50.

Greifbarer ist nie die herrliche Epoche der Renaissance
zum Leben erstanden, als in diesen persönlichen Do-
kumenten der Zeitgenossen, die die beiden hier empfohlenen
Bände vereinigen. Der Gedanke, einmal an Hand der er-
haltenen Schriften und Briefe die Zeit selbst zu Worte
kommen zu lassen, hat sich als ungemein glücklich erwiesen.
Was diese Zeit an Typen aufzuweisen, was sie im letzten
erstrebt, versucht und erhofft hat, hier wird es Wirklichkeit. Ein Zauber lagert über diesen durch die Ausführungen
des Bearbeiters geschickt zu einem harmonischen Ganzen
verbundenen Bekenntnissen, der uns zu Zeugen unmittelbaren Erlebens macht. Bedarf es danach noch weiterer
Worte, den Wert und die Schönheit dieser entzückend
ausgestatteten Bände anzupreisen? Sie sind das dokumentarische Gegenstück zu den Schriften von Burkhardt und
Gregorovius und darum allen Freunden der Kunst und
Kulturgeschichte bestens zu empfehlen.

Illustrierter Weihnachtskatalog gratis und franko.

KLINKHARDT & BIERMANN
VERLAGSBUCHHANDLUNG · LEIPZIG

geht auch in diesem Briefwechsel weniger um Dichtung und das
Handwerk des Dichters als um das Bestehen von Lebenssituationen. In meiner Brief-Bibliothek gibt es einen dicken Band, der heute
leider nur noch im Antiquariat aufzufinden ist, 1926 erstmals bei
Wolfgang Jess in Dresden erschienen und in den fünfziger Jahren
des vergangenen Jahrhunderts dort wieder aufgelegt: *Künstlerbriefe
über Kunst*. Es ist ein wahres Kompendium der Kunstgeschichte
seit der Renaissance bis in die Zeiten des Impressionismus, das der
Kunsthistoriker Hermann Uhde-Bernays zusammengestellt hat.
Aber wir erfahren nicht nur Kunstgeschichte, sondern auch Lebens-

geschichte der Künstler. Es gibt da ganz unbekannte Briefschreiber, etwa Franz Pforr oder Friedrich Weinbrenner, und es gibt natürlich die großen Namen, von Michelangelo und Tizian bis zu Kandinsky, Munch und van Gogh. Und das Schönste an diesem Band: Man wird angeregt, den Briefschreibern nachzugehen, ihre Bilder zu besichtigen, ihre Lebensumstände genauer kennenzulernen. Wer hier die Briefe van Goghs gelesen hat, wird sich vielleicht die große Briefausgabe des Malers zulegen. Ich wünschte mir, es gäbe eine ähnliche Edition mit Dichterbriefen, oder gibt es sie? Natürlich gibt es viele Briefwechsel aus der Literatur, auf die man nicht verzichten sollte: Goethes Briefe an Frau von Stein oder den Briefwechsel zwischen Goethe und Schiller, aber das ist vielleicht schon Pflichtliteratur? Zwei Autorenbriefschreiber will ich noch vorstellen. Da ist einmal der schöne Briefwechsel von Gottfried August Bürger an seinen Verleger Dieterich, der unter dem hübschen Titel *Mein scharmantes Geldmännchen* bei Wallstein 1998 erschienen ist. Ja, um Geld geht es hier, wie so oft bei Briefen der Autoren an ihre Verleger (und mit Recht, füge ich hinzu) und um die Ärgerlichkeiten, die Verleger ihren Autoren mit Druckfehlern bereiten (»So wahr ich lebe! Ohrfeigen könnte ich Eurem Korrector geben und ihn ein Rindvieh ins Angesicht hineinschelten ...«), aber all das wird halb im Ernst und halb spielerisch betrieben, denn man ist ja auf einander angewiesen. Und wo gibt es das heute noch, dass ein Autor seinem Verleger schreiben kann: »Herzlichen Dank für die schönen Austern und Schellfische!« Gelegentlich gibt es heftigen Streit, aber zumeist kommt man sich doch näher, »denn so wahr ich bin Dein aufrichtiger Freund Bürger«. Wer Gottfried August Bürger war? Wer Dieterich war? Das kann man ausgiebig in den Anmerkungen und im Nachwort des Buches nachlesen. Vergnügen Nr. 2: der Briefwechsel zwischen Iwan Turgenjew und Ludwig Pietsch. Natürlich muß man anmerken, wer denn Ludwig Pietsch war, während die Kenntnis Iwan Turgenjews noch nicht dahingeschwunden ist. Also, Ludwig Pietsch war ein begabter Zeichner, der im Laufe seines Lebens auch ein Schreiber wurde. Die Nähe zwischen den beiden, dem berühmten Schriftsteller Iwan Turgenjew und dem bei der ersten Begegnung im Jahre 1847 noch unbekannten Maler Ludwig Pietsch kam übrigens durch die Sängerin Pauline Viardot zustande, der Turgenjew durch halb Europa nachlief und die auch Pietsch bei einem Gastspiel in Berlin mit Begeisterung hörte. Es ist so etwas wie ein Bilderbogen der Literatur, der uns aus diesen Briefen begegnet. Wir lesen von Theodor Storm und Emile Zola und von den Begegnungen mit vielen anderen Schriftstellern. Aber nun zu meinem Favoriten unter den Briefschreibern. Da gibt es ein ganzes Fach mit Briefbänden, Korrespondenzen. Und da schreibe ich in dieses Briefkapitel ein Textstück, das heißt: Fontanes Briefe lesend. Über den Autor Fontane werden wir noch schreiben. Wo man ihn ganz direkt finden kann, seine Leser wissen es, in seinen Briefe. Hier kommt er uns auf wunderbare Weise nahe. Das ist alles so lebenserfahren, heiter, zitatenreif: Ob er über das Wetter reflektiert oder über die ihn umgebende Menschengesellschaft – Lieblingsthemen seiner Briefe aus der Sommerfrische – das hebt sich immer über die Belanglosigkeit solcher Episteln bei anderen Schreibern ins Unterhaltsame, Nachdenkliche, ja ins Philosophische. Ob wir ihm zustimmen, es ist uninteressant, aber dass da einer ist, der kein Prinzipienreiter ist, der nicht ständig, wenn er den Kaffeelöffel hebt, von Schicksalswende oder Schicksalswahl faselt, wir lesen es mit Vergnügen. Er sagt vielmehr: Moral ist gut, Erbschaft ist besser. Und dann ist Fontane ein Familienmensch, ein Ehemann, der von diesen mittlerweile des öfteren in Frage gestellten Lebensmöglichkeiten eine Menge hielt, eine Menge wusste. Als Beispiel für den Briefschreiber wollen wir auf den Ehebriefwechsel mit Emilie verweisen. Diese Ehe: 1835 begegnen sie sich erstmals, fünfzehn Jahre später erst wird geheiratet, das Geld, die Lebensstellung, alles sind Hindernisse, dann seit 1850 fast ein halbes Jahrhundert gemeinsamer Lebensweg. »Es ist Unsinn zu glauben, man könne glücklich werden, wenn man vierhändig eine Sonate spielt. Die Ehe ist auf andere Sachen aufgebaut.« Fontane wusste, wie es wirklich zuging. Dramatik ja im Leben, Dramen auch, aber doch zumeist nicht so, wie es Ibsen schildert: »In der Mehrzahl seiner Dramen ist alles unwahr, die bewunderte Nora ist die größte Quatschliese, die je von der Bühne herab zu einem Publikum gesprochen hat.« Vielleicht sehr einseitig diese Ansicht – aus anderen Lebenserfahrungen. Aber Ehe ist also etwas anderes bei Fontane und wohl auch bei heutigen Eheleuten. Man kann es nach- lesen, wie die beiden Leute im Kampf liegen, Waffenstillstand dann und wann, »Compromisse«, stillschweigende gegenseitige Abma- chungen. Da dies ein halbes Jahrhundert gut ging, war es wohl gut. Und Liebe war es auch: »Die Zuneigung ist etwas Rätselvolles, die mit der Gutheißung dessen, was der andere tut, in keinem notwen- digen Zusammenhang steht.« Wenn es auch ziemlich unsicher ist, ob Literatur etwas zur Lebenskunst beitragen kann, aber einem jun- gen Paar am Traualtar die drei Bände dieses Ehebriefwechsels an- stelle eines Reiseschecks nach Mallorca zu schenken, es wäre keine schlechte Idee. Fontanes Briefe lesen. Und in Lübbenau eine saure Gurke essen. Wenn man die Wahl hat zwischen Austern und Cham- pagner, sich für beides entscheiden. Das alles findet sich dort. Und auch: »Die Kunst der Lebensführung besteht bekanntlich darin, mit gerade so viel Dampf zu fahren, wie gerade da ist.« Eben: Fontane leben.

Merkwürdig, in Walter Benjamins Brieffolge *Deutsche Menschen* gibt es keinen Brief von Fontane. Mochte er Fontane nicht? 1936 erschienen die hundert Seiten Briefe als letztes Buchprojekt von Walter Benjamin, der schon längst im Exil lebte. Die Briefe, die uns nun vorgestellt werden, sind Briefe von Menschen in existenziellen Situationen: Lessing schreibt jenen Brief nach dem Tod seiner Frau: »Meine Frau ist tot: und diese Erfahrung habe ich nun auch ge- macht. Ich freue mich, daß mir viel dergleichen Erfahrungen nicht mehr übrig sein können zu machen; und ich bin ganz leicht.« Er führt zu Lichtenbergs Brief über den Tod der »kleinen Stechardin« oder zu Forsters Epistel über den Verlust von Heimat und Vater- land. Verluste, Verluste, der große Brief von Seume, nachdem ein anderer seine Liebste genommen hatte. Büchner an Gutzkow, Kel- ler an Storm über die »Kriegsläufte« zwischen seiner Schwester und ihm, in welchem Ofen denn die Suppe stehen sollte (übrigens bei der Gelegenheit, es lohnt sich, Kellers Briefe allesamt zu lesen). *Deutsche Menschen* heißt das Briefbuch von Benjamin. »Es war die

Epoche, in der das Bürgertum sein geprägtes und gewichtiges Wort in die Waagschale der Geschichte zu legen hatte«, schreibt Benjamin in einem Vorwort. Fünfundzwanzig Briefe, und ein ganzes Jahrhundert taucht auf. – Ein anderes Jahrhundert in einem anderen Briefbuch: *Meine liebe ... Sehr verehrter ... 365 Briefe eines Jahrhunderts.* Aus einer Rundfunkreihe im Jahre 1999 entstanden, ausgewählt und eingeleitet von Barbara und Peter Gugisch. Ist das Buch eigentlich noch greifbar, der kleine Rhino-Verlag im Thüringischen, gibt es ihn noch? Das Buch gehört in jede Bibliothek, die das 20. Jahrhundert beleuchtet. Wie soll man diesen Jahreslauf mit Briefen fassen? Das Buch beginnt mit einem Schreiben von Karl Landauer an Max Horkheimer vom 1. Januar 1937. Vielleicht ist dies kein außergewöhnlicher Brief, er behandelt Alltägliches oder das, was 1937 für etliche Leute alltäglich war: »Man ist ja außerordentlich isoliert, daß man froh ist, wenn endlich einmal ein lieber Mensch da ist, mit dem man über die Dinge, die einem wichtig sind, reden kann ...«, schreibt er. Und er schlägt damit ein Thema an, dass ja eben Briefe produziert: Die Einsamkeit, die Isolierung des Menschen und sein Bedürfnis zur Kommunikation. Die Herausgeber schreiben: »Es ging uns stets um Briefe, die etwas von einem Menschen und über seine Zeit aussagen ...« Ein Geschichtsbuch ist da entstanden, ein Buch von Menschenschicksalen, die sich durch das vergangene Jahrhundert bewegten, und während sich Benjamin auf bekannte Namen beschränkte, haben hier auch Unbekannte das Wort. Da hat ein einfacher Landser 1914 das Eiserne Kreuz bekommen, und nun schreibt er seinem Pastor, wie das war. Er erzählt, wie er aus dem Kugelregen seinen verwundeten Major holt. Kein heroischer Brief »Mich überlief es eiskalt ...« Und er bekommt für seine Tat »12 Stück schöne Cigarren« und ein wenig später das Eiserne Kreuz. Das Schöne an diesem Buch ist, dass man unentwegt zitieren möchte. Wie Ludwig Renn seinen Wissensstand bekennt und seine Unfähigkeit, Thomas Mann zu lesen. Oder Ludwig Marcuse an Erika Mann: »Abgesehen davon, daß der Alte (Schopenhauer) ein kauziger Pedant war, war er doch der Einzige. Der große Hegel und der kleine Schleppenträger Adorno sind dagegen nur feige Theologen.« Irgend-

wann, nach siebenhundert Seiten, steht dann der letzte Brief: Robert Musil am 31. Dezember 1939 an Erwin Hexner.

Darf ich zu guter Letzt ein drittes Briefbuch nennen, das sich ganz den politischen und den daraus resultierenden menschlichen Problemen widmet: *Deutsche Augenblicke*. Hier finden sich ein paar Briefe, die man vielleicht schon anderswo gelesen hat, wie das Schreiben von Thomas Mann an den Dekan der Philosophischen Fakultät der Universität Bonn, die ihm am 19. Dezember 1936 die Ehrendoktorwürde entzog. Freilich ist dieses Schreiben mehr als ein

Brief, es ist eine Zustandsbeschreibung Deutschlands, eine politische Entscheidung auch nach vier Jahren Hitlerherrschaft. Oder Feuchtwangers Brief an die Bewohner seines Hauses in Deutschland, auch dieser ironisch gefärbte Brief gehört in das Fach Briefe in die Dunkelheit, wie es Leonhard Frank einmal nannte. Natürlich kann man diese Briefe auch anderswo finden, aber dieses Briefbuch gewinnt seine Bedeutung dadurch, dass es zwei Jahrhunderte deutscher Politik durchmustert. So stehen auch am Ende Briefe von Dutschke, von Grass, die die deutsche Entwicklung kritisch beleuchten. Vielleicht sollte man dieses Buch wieder auflegen, es gehört in viele Bibliotheken, auf viele Lesetische. Und eine Frage zu guter Letzt: Kann man nicht in unseren Gymnasien das Verfahren wiederholen: Jeden Morgen einen Brief aus der deutschen Briefliteratur, politisch oder literarisch, kulturgeschichtlich oder auch ganz persönlich, vorzulesen? Doch alle Administration schadet nur, und junge Leute schreiben heute keine Briefe mehr. Ihr Metier ist die E-Mail, die SMS, die Nachricht, nicht der Hintergrund einer Nachricht. Aber vielleicht habe ich ihnen Lust gemacht, Briefe zu lesen und vielleicht sogar: Briefe zu schreiben?

# Die großen Erzähler

Nicht weit entfernt vom Eiffelturm, wo sich die Touristen in Paris tummeln, liegt eine schmale Straße im Quartier Passy, die heute von eleganten Apartmenthäusern umstellt ist. In eben dieser Rue Rayonard steht ein kleines Landhaus, umgeben von einem Gärtchen, das nur selten Besucher empfängt, obwohl hier einer der größten Schriftsteller der Weltliteratur lebte und schrieb: Honoré de Balzac. Es war sein Haus oder sagen wir besser, es war eines seiner Domizile, denn Balzac wechselte die Häuser wie die Hemden, nicht ganz freiwillig, zumeist auf der Flucht vor Gläubigern. Der unerhört produktive Autor war ja zugleich ein völlig verrückter Spekulant, ein Phantast, ein Geschäftemacher. Das beginnt bereits mit seinem Namen. Balzac war kein Abkomme eines Adelsgeschlechtes, alles erlogen, aber niemand wird heute Honoré Balzac schreiben, der Phantasietitel ist zu einem Teil seines Namens geworden. Was seinen Romanfiguren so oft gelang, der Aufstieg zu Reichtum, Ruhm, Ansehen, ihm selbst, dem Schöpfer solcher Figuren, misslang dies alles. Ständig hatte er Pläne, wie er zu Geld kommen kann, er will Lotterieunternehmer werden, versucht Theatergründungen, spekuliert mit den unmöglichsten Objekten, natürlich ist dem hemmungslosen Phantasten auch dies Gelände in Passy eine Utopie wert: »Denn man wird in Passy eine neue Straße bauen, für fünfhunderttausend Franken, um den Berg zu umgehen. Die Straße wird etwa zwölf Fuß unterhalb unseres Felsens entlangführen, und die Behörde wird einen Teil davon ankaufen müssen. Dafür wird man, wie man mir gesagt hat, zehntausend Franken Entschädigung bekommen können. Außerdem könnte man in der Rue Franklin für dreißigtausend Franken Terrain verkaufen.« Nichts davon wurde Wirklichkeit, der Schuldner Balzac muss sich in seinem Häuschen in

# BALZAC
## GESAMMELTE WERKE
### IN DEUTSCHER SPRACHE
Taschenausgabe

*Jeder Band einzeln käuflich*

*Bisher erschienen folgende Bände*

| | |
|---|---|
| ZWEI FRAUEN | PARISER NOVELLEN |
| DER LANDARZT | DIE KÖNIGSTREUEN |
| EHEFRIEDEN / Novellen | DIE BAUERN |
| VATER GORIOT | VETTER PONS |
| TANTE LISBETH / I.u.II.Band | VOLKSVERTRETER |
| DER ALCHIMIST | DIE TÖDLICHEN WÜNSCHE |
| PIERRETTE | BUCH DER MYSTIK |
| DIE FRAU VOR DREISSIG JAHREN | CÄSAR BIROTTEAUS GRÖSSE UND NIEDERGANG |
| EINE DUNKLE GESCHICHTE | |
| *Jeder Band: Pappband .... GM 1.80* | *Jeder Band: Pappband ..... GM 2.—* |
| *Ganzleinen GM 3.60, Halbleder GM 6.—* | *Ganzleinen GM 4.—, Halbleder GM 7.50* |
| *Ganzleder GM 9.—* | *Ganzleder GM 11.—* |

Handliche Taschen-Ausgabe / Klarer Satz und Druck erster Druckereien / Mustergültige Übertragungen / Reizvolle Ausstattung!

*Zu beziehen durch jede gute Buchhdlg. Ausf. Prosp. wolle man verlangen direkt vom*

## ERNST ROWOHLT VERLAG
### BERLIN W 35

Passy verstecken. Immer ist er auf der Suche nach einem weitläufigen Palais, immer schmiedet er Pläne für große herrschaftliche Häuser, aber dabei sitzt er in dem kleinen schmalen Eckzimmer, hier in der Rue Rayonard, in dem Lehnstuhl vor dem winzigen Tisch, auf dem die Kaffeekanne steht, mit dem Elixier, das seinen Motor treibt und verbraucht. Hier schreibt er jede Nacht, bis in die frühen Morgenstunden. Manchmal im Morgengrauen tritt er vor die Tür in den kleinen Garten, der sich auf der schmalen Balustrade befindet. Von hier aus kann er hinunterblicken in das Palais der Prinzessin Lamballe, in die Welt des Adels, seiner Sehnsüchte. Hier also lebt er und schreibt. Hier schreibt er, weil er sie erlebt, seine menschliche Komödie, ein Dutzend seiner großen Romane, in diesem Pavillon, an diesem Tisch, auf dem heute der Bronzeabguß seiner Hand liegt, auf dem die Kaffeetasse steht, als wäre er nur für einen Moment in den Vorgarten gegangen. Immer wenn ich in Paris bin, versäume ich nicht, dieses kleine Haus zu besuchen. Manchmal bin ich der einzige Gast. Aber es gehört zu meinen Ritualen, das ich Monsieur diese Ehre erweise, der Leser begegnet dem Autor, auch hier. Und Balzac hat, auch wenn es genügend Esel gibt, die ihn verschmähen, immer wieder Leser gefunden. Vor einiger Zeit saß ich mal in Zürich bei Diogenes-Verleger Daniel Keel, und obwohl unser Gespräch ein ganz anderes Thema hatte, schwärmte er an diesem stillen Samstagnachmittag in seinem Verlagshaus in der Sprecherstraße von seinem Autor Balzac, während unten in der Stadt die Love-Parade tobte. Er hatte gerade die schöne Balzac-Ausgabe, die einst Ernst Rowohlt in seinem Verlag mit Erfolg herausgebracht hatte, in eine große Taschenbuchausgabe verwandelt, deren vierzig Bände man in einem Koffer in alle Lesequartiere des Jahres tragen konnte. Und seither habe ich auch diesen Koffer, und auf jeder Reise reisen einige Bände daraus mit. Leider ist Keel auf seiner Kofferedition sitzengeblieben, er musste die Ausgabe verramschen, und ich kaufte gleich noch einige Exemplare für Freunde und Leser Balzacs oder solche, die es werden sollten.

Die Geschichte ist ein Bild für die Romanwelt Balzacs, Aufstieg und Untergang, Erfolg und Verlust. Dass natürlich diese Romane nicht ohne die großen Leidenschaften existieren, Liebe und Tod, Macht und Tod, das ist selbstverständlich. Denn Balzacs Romanwelt ist tatsächlich eine menschliche Komödie. Manchmal höre ich von Leuten, denen ich seine Romane empfohlen habe, die dann auch das eine oder andere Buch von ihm lasen, dass sie sich nicht so recht anfreunden können mit diesem Schreiber, der ja in fast jedem seiner Romane ausgiebig und detailliert über die Vermögensverhältnisse seiner Helden reflektiert. Geld regiert die Welt, heißt das. Mir scheint, dass dies eben zur Größe von Balzac gehört, dass er Liebe und Geld, Gefühl und Besitz in ihren Beziehungen und Gründen sichtbar werden lässt. Was wüssten wir von Lucien aus seinen wohl größten Romanen *Verlorene Illusionen* und *Glanz und Elend der*

### Zum Gedächtnis des 25. Todestages

von Emil Zola läßt der Hyperionverlag zusammen mit seiner Schwesterfirma, dem Kurt Wolff Verlag, in **erster bibliophiler Ausgabe erscheinen**: Zolas Rougon-Macquart

20 Bände in bester Ausstattung in Taschenformat: In zwei Truhen gelegt, in Ganzleder gebunden 150 RM., in Ballonleinen 100 RM. Einzelpreis: In Ballonleinen gebunden 5 RM.

**Einzig berechtigte deutsche Gesamtausgabe**
In mustergültigen Übersetzungen namhafter Dichter und Künstler liegen vor:

| ERSTE REIHE<br>10 Bände in Kassette: | ZWEITE REIHE<br>10 Bände in Kassette: |
|---|---|
| **Das Glück der Familie Rougon**<br>(Die Wiederaufrichtung des Kaiserreichs) | **Das Paradies der Damen**<br>(Der Roman des Warenhauses) |
| **Die Jagdbeute**<br>(Ein Spekulantenroman) | **Lebensfreude**<br>(Berufung und Schicksal der Frau) |
| **Der Bauch von Paris**<br>(Die Markthalle) | **Germinal**<br>(Der Bergarbeiterroman) |
| **Die Eroberung von Plassans**<br>(Aufstieg u. Niedergang eines Ehrgeizigen) | **Das Werk**<br>(Schicksal eines Malers) |
| **Die Sünde des Abbé Mouret**<br>(Der Roman eines Priesters) | **Mutter Erde**<br>(Der Bauer kämpft um die Scholle) |
| **Seine Exzellenz Eugen Rougon**<br>(Die Laufbahn eines Emporkömmlings) | **Der Traum**<br>(Geschichte eines Findelkindes) |
| **Die Schnapsbude**<br>(Der Fluch der Trunksucht) | **Die Bestie im Menschen**<br>(Das Verbrechen im Wahnsinn) |
| **Ein Blatt der Liebe**<br>(Die Geschichte eines kranken Kindes) | **Geld**<br>(Der Roman der Börsenspekulation) |
| **Nana**<br>(Ein Leben des Lasters) | **Zusammenbruch**<br>(Der Krieg 1870/71) |
| **Am häuslichen Herd**<br>(Die Geschichte eines Bürgerhauses) | **Dr. Pascal**<br>(Das System der Vererbungstheorie) |

*Kurtisanen*, wenn wir dies nicht wüssten? Aber auch die kleineren Romane sind Meisterwerke: *Die Lilie im Tal, Modeste Mignon, Die Frau von dreißig Jahren, Oberst Chabert.* Doch ich will hier keine Aufzählung seiner Bücher liefern. Darf ich ein paar Sätze über den *Oberst Chabert* verlieren, eine Geschichte von gerade mal einhundert Seiten. Da lachen die Schreiber in der Anwaltskanzlei, wenn der »alte Militärfilz«, wie sie ihn nennen, erscheint. Der Kriegsheld aus den Napoleonischen Jahren, von denen niemand mehr etwas wissen will, auch seine Frau hat sich von ihm getrennt. Und Chabert selbst will schließlich nicht mehr, dass sein Anwalt sich um seine Rechte kümmert. Er geht ins Armenhaus. Deville, der Anwalt, zieht das Resümee dieser Tragödie: »Alle Schrecklichkeiten, die ein phantasievoller Dichter erfinden könnte, sind nichts gegen die Wahrheit … Paris ist ein Ort des Schreckens.« So geht diese Geschichte zuende, und sie hat alles, was Balzac zu geben vermag. Ein Meisterwerk.

Drei weitere Franzosen gehören zur Weltliteratur des 19. Jahrhunderts. Man mag darüber streiten, wer in diesem Quartett der Bedeutendste ist, auf ihre Art sind sie allesamt einzigartig. Da will ich auf zwei Romane verweisen, die immer wieder junge Leser begeistern, weil sie auch Geschichten junger Menschen erzählen: *Rot und Schwarz* und *Die Kartause von Parma*. Ihr Autor, Frederic de Stendhal (1783–1842), der ja eigentlich Henry Beyle hieß und sich diesen Namen gab, weil er den deutschen Kunsthistoriker Winckelmann (übrigens auch eine Gestalt, die in Leben und Werk unsere Aufmerksamkeit verdient) verehrte, der im anhaltischen Stendhal geboren wurde. Nun, dieser Stendhal war eine Figur des Napoleonischen Zeitalters, ein Mann, der auf den Aufstieg des jungen Bürgertums setzte. Seine schönste Geschichte ist der Roman *Rot und Schwarz*. Wer die kongeniale Verfilmung mit Gerard Philipp gesehen hat, der wird dieses Buch nie vergessen. Axel Eggebrecht, den ich gern einmal zitiere, nennt das Buch »den Aufstieg und Sturz einer großen Seele in einer kleinen Zeit«. Aber vielleicht ist dies nicht ganz richtig, denn die »große Seele«, eben dieser Julien Sorel ist vielleicht doch nicht nur eine so reine und große Seele. Seine Liebesgeschichten haben ihre Untiefen. Aber wie das erzählt wird, das ist wunderbar. Auch *Die Kartause von Parma* ist eine große Liebesgeschichte. Da will ich noch einen Liebhaber dieses Buches zitieren, Rolf Vollmann: »Und die Kunst? Sie wird vielleicht darin bestehen, daß wir das Buch nicht mehr unterscheiden vom Leben, daß wir beides ineinanderwerfen und, indem wir uns lesend selber vergessen, dem schöneren Leben hier ablesen, wozu wir da sein könnten, und in der Vergessenheit des Lesens sind.« Und da wollen wir uns Gustave Flaubert (1821–1880) nähern, er ist die Nummer 3 in unserem französischen Quartett des 19. Jahrhunderts. Jeder kennt seinen weltberühmten Roman *Madame Bovary* und auch seinen Ausspruch: »Madame Bovary, das bin ich.« Ich habe alle Bücher von Gustave Flaubert gelesen, seine Briefe, seine Tagebücher, das ist eine besondere Zuneigung. Aber ein Buch möchte ich empfehlen, es ist vielleicht das verrückteste Buch dieses Autors: *Bouvard und Pecuchet*, ein Buch, an dem Flaubert drei Jahrzehnte laborierte, das er aber bis zu seinem Tode nicht zu Ende brachte. Ich will hier nicht die Entstehungsgeschichte des Buches referieren, sondern nur ein paar Sätze über diese Geschichte verlieren: Da treffen sich also die beiden Junggesellen auf einer Parkbank in Paris, und sie beschließen, fortan alles gemeinsam zu unternehmen. Der Zufall will es, dass ihnen dazu eine Erbschaft verhilft, und nun probieren sie die Welt durch. »Kopisten waren sie vor ihrer Stadtflucht, und Kopisten werden sie wieder«, schreibt ein Herausgeber. Was uns da blüht, ist der völlig verrückte Versuch der beiden Knaben, sozusagen das Wissen ihrer Zeit nochmals zu kopieren, zu erfahren. Landwirtschaft und Chemie, Archäologie und Medizin, alles wird verwirklicht, freilich jede ihrer Unternehmung endet in der Katastrophe. Aber die Misserfolge führen nur dazu, dass neue Experimente versucht werden. Das Ganze ist von einer hinreißenden Komik, oder müssten wir nicht sagen, von einer komischen Tragik. »Das geheime Archiv der Menschheit« nennt Flaubert einmal die Absicht, die er mit diesem Buch verfolgt. Aber eben ein Archiv, das die Dummheit der Menschheit summiert. Dieses komische Sammelsurium von Misserfolgen zweier kleiner Angestellten, es ist wahrscheinlich auch der Beginn einer neuen Form des Romans. Aber solche Erwägungen lassen wir beiseite, wir vergnügen uns an dem Leseabenteuer. Auch ein anderer Autor hatte sich ganz in die wachsende Wissenschaftswelt des 19. Jahrhunderts bewegt: Emile Zola (1840–1902). Die Grenzen des Unerforschlichen wurden fast täglich verschoben, die Lösung der Welträtsel schien nahe gerückt. Ein Rausch der Rationalität erfasste die Gesellschaft. Die Naturwissenschaftler fühlten sich als Philosophen, und die Schriftsteller wurden zu Laborchefs in der Auslotung der menschlichen Physis. Zola kennt die Darwinsche

Entwicklungstheorie, aber vor allem wird sein Romankonzept von dem Buch Claude Bernards *Einführung in das Studium der experimentellen Medizin* vertieft, er macht daraus den experimentellen Roman. So entsteht eine neue, andere Menschliche Komödie, die Naturgeschichte der Familie Rougon-Macquart. Zum Glück gibt es im künstlerischen Schaffensprozess immer wieder eine Komponente, die auch hier Zolas mechanistische Konzeption in eine wirkliche Kunst-Welt verwandelte. Beim Schreiben seiner Bücher wurden aus den Ideenträgern lebendige Menschen – zumeist muss man sagen, denn manchmal spürt man ein wenig den »Ingenieur der menschlichen Seele«, wie der unsägliche Stalin einmal die Schriftsteller nannte. Von den zwanzig Bänden seiner *Rougon-Macquart*-Reihe gibt es Romane, die ich noch heute mit Vergnügen lese. Mit Vergnügen? Diese Kennzeichnung ist bei Zola unangebracht, denn Zola ist ein strenger Richter der Menschen, ihrer Moral, ihrer Gesellschaft. Nicht zufällig wurde er für seinen flammenden Appell »J'Accuse …!« im so genannten Dreyfuß-Prozess mindestens ebenso berühmt wie durch seine Romane. Man liest diese Bücher eher mit großer Anteilnahme an den Sujets, die er beschreibt, aber eben auch an der Art, wie er beschreibt. Vor einiger Zeit habe ich nochmals einen Band aus dieser Romanserie wiedergelesen: *Der Bauch von Paris*, eine Geschichte, die in den riesigen Markthallen der Stadt spielt. Und Weißgott das ist nicht nur Naturalismus, wie man uns bei der Darstellung seiner Bücher in der Schule erzählen wollte, keine simple Sozialkritik, und es ist auch nicht nur der künstlerische Versuch, ein Bauwerk sozusagen in ein Kunstwerk zu verwandeln. Zolas Geschichte ist auch hier eine große Menschengeschichte, da erzählt wird, wie der geflohene Sträfling Florence sich in den Hallen durchschlägt, wie er die Liebe von Frauen zurückweisen muss, um seine Lebenssituation nicht zu gefährden, und doch wird er eines Tages wieder zur Deportation verurteilt werden. Und das Leben geht weiter, die Gemüsebäuerin aber sagt: »Das ist Paris, dieses lumpige Paris.« Eine große Geschichte, die man lesen sollte. Zola hat übrigens nicht nur seine Rougon-Macquart als Zyklus geplant und durchgeführt. Nach ihrem Abschluss mit dem Band *Doktor Pascal* schreibt er den Zyklus *Drei Städte: Lourdes, Rom und Paris.* Und beginnt schließlich die Romanreihe *Die vier Evangelien.* Aber am 29. September 1902 stirbt Zola an einer Kohlenoxydvergiftung. Übrigens, nicht weit von Paris entfernt, in Medan an der Seine, hat er sich ein Haus gekauft, ein ganz und gar kurioses Bauwerk, an dem er Türme anbauen ließ, die nach seinen erfolgreichsten Romanen genannt und mit den Einnahmen aus deren Verkauf finanziert wurden. Irgendwann will ich versuchen, dieses Panoptikum zu besichtigen, dabei werde ich auch das nur drei Kilometer entfernte Melun besuchen, in welchem Georges Simenon seinen *Maigret und das Dienstmädchen* angesiedelt hat.

Aber genug der französischen Literaturgeschichten, wir nehmen das Boot und fahren hinüber auf die Insel, wo wir die Herren Dickens und Bulwer-Lytton besuchen werden. Es gibt vermutlich nur wenige Autoren, die über Jahrhunderte hinweg immer ein großes und vielschichtiges Lesepublikum haben. Charles Dickens ist ein solcher Autor, die Kinder lauschen seinen Weihnachtsgeschichten, die Leseratten unter den Damen vergießen noch immer Tränen über *Oliver Twist* und *David Cooperfield,* die Intelligenz oder Leute, die sich dazu rechnen, rätseln über seine Spätwerke, und wer lachen will beim Lesen, der wird noch immer trotz Arno Schmidts ein wenig abfälliger Meinung zu seinem Erstling, zu den *Pickwickiern* greifen. Und mit den Pickwickiern – übrigens in der besten deutschen Übersetzung von Gustav Meyrink – fing es auch bei mir an. Natürlich ist dies kein richtiger Roman, es ist eine Episodengeschichte, die ihren Ursprung darin hatte, dass jedes Kapitel in Heftform sofort veröffentlicht wurde. Was uns heute die *Lindenstraße* ist, das war den Engländern damals die Heftserie. Übrigens kam die Idee zu dem Sujet vom Verleger, der Dickens vorschlug, doch so eine Art Jagdgeschichte zu schreiben, bei der die Mitglieder des Jagdclubs in allerlei missglückte Unternehmungen geraten. Dickens machte das, aber er verlor bald die Lust an der Notwendigkeit, die Leser ständig in Spannung zu halten, und da hat Arno Schmidt recht, dass ihm solche Liederlichkeit der Aneinanderreihung von Episoden mächtig missfiel. Aber dass Dickens Einfälle hatte, dass er auch humorig und

## INSEL-VERLAG ZU LEIPZIG

## CHARLES DICKENS
## AUSGEWÄHLTE WERKE
### INSEL-AUSGABE

Bisher sind erschienen:

### DAVID COPPERFIELD
Vollständige Ausgabe. Mit einer Einleitung von *Stefan Zweig*
und 35 Bildern von *Phiz.*

### DER RARITÄTENLADEN
Vollständige unter Zugrundelegung älterer Ausgaben textlich
revidierte Ausgabe. Mit 73 Federzeichnungen und 8 Initialen
von *Phiz* und *Cruikshank.*

### DIE PICKWICKIER
Auf Grund älterer Übertragungen deutsch bearbeitet von
*L. Feld.* Mit den Bildern von *R. Seymour, Buß* und *Phiz.*

Bis Ende dieses Jahres erscheinen:

### MARTIN CHUZZLEWIT · NIKOLAUS NICKLEBY
### WEIHNACHTS-ERZÄHLUNGEN
### UND OLIVER TWIST

PREIS JEDES WERKES:
(Titel und Einbandzeichnung von Professor *Emil Rudolf Weiß)*

a. *Taschenausgabe* auf Dünndruck-Papier in einem Band in
Leinen M 6.—, in Leder M 7.50
b. *Bibliotheksausgabe* auf stärkerem Papier in zwei Bänden geheftet M 6.—, in Leinen M 8.—
c. *Vorzugsausgabe* in zwölf Bänden von Dickens „Ausgewählten
Werken" (200 numerierte Exemplare auf Insel-Hadernpapier)
jeder Band in Leder M 12.—
Die Vorzugsausgabe wird nur vollständig abgegeben.

---

satirisch erzählen konnte, das zeigt dieses Buch noch immer. Und
vielleicht zeigt es auch schon etwas von jener Fähigkeit, geniale bild-
hafte Sequenzen, Szenen zu schreiben, sodass Sergej Eisenstein
schrieb: »Dickens, das ist schon das Kino.« Dann geht es also los,
*Oliver Twist, Nicholas Nickleby, Dombey und Sohn* und so weiter,
ein reichliches Dutzend dieser oft zweibändigen Romane, eine
große Leistung, denn Dickens reiste ja auch noch durch die Länder,
las aus seinen Büchern, wurde als Vorleser bewundert. Ich habe
zwei Lieblingsbücher, das eine ist der Roman *Martin Chuzzlewit,*
eine Geschichte, die natürlich die üblichen Ingredienzien dieses
Meistererzählers ausweist, also einen armen Jungen samt Freund,

einen großen Gauner namens Pecksniff und zu meinen großen Vergnügungen gehören die Teile des Buches, in denen sich Martin Chuzzlewit durch die Vereinigten Staaten bewegt. »Wozu sind die Großen Vereinigten Staaten da, Sir, wenn nicht für die Wiedergeburt des Menschen«, tönt da der General. Oder wenn gleich nach der Ankunft ihm ein Major sagt: »Werden merken, hier scheint die Sonne.« Martin: »Ich glaube mich zu erinnern, daß ich sie zu Hause auch manchmal scheinen sah.« Ist das wirklich vor einhundertfünfzig Jahren geschrieben? Dass die Amerikaner darauf dann mit den Injurien »Schuft und Lügner« reagierten, lässt sich verstehen. Als er später wieder nach Amerika reiste, behauptet er als guter Geschäftsmann, dass er gekommen sei, um seine Vorurteile abzulegen. Ein zweites Lieblingsbuch von Dickens ist der letzte, nicht vollendete Roman *Das Geheimnis des Edwin Drood*. Als 1870 die ersten fünf Kapitel dieses Romans erschienen sind, erleidet Dickens am 8. Juni 1870 einen Gehirnschlag, er stirbt einen Tag später. Und *Edwin Drood* blieb unvollendet. Bis 1998 sind rund 1800 Artikel und Bücher erschienen, die über eine mögliche Fortsetzung spekulieren. Und natürlich haben auch etliche Verleger und Autoren versucht, das Geheimnis des Edwin Drood zu lösen. Gehört also damit das Buch nicht in das Fach Kriminalroman, werden die Leser jetzt fragen? Nun ja, man kann es auch dort platzieren, aber geht es nicht in allen großen Büchern um Tod oder Leben? Bleiben wir also bei *Edwin Drood.* Ich will hier nur auf zwei Bücher verweisen, die man als Drood-Fan unbedingt konsumieren sollte: 1989 publizierte das italienische Autoren-Duo Carlo Fruttero & Franco Lucentini eine sehr amüsante Geschichte, in der eine große Expertenrunde aller Zeiten, u. a. Sherlock Holmes und Dickens eigener Detektiv Inspektor Bucket anhand des vorliegenden Textfragmentes versuchen, die Lösung des Rätsels zu ergründen. Ob es ihnen gelungen ist? Das müssen die Leser entscheiden. Als vor einigen Jahren einer der besten Italienisch-Übersetzer, Burkhard Kroeber, eine neue Übersetzung des Buches (im Zusammenhang mit dem Buch von Fruttero & Lucentini) unternahm, fühlte sich eine Liebhaberin des Romans, Ulrike Leonhardt, bewogen, einen neuen Schluss anzubieten. Das brachte Kroeber dazu, seine Übersetzung nochmals zu überarbeiten und den Leonhardtschen Schlussteil zu veröffentlichen. Ulrike Leonhardt hat die Schauplätze der Geschichte in England besichtigt und nun eine neue Variante angeboten, ganz sicher nicht die letzte. Schauplätze? Allzu viele Schauplätze von Dickens Leben sind in London und Umgebung nicht zu besichtigen. Ich war einmal im Dickens-Museum in der Dougthy Street, da wohnte er von 1837 bis 1839, ehe er in die Devonshire Terrace zog. Es gibt da etliche Andenken an Dickens, aber die Atmosphäre, die man etwa in Balzacs kleinem Haus in Passy spürt, sie will sich hier nicht herstellen. Da mag er sich auch mit Edward George Bulwer, Baron Lytton of Knebworth, getroffen haben, der als Schriftsteller unter einer Kurzform seines Namens bekannt ist: Edward George Bulwer-Lytton (1803–1875). Ja, sagen jetzt die literarhistorisch Gebildeten: *Die letzten Tage von Pompeji.* Noch immer wird der Roman als eine Art belletristischer Reiseführer genutzt, aber Bulwer-Lytton hat mehr geschrieben, es gibt tausendseitige Romane (wie haben die das früher nur gemacht?), dabei war der Sohn eines Generals noch Abgeordneter und später Minister, er schrieb, schrieb und schrieb. Vor kurzem glückte es mir, ein Albumblatt des Autors auf einer Auktion zu erwerben. Das beginnt mit dem schönen Satz: »All that is noble in life cesnes from Labour …«, also: alles Noble im Leben kommt aus der Arbeit. Das durfte der Baron mit Recht sagen, denn seine noblen Groß-Romane zeigen die Arbeit, aber sie zeigen auch, was für ein intelligenter Mann da die Feder hielt. Und dass wir das wissen, verdanken wir wieder einmal Arno Schmidt, den wir schon mehrfach gelobt haben. Da der gute Schmidt von seinen Einkünften nicht leben konnte, musste er sich als Übersetzer verdingen, und eben in dieser Eigenschaft »transferierte« er die dicken Wälzer *Dein Roman, 60 Spielarten Englischen Daseins* und auch *Was wird er damit machen. Nachrichten aus dem Leben eines Lords* in ein vorzügliches, farbiges Deutsch. Imperien der viktorianischen Lebensart, große Gesellschaftstableaus, witzige, intelligente Bücher. Muss man diese Tausendseiter heute noch lesen? Natürlich nicht, wenn man das unter literarhistorischen Aspekten betrachtet. Aber wer an langen Winterabenden eine vergnügliche Unterhaltung sucht, vergnüglicher als die ewigen Langweiler des Fernsehens, der darf sich einen dieser Romane auf den Tisch legen. Er zündet das Feuer im Kamin an, falls er einen hat und trinkt dazu einen einigermaßen erschwinglichen Burgunder. Ja, alles Noble kommt aus der Arbeit. Und Bulwer-Lytton als Autor, Arno Schmidt als Übersetzer sind Leute, die ihre Arbeit gemacht haben, damit wir diese herrlichen Bücher geniessen können. Übrigens, Arno Schmidt hat noch einen anderen großen englischen Roman dieser Zeit übersetzt: Wilkie Collins *Die Frau in Weiß*, Collins war ein Zeitgenosse und Freund von Dickens und Bulwer-Lytton. Seine Produktion ist natürlich auch umfangreich: *Der rote Schal*, *Der Monddiamant* und anderes. Ich erwähne das nur der Vollständigkeit halber und ersuche die werten Leser, bitte keine gekürzten Fassungen dieser Bücher zu lesen. Doch genug der Schmöker-Ecke, wir begeben uns nun in den wilden Osten, wo das 19. Jahrhundert einige der großartigsten Leistungen im Roman zu bieten hat. Während meines Studiums habe ich die alten Russen (und die neuen auch) ausgiebig lesen müssen, die entlegensten Romane wurden mir als Lektüre aufgezwungen. Hinzu kam, dass die Sicht, die man auf diese Literatur bot, ganz unter dem pragmatischen Gesichtspunkt einer so genannten »Fortschrittlichkeit« von Autoren und Büchern stand.

Nun gibt es aber immer wieder auch Literatur, die sich gesellschaftlichen und revolutionären Bewegungen anschließt, die auch aus gesellschaftlichen Bewegungen kommt, und einen solchen Vorgang haben wir im 19. Jahrhundert im weiten Zarenland. Literatur war eine der wenigen Möglichkeiten, bis in die fernsten Winkel des großen Reiches zu wirken. Andererseits waren diese Schriftsteller bei weitem nicht nur Funktionsträger einer Idee, sondern große Erzähler. Heute, im Rückblick auf meine »russischen Studienjahre«, bin ich dankbar, dass ich Karamsins *Briefe eines reisenden Russen* und Korolenkos *Geschichte meines Zeitgenossen* gelesen habe, Herzens *Mein Leben* und Tschernyschewskis *Was tun*. Der letzte Autor begegnete mir dann später in Vladimir Nabokovs großem Roman *Die Gabe*, in dem ein Schriftsteller die Biografie des Revolutionärs

Tschernyschewski schreibt. Ob in diesem Buch »die Niederlage des Marxismus und Materialismus nicht nur vorgeführt, sondern durch den künstlerischen Triumph meines Helden beglaubigt« wird, kann man bezweifeln, aber dass er »die individuelle Butter seines Helden auf dem Brot der ganzen Epoche« verstrichen hat, ist wohl nicht unrichtig.

Doch bis zu Nabokov ist es ein weiter Weg. Zu den großen Werken gehört erst einmal Nikolai Gogols (1809–1852) Roman *Die toten Seelen*, ein Buch, das man zu den großen satirischen Romanen der Weltliteratur zählen muss. Die Geschichte hat eine glänzende Grundidee: Der Kollegienrat Tschitschikow reist durch die russische Provinz, um »tote Seelen« zu kaufen, verstorbene Leibeigene, für die die Gutsbesitzer Kopfsteuer zahlen müssen. Tschitschikow möchte die toten Seelen verpfänden, um sich damit ein Gut kaufen zu können. Als die Behörden Verdacht schöpfen, entschwindet der Gauner in einer Kutsche. Der zweite Teil des Werkes wurde nie zuende gebracht, obwohl Gogol fast ein Jahrzehnt daran arbeitete. Aber auch das Vorhandene hat eine solche Fülle von interessanten Details, dass es einem Kosmos des vorrevolutionären Russland gleicht. Merkwürdigerweise ist dieses Buch, sind seine Schilderungen von Land und Leuten nicht nur Vergangenheit: Ich bin in den letzten Jahrzehnten mehrfach durch die weiten Ländereien Russlands gereist, und auch wenn die großen Güter damals Kolchosen oder Sowchosen hießen, wenn die Gutsbesitzer verschwunden waren und die Genossen Vorsitzenden agierten, manches, was Gogol in seinen Figuren angelegt hat, es lebte noch immer in den Menschen. Für mich ist die russische Literatur des 19. Jahrhunderts eine Begegnung mit den Charakteren, die ich viel später unter anderen historischen Bedingungen kennen lernte. Aber die Weite des Landes war geblieben, die Einsamkeit der kleinen Dörfer und Städte, der Sinn für die einfachen Freuden des Lebens, und auf andere Weise auch die Nöte des Volkes, der kleinen Leute. Von den Russen, die ich besonders liebe, will ich ein paar vorstellen. Da ist Iwan Gontscharow mit seinem Roman *Oblomow*. Man kennt die Geschichte, wie dieser Knabe, auf dem Bett liegend, sozusagen in der Begegnung mit seinen Freunden eine Revue der Schwätzer und Nichtstuer abhält. Es ist – wie so oft – komisch und tragisch zugleich, wie Gontscharow diese Unlust am Leben beschrieben hat. Aber diese Leute samt Oblomow sind eben auch Produkte ihrer Verhältnisse. Übrigens, von Gontscharow liebe ich noch mehr sein herrliches Reisebuch *Fregatte Pallas*, in welchem er erzählt, wie er mit einer Mischung aus Widerwillen und Neugier rund um die Welt reist. Er war ja selbst eine Art Oblomow. Als man ihn eines Nachts aus der Kajüte holt, um ihm das Wüten eines Sturmes zu zeigen, klettert er nach oben, guckt aus der Luke in Regen und Sturm, brummt ärgerlich: Unsinn, Unsinn, und begibt sich in die Kajüte zurück. Lebt in uns nicht auch ein Stückchen solcher Haltung, wenn wir auf Reisen sind? Wenn ich durch Russland reiste, sah ich die Birkenwälder, die mich an den Maler Isaac Lewitan erinnerten, aber auch an die Bücher Iwan Turgenjews. Turgenjew ist wohl der Autor, der auf besondere Weise Natur und Psyche des Menschen in seinen Büchern sichtbar gemacht hat. Begonnen hat er mit einem Buch, das oft genug missverstanden wurde, den *Aufzeichnungen eines Jägers*. Aber bei diesem Band handelt es sich nicht um jagdliches Schrifttum, es sind Skizzen und Erzählungen, die sich im Milieu der Jäger und Gutsbesitzer seiner Zeit bewegen. Aber erst seine großen Romane zeigen ihn als genialen Erzähler seiner Zeit. Diese Geschichten beginnen meist sehr harmlos, Begegnungen auf dem Lande, heitere oder langweilige Gesellschaftsspiele werden da geschildert, doch in jedem dieser Bücher gibt es Figuren, Szenen, die über das direkte Geschehen hinausweisen. Was an Fortschrittsgläubigkeit oder Liebessehnsucht in den Geschichten lebt, wird aufgebrochen, »hinterfragt« würde man heute sagen, und da erleben wir die wirklichen Tragödien dieses eleganten Erzählers, der leise und manchmal auch ein bisschen sentimental schreibt. So merkwürdig es klingt, man kann dem Ton Iwan Turgenjews, der ja immer zwischen Russland und dem Westen lebte, verfallen. Er wird heute noch von neuen Lesern entdeckt werden. Übrigens, als Turgenjews Romane erschienen, in der Mitte des 19. Jahrhunderts, war dies eine große Zeit der russischen Literatur. Ihre beiden bedeutendsten Autoren heißen

Fjodor Dostojewski und Leo Tolstoi. Als in den Jahren nach der Auflösung der alten Sowjetunion die Kaukasusvölker gegen die ehemaligen Unterdrücker rebellierten, musste ich an eine Reise in den frühen achtziger Jahren denken, als ich in Georgien, Aserbeidschan und Armenien war. Damals an den Ufern des Sewan, bei der Überfahrt des Kaukasusgebirges, in Tbilissi oder in Baku erschien an der Oberfläche alles wie eine große Völkerfamilie, die Russen und die Kaukasusvölker. Aber gelegentlich spürte ich in Gesprächssituationen doch eine Fremdheit, eine unterdrückte Feindschaft zwischen ihnen. Und nun, da die Bilder des Tschetschenienkrieges über die Bildschirme laufen, habe ich Leo Tolstois *Die Kosaken* nochmals gelesen, diese Geschichte von den Kämpfen zwischen Kosaken und Tschetschenen, und als ich das las, wusste ich, dass alles, was später kam, hier im 19. Jahrhundert schon begonnen hatte. Die Eroberungszüge des zaristischen Russlands fanden ihre Fortsetzung in Stalins Unterdrückung. Tolstoi hat das beschrieben, wie er später die Geschichte der Anna Karenina beschreiben würde und das Geschehen um Pierre Besuchow, Maria und Natascha. *Krieg und Frieden* ist ein Roman, der tatsächlich zwischen Krieg und Frieden spielt, und es gibt etliche Verfilmungen, die uns vor allem dieses Feld der geschichtlichen Auseinandersetzung vorführen. Aber wie so oft in der Literatur, findet ein wesentlicher Teil des wirklichen Lebens auch anders statt, wenn Natascha über die Szene wirbelt oder wenn Pierre gutmütig und träumerisch daherkommt. Oder ist das eine nicht von dem anderen zu trennen? Wenn man mich fragt, und ich frage mich selber, was für ein Roman aus dieser fruchtbaren, wunderbaren Roman-Zeit des 19. Jahrhunderts mir unvergesslich ist, dann kann ich nur auf dieses Buch verweisen. Natürlich, das ist nicht sehr originell, aber soll ich ein zweitrangiges Buch nennen, nur um originell zu sein? Es ist ja oft so, dass uns verbotene Früchte – auch in der Literatur locken. Ich hatte schon etliches von Dostojewski gelesen, da stieß ich irgendwo auf eine Bemerkung von Stephan Hermlin, den ich schätze, dass es sich bei den *Dämonen* von Dostojewski um ein misslungenes, schlechtes Buch handelte. Ich habe gesucht, aber die Stelle nicht gefunden, trotzdem, er muss es

**F. M. Dostojewski: Der Doppelgänger**
Mit sechzig Bildern von Alfred Kubin. 800 numerierte Exemplare.
Geheftet M 20.—, gebunden M 24.—. Luxus-Ausgabe, 50 Exemplare
auf Japan, vom Künstler signiert, in Ganzleder M 50.—
**R. Piper & Co. · Verlag · München 23**

irgendwo und irgendwann gesagt oder geschrieben haben, sonst wäre ich damals nicht auf die Suche nach diesem Roman gegangen. Es gab ihn noch nicht in der gerade neu erscheinenden Ausgabe des Aufbau-Verlages, der Insel-Dostojewski kam mir erst viel später ins Haus, aber ich wollte dieses Buch lesen. Ich fand es schließlich im Antiquariat und war erstaunt, dass ich Hermlins Urteil so garnicht folgen konnte. Ich will hier den Groß-Leser Rolf Vollmann zitieren, der über seine Lektüre schrieb: »Man kann diesem Roman kaum widerstehen, wenn man ihn angefangen hat, und wird verführt, im Menschen, in sich selber nicht eigentlich die Abgründe zu entdecken, die man ja schon kannte, aber in den Abgründen Riesengespenster, von denen man nur noch wenig wußte, und gar nichts mehr wissen wollte.« Und dabei beginnt die Geschichte doch so simpel, so belanglos. Da erzählt uns ein unbedarfter Chronist Szenen aus der Provinz, aber hinter diesen Kleinbürgerleben wachsen plötzlich die Scharen der Teufel (dies ist übrigens auch der Titel einer der deutschen Übersetzungen), die Dämonen in Menschengestalt. War die Welt dämonisiert, dass sie Stavrogin zum Verbrecher werden lässt? Selbstmord Stavrogin, Selbstmord seines Jüngers Kirillov, Heuchler, Scheinrevolutionäre, Mörder, eine Welt des Untergangs, die sich als Welt der Zukunft ausgibt. Obwohl dieser Roman bis

1957 in der Sowjetunion nicht mehr erscheinen durfte, ist er doch keine frühe Abrechnung mit der revolutionären Bewegung im Russland des 19. Jahrhunderts oder ein Buch der Fortschrittsfeinde. Wer heute zu den *Dämonen* greift, er sollte darin auch keine Geschichte der Gottsuche allein lesen, Dostojewskis Roman ist ein komplexes Kunstwerk, das von den zerstörenden Mächten der Politik erzählt, aber es ist auch das Gegenteil einer solchen »nihilistischen« Prägung, denn hier stirbt ja eine Welt der Zukunft, noch ehe sie geboren wurde. Wenn wir von den Russen des 19. Jahrhunderts reden, wollen wir zu guter Letzt auf einen Autor verweisen, der nun schon ins 20. Jahrhundert hineinragt und vielleicht noch einmal all die Probleme seiner Vorgänger auf ganz eigene Weise summiert. Vor ein paar Jahren war es, da hatten wir auf der Leipziger Buchmesse unseren Stand (ich war damals Leiter eines Buchprogramms) gegenüber einer kleinen Edition, die als Messehilfe, wie sich alsbald herausstellte, eine junge Studentin aus Russland beschäftigte. Als ich sie fragte, wo sie denn zu Hause sei, sagte sie: in Moskau. Und ich antwortete mit einem Zitat: »Nach Moskau, nach Moskau«, und sie sagte: Tschechow, *Drei Schwestern.* Ja, in diesem Stück von Anton Tschechow sehnen sich die drei Schwestern, die in der Provinz verwelken, nach einem Aufbruch, einem Ausbruch. Moskau ist das Synonym für solche freilich vergebliche Hoffnung: Nach Moskau, nach Moskau. Wer diese Szenen vielleicht in Peter Steins legendärer Inszenierung des Stückes in der Berliner Schaubühne gesehen hat, wird es nicht vergessen, und nicht vergessen wird er diesen Autor. Tschechow war der große Roman seiner Vorgänger suspekt, er glaubte nicht mehr an den Disput über Gott und die Welt, er sah, dass die wahren Tragödien in der Stille stattfanden. Man kann das ebenso in seinen Stücken wie in seinen Erzählungen erleben. Dieser Tschechow ist ein Minimalist, der keine weitgespannten historischen Panoramen braucht. Es reicht ihm eine Frau, die jung, verheiratet, zur Kur einen Mann kennen lernt, ebenfalls verheiratet, und mit ihm ein Verhältnis beginnt. Damit könnte die Geschichte zu Ende sein, denn die beiden Leute kehren nach der Kur in ihre Ehen zurück. Aber da ist etwas zwischen den beiden geschehen, das sie

nicht loslässt. Und das sie sich nicht eingestehen wollen. Sie leben
mit der Liebe, und sie möchten ausbrechen, wie die Schwestern in
dem schon genannten Stück und wie so viele andere Protagonisten
dieser Geschichten. Thomas Mann hat gegen Ende seines Lebens
einen schönen Essay über Tschechow geschrieben, einen Text, der ja
nicht nur nach den Möglichkeiten Tschechows fragt, sondern die
eigene Schriftstellerexistenz einbezieht: »Man ergötzt mit Geschichten eine verlorene Welt, ohne ihr je die Spur einer rettenden Wahrheit in die Hand zu geben. Man hat auf die Frage der armen Katja:
›Was soll ich tun?‹ nur die Antwort: ›Auf Ehre und Gewissen, ich
weiß es nicht.‹« Tschechow ist auch ein großer Briefschreiber, er hat
mit seiner *Insel Sacharin* ein Reisebuch geschrieben, das mehr ist als
nur die Beschreibung einer fernen Gegend, in diesem Fall die Beschreibung eines zaristischen Verbannungsortes. Es ist Report und
Erzählung zugleich, und es ist ein Text von Tschechow mit der
Frage: Was soll man tun? Die offiziöse Literaturpolitik der Sowjetunion hat später behauptet, dass mit dem Wirken des Schriftstellers
Maxim Gorki die Beantwortung dieser Frage begonnen habe. Ob
das so war, darf man bezweifeln, und Gorki selbst hätte das wohl
bezweifelt. Man kann heute Gorki als einen zweitrangigen Autor
schmähen, man kann ihn von Stalins Macht korrumpiert charakterisieren, es ist ebenso dumm und ideologisch gefärbt wie das Gegenteil, wenn Gorki zu seinen Lebzeiten und später noch in der Sowjetunion als Begründer des sozialistischen Realismus und größter
Schriftsteller der Sowjetepoche gefeiert wurde. Gorki war ein großer russischer Schriftsteller, der in merkwürdigen und schlimmen
Zeiten lebte. Bei einem Moskau-Besuch in den siebziger Jahren
wollte ich sein Haus sehen, das man zu einem Museum umfunktio-
niert hatte. Ich ging durch die großen Räume der prächtigen Jugend-
stilvilla, die einst der Millionär Pawel Rjabuschinski im Zentrum
Moskaus errichten ließ, ich sah die Bibliothek mit ihren zwölftau-
send Bänden, viele von ihnen mit Widmungen an Gorki. Man erzählte mir, dass sich Gorki hier nicht so recht wohlgefühlt habe.
Auch nicht in dem Landhaus, fünfzig Kilometer von Moskau entfernt, das man mir nicht zeigte. Wenn man im sowjetischen Russ-

land etwas nicht zeigen wollte, wurde es immer gerade renoviert. Es gab viel, was renoviert wurde. Aber diese letzten Wohnstätten Gorkis waren ja nicht die Orte, an denen er Bücher geschrieben hatte. Hier wurde er gezeigt und ausgestellt. Will man aber Orte seines Schaffens sehen, da kann man in Deutschland bleiben, wo er Anfang der zwanziger Jahre für einige Zeit lebte, in Berlin, in Bad Saarow und in Heringsdorf. Hier beendete er seine autobiografische Trilogie. Und diese drei Bücher: *Meine Kindheit, Unter fremden Menschen, Meine Universitäten*, sie gehören meines Erachtens zu dem Teil seines Werkes, den man nicht vergessen wird. Hier erzählt Gorki die Geschichte seiner Kindheit und Jugend. Hier erleben wir einen großen russischen Erzähler, der Menschen und Landschaft beschreibt und den Aufbruch eines jungen Menschen, der »sich und der ganzen Erde einen kräftigen Stoß versetzen wollte«. Manchmal hat man bei der Lektüre dieser Bücher das Gefühl, dass hier zum letzten Mal das alte Russland sichtbar wird, dann wird es verloren gehen in den kommenden Zeitläuften, die wohl auch das Ende dieses Autors auf dem Gewissen haben. Wir sind fast am Ende unserer Reise durch ein literarisches Jahrhundert angekommen, und es war ein Blick in europäische Verhältnisse.

Aber bald schon werden sich andere Kontinente in der Literatur der Welt melden. Einer geht schon ein Stück voraus: Hermann Melville (1819–1891). Vielleicht ist er neben Mark Twain der beliebteste und berühmteste amerikanische Schriftsteller des 19. Jahrhunderts geblieben. Und sein Roman *Moby Dick* (1851) hat wohl den Weltruhm und Filmruhm seines Verfassers begründet. Dabei saß der Mann, der es nie zu einem vernünftigen Einkommen gebracht hat, in seinem Haus »Arrowhead« in Pittsfield, Massachusetts, von früh morgens, nachdem er Pferd und Kuh Guten Morgen gesagt hatte, wie er einmal schrieb, bis abends 22.00 Uhr an seinem Schreibtisch und arbeitete an *Moby Dick*. Manchmal gönnte er sich eine Unterbrechung, dann besuchte er seinen Schriftstellerkollegen Hawthorne, den er glühend verehrte. Aber zumeist schrieb er, mit welchem Erfolg? An seinem *Moby Dick* verdiente er gerade mal 556,37 Dollar. Man kann bei einem Besuch in Neu-England die Häuser von Haw-

**Laſſen Sie ſich nicht abhalten**
heute noch zu Ihrem Buchhändler zu gehen, um ein
echtes und rechtes Reiſe- und Ferienbuch zu erſtehen,
auch wenn Sie Ihre Ferien erſt im Herbſt oder im
nächſten Jahr antreten, es genügen die Stichworte:
Vinſcham und Bomberg, Falern, Roccolo, Turlu-
pin und Bolibar, und nicht zu vergeſſen – für Deut-
ſche von geſtern und morgen ſind Sommerferien
ohne den großen Dichter Adalbert Stifter
undenkbar.

thorne und Melville besuchen, aber man erfährt dabei wenig, weshalb er hier gerade dieses merkwürdige Buch geschrieben hat. Immer wieder hat man diese Geschichte vom grimmigen Kapitän Ahab als eine Allegorie bezeichnet, aber man kann dieses Buch durchaus mit großem Vergnügen lesen, ohne sich Gedanken darüber zu machen, ohne die nordamerikanischen Verhältnisse jener Zeit zu kennen oder wer es noch allegorischer will, dass Moby-Dick nun das Gute oder das Böse verkörpert oder umgekehrt, das sind die schönen Wege der Literaturwissenschaft, die uns nur wenig interessieren. Hermann Melvilles Roman ist eine große und eine sehr gut erzählte Geschichte. Manchmal freilich verliert sich Melville in Abschweifungen, aber was heißt Abschweifungen? Wenn er sich über das Seeleben, über den Walfang, die Meere und die Welt der Matrosen auslässt, dann gehört das auf eine besondere Weise zu diesem Buch. »Dieses Werk mit all seinem Geheimnis, es rollt dahin; es steigt an und fällt ab wie ein Gebirge, wie der Sturzbach und das Meer. Es reißt uns fort und schlägt über uns zusammen«, schrieb Jean Giono, der ein großartiges Loblied auf Melville verfasst hat. Vielleicht ist dieser Satz auch so etwas wie ein Resümee unserer literarischen Wanderung durch das 19. Jahrhundert.

# Exkurs: Lieblingsgedichte

Meine Mutter zitierte Gedichtzeilen in allen Lebenssituationen. Im Sommer konnte ich damit rechnen, dass Gottfried Kellers »Es wallt das Korn weit in die Runde, und wie ein Meer dehnt es sich aus ...« bei sonntäglichen Spaziergängen aufgesagt wurde. Schillers Balladen gehörten sozusagen zum Haushalt wie auch das *Abendlied* von Matthias Claudius. Sie hatte nur Volksschulbildung, aber zu ihrem Leben gehörten Gedichte. Sie war, wie ich denke, keine Ausnahme. Gedichte, Lieder waren für die Generationen vor uns noch Möglichkeiten, Gedanken und Gefühle auszusprechen, die man anders nicht artikulieren konnte. Vielleicht war es auch ein unbewusstes Harmoniebedürfnis, sich mit der Welt ins Benehmen zu setzen, was vielleicht dann zur Liebe zum Gedicht führte. Jedenfalls, Gedichte gehörten zu ihrem Leben, zu ihrem Alltag.

Und heute? Wer liest noch Gedichte? Wer zitiert sie? Das Gedicht hat sich in Enklaven versteckt, in kleine Zirkel von Menschen, die sich ihm wieder nähern, die sich vielleicht mit dem Gedicht mehr der Welt entziehen als sich mit ihr einzulassen. Weltwiderspruch kennzeichnet wohl manche Gedichtleser heute, oder nicht? Jeder, der in einem literarischen Metier als Redakteur, Lektor, Herausgeber tätig ist, bekommt fast monatlich Gedichte, einzelne Texte, aber auch dicke Pakete. Junge und ältere Autoren bitten um Ratschläge, suchen Veröffentlichungsmöglichkeiten. Es scheint, es werden mehr Gedichte geschrieben als gelesen. Als ich kürzlich einer jungen Frau auszureden versuchte, ihre Ersparnisse für den Druck eines eigenen Gedichtbandes auszugeben, fragte ich sie auch, was sie denn von heutigen Dichtern gelesen hatte. Ich nannte Eva Strittmatter und Wulf Kirsten, Volker Braun, Karl Krolow und Hans Magnus Enzensberger. Die Frau hatte weder diese Namen je gehört noch ein

Gedicht dieser Autoren gelesen. Und auch den klassischen Bestand deutscher Lyrik kannte sie nicht. Gedichte werden also aus ganz unliterarischen Lebenssituationen heraus geschrieben. Warum liest man keine Gedichte? Es liegt wohl ebenso an den Gedichten wie an den Lesern. Wer heute einen Gedichtband junger Poeten in die Hand nimmt, gerät häufig an eine Tür, die verschlossen ist. Bilderwelt und Gedichtstruktur sind von der Alltagssprache weit entfernt, von den Sprechformen, die uns umgeben, mit denen wir umgehen. Sicherlich, die Hermetik des Gedichts, seine Verschlüsselung und Verschlossenheit ist eine Widerstandsgeste: Man lässt sich nicht ein mit den verschlissenen Sprachbildern, die uns aus Medien und Werbung einkreisen. Fast jeder hat wohl die Erfahrung gemacht, dass Kinder, ehe sie Lieder und Verse kennen lernen, bereits die Reime und Melodien aus der Fernsehwerbung kennen. Es gibt also ein Bedürfnis nach gebundener Rede, nach der Sprachmelodie. Aber wir sind den wirklichen Gedichten auch aus solchem Grund von Kindesbeinen an entwöhnt, Kindergarten, Schule, ja auch Elternhaus haben wenig dagegenzusetzen. So existiert das Gedicht, das unverständlich bleibt, und der Leser, der solche Unverständlichkeit nicht annimmt. Ein Dilemma, das nicht zu ändern ist, die Trennung von Gedicht und Leser?

Vielleicht muss man diese Bemerkungen machen, damit man ein wenig die Situation des Gedichts von heute erklärt. Ich weiß natürlich, dass ein Exkurs über Lieblingsgedichte durchaus ein Gang auf einem schmalen, einsamen Weg durch Wald und Gebirge ist, auf dem uns nur wenige nachfolgen werden. Die Hauptstraßen der Literatur führen in andere Richtungen. Aber, wie gesagt, Gedichte werden geschrieben, sie werden gedruckt und sie werden gelesen. Damit sie vielleicht ein paar neue Mitleser und Nachleser finden, will ich ungefähr ein Dutzend Gedichte vorstellen, erklären, weshalb ich eine besondere Nähe zu ihnen habe. Jeder Gedichtleser kann natürlich eine andere, ebenso berechtigte Auswahl treffen. Dies ist meine Auswahl. Freilich, ich hätte auch ohne Schwierigkeiten eine etwas andere Auswahl treffen können. Wie soll ich sie hier ordnen, nach den Lebenszeiten der Dichter, nach dem Alphabet der

Namen, nach meiner Bewertung? Und noch etwas, ich beschränke mich hier auf meine deutschen Lieblingsgedichte. Sonst müsste ich natürlich das Gedichtbuch der Weltliteratur aufblättern, berühmte und weniger bekannte Dichter und zumindest ein Gedicht des Russen Jewgenij Jewtuschenko: »Ich sing und trink/schlag Todesfurcht in Scherben,/ins Gras fall ich mit offenen Armen hin/und muss ich auf der weiten Welt mal sterben/sterb ich vor Glück darüber, dass ich bin.« Aber beginnen wir nun mit Volker Braun.

Volker Braun
Das Eigentum

Da bin ich noch: mein Land geht in den Westen.
KRIEG DEN HÜTTEN FRIEDE DEN PALÄSTEN
Ich selber habe ihm den Tritt versetzt.
Es wirft sich weg und seine magre Zierde.
Dem Winter folgt der Sommer der Begierde.
Und ich kann *bleiben wo der Pfeffer wächst*,
Und unverständlich wird mein ganzer Text
Was ich niemals besaß wird mir entrissen
Was ich nicht lebte, werd ich ewig missen.
Die Hoffnung lag im Weg wie eine Falle.
Mein Eigentum, jetzt habt ihrs auf der Kralle.
Wann sag ich wieder *mein* und meine alle.

Mit diesem Gedicht hat es eine besondere Bewandtnis. Da der Autor dieses Buches den Dichter seit langem kennt, kennt er auch dessen Produktion. Und er liest in diesem Gedicht seines Generationsgefährten so etwas wie ein Stück seiner eigenen Existenz. Braun ist in der DDR aufgewachsen, er hat Philosophie studiert, er hat Stücke, Prosa und vor allem Gedichte geschrieben. Und er hat oft genug mit seinen Produktionen den Ärger der Mächtigen hervorgerufen. Von seinen Überzeugungen, Hoffnungen, Niederlagen erzählt dieses politische Gedicht. Ich glaube, man muss es nicht bis ins Detail interpretierten. Auch dem wenig geübten Gedichtleser erschließt es sich, und dass Volker Braun den höchst dotierten deutschen Literaturpreis erhalten hat, die Verwandtschaft zu Georg Büchner wird erlebbar. Ach ja, darf ich noch hinzusetzen, ich besitze dieses Gedicht als Autograf, und unter Glas und Rahmen gesetzt ist es die Eingangstür in mein Literaturgemach.

Ein politischer Dichter ist auch Bertolt Brecht, vielleicht ist er überhaupt der bedeutendste deutsche Dichter des 20. Jahrhunderts. Aber es gibt von Brecht nicht nur politische Gedichte, sondern auch Liebesgedichte und Verse, die auf ganz wunderbare Weise eine Lebenssituation beschreiben. Ich kann hier nur ein Gedicht aufführen, es ist bekannt, so denke ich wenigstens, aber nur weil es bekannt ist, kann ich es nicht aus meinen Lieblingsgedichten eliminieren.

Bertolt Brecht
Die Liebenden

Sieh jene Kraniche in großem Bogen!
Die Wolken, welche ihnen beigegeben
Zogen mit ihnen schon, als sie entflogen

Aus einem Leben in ein andres Leben.
In gleicher Höhe und mit gleicher Eile
Scheinen sie alle beide nur daneben.

Daß so der Kranich mit der Wolke teile
Den schönen Himmel, den sie kurz befliegen
Daß also keines länger hier verweile

Und keines andres sehe als das Wiegen
Des andern in dem Wind, den beide spüren
Die jetzt im Fluge beieinander liegen.

So mag der Wind sie in das Nichts entführen
Wenn sie nur nicht vergehen und sich bleiben
So lange kann sie beide nichts berühren

So lange kann man sie von jedem Ort vertreiben
Wo Regen drohen oder Schüsse schallen.
So unter Sonn und Monds wenig verschiedenen Scheiben

Fliegen sie hin, einander ganz verfallen.

Wohin, ihr? – Nirgend hin. –

Von wem davon? – Von allen.

Ihr fragt, wie lange sind sie schon beisammen?
Seit kurzem. – Und wann werden sie sich trennen? – Bald.
So scheint die Liebe Liebenden ein Halt.

Obwohl es ein längeres Gedicht ist, kann ich es jederzeit aufsagen,
es ist ein Stück von mir geworden und wohl auch von manchen anderen Lesern. Was ist Liebe? Was sind Liebende? Niemand kann
diese Fragen beantworten, oder jeder gibt eine Antwort, seine Antwort. Ich denke, dass Brecht mit dem Bild der Kraniche uns eben
eine Antwort gegeben hat, die unsere Liebe ins Verhältnis zur Welt
setzt, zu den Fragen, mit denen Liebende leben. »So scheint die
Liebe den Liebenden ein Halt.« Brecht hat das Flüchtige der Liebe
und auch das Bindende der Liebe ins Bild gesetzt. Darf ich noch ein
Gedicht des alternden Brecht hier aufführen?

Bertolt Brecht
Vergnügungen

Der erste Blick aus dem Fenster am Morgen
Das wiedergefundene alte Buch
Begeisterte Gesichter
Schnee, der Wechsel der Jahreszeiten
Die Zeitung
Der Hund
Die Dialektik

Duschen, Schwimmen
Alte Musik
Bequeme Schuhe
Begreifen
Neue Musik
Schreiben, Pflanzen
Reisen
Singen
Freundlich sein.

Es ist wunderbar, wie er seine Vergnügungen benennt, und wie wir mit ihm auch diese Vergnügen leben. Vielleicht gehört das zum Gedicht: Nicht viele Worte machen, aber solche Worte, die im Leser Gedanken und Gefühle hervorrufen, mit denen er ja, ja sagt oder bei anderer Gelegenheit auch nein, nein. Ach und dies ist der Liebling unter meinen Lieblingsgedichten, meine Großmutter sang es mit mir, meine Mutter sprach es vor, und nun sage ich es schon meinen Kindern und Enkelkindern auf:

Matthias Claudius
Abendlied

Der Mond ist aufgegangen
Die goldnen Sternlein prangen
Am Himmel hell und klar;
Der Wald steht schwarz und schweiget,
Und aus den Wiesen steiget
Der weiße Nebel wunderbar.

Wie ist die Welt so stille,
Und in der Dämmrung Hülle
So traulich und so hold!
Als eine stille Kammer,
Wo ihr des Tages Jammer
Verschlafen und vergessen sollt.

Seht ihr den Mond dort stehen? –
Er ist nur halb zu sehen,
Und ist doch rund und schön!
So sind wohl manche Sachen,
Die wir getrost belachen,
Weil unsre Augen sie nicht sehn.

Wir stolze Menschenkinder
Sind eitel arme Sünder,
Und wissen gar nicht viel;
Wir spinnen Luftgespinste,
Und suchen viele Künste
Und kommen weiter von dem Ziel.

Gott, laß uns dein Heil schauen,
Auf nichts Vergänglichs trauen,
Nicht Eitelkeit uns freun!
Laß uns einfältig werden,
Und vor dir hier auf Erden
Wie Kinder fromm und fröhlich sein!

Wollt endlich sonder Grämen
Aus dieser Welt uns nehmen
Durch einen sanften Tod!
Und, wenn du uns genommen,
Laß uns in' Himmel kommen
Du unser Herr und unser Gott!

So legt euch denn, ihr Brüder,
in Gottes Namen nieder;
Kalt ist der Abendhauch.
Verschon uns, Gott! mit Strafen,
Und laß uns ruhig schlafen!
Und unsern kranken Nachbar auch!

Es gibt in dem Gedicht ein paar Zeilen, die ich besonders mag, die ganze erste Strophe in ihrer Bildhaftigkeit, aber auch die letzten Zeilen des Gedichts, die uns sehr direkt mit der Welt verbinden. Es geht ja nicht nur um uns, sondern auch um unsere Nachbarn, wobei wir dieses Wort weiter fassen als es vielleicht der Dichter meinte. In einer Welt, in der Entfernungen geschrumpft sind, in der wir uns über Telefon und Internet begegnen können, da lebt unser Nachbar nicht nur im Haus nebenan. Und aus der romantisch getönten Welt des Matthias Claudius tauchen wir in die romantischen Wälder von Eichendorff. Auch hier hatte ich wieder die Qual der Wahl. Sollte ich Mörike zitieren oder Uhland, Brentano oder Fouqué? Darf ich das Alphabet ein bisschen durcheinander bringen? Fouqué, der vollständig Friedrich Baron de la Motte Fouqué (1777–1843) heißt und dessen *Undine* mir in früher Jugend Tränen der Rührung entlockte, er ist ja einer der ganz Ungelesenen. Aber es gibt einen Vers, den ich bei einem Kollegen als sein Lieblingsgedicht gefunden habe, dass er nun auch zu meinen Lieblingsgedichten gehört: »Leben ist ein Hauch nur –/ein verhallender Sang –/ein entwallender Rauch nur: –/Und wir sind das auch nur! – Und es währet nicht lang.« Sollte ein solches Gedicht vergessen sein? Auch wenn man nicht alles von diesem Ritterliebhaber heute noch lesen muss, aber das ist ja oft so: Es gibt Autoren, die bleiben uns aus einem umfangreichen Werk nur mit ein paar Zeilen im Gedächtnis, denn auch dieses Werk ist ja längst ein verhallender Sang, ein entwallender Rauch.

Vielleicht trifft dies auch auf Eichendorff zu, denn seine Romane sind wohl längst vergessen, aber ein Dutzend Gedichte, ein paar Bemerkungen aus den Briefen (Bayern ein fruchtbares u. durchaus herrlich bebautes Land. Auffallend schönes Vieh) wollen wir schon im Gedächtnis behalten. Und zu meinen Lieblingsgedichten gehört dieses düstere.

Joseph von Eichendorff
Zwielicht

Dämmrung will die Flügel spreizen,
Schaurig rühren sich die Bäume,
Wolken ziehn wie schwere Träume –
Was will dieses Grau'n bedeuten?

Hast ein Reh du, lieb vor andern,
Laß es nicht alleine grasen,
Jäger ziehen im Wald und blasen,
Stimmen hin und wieder wandern.

Hast Du einen Freund hienieden,
Trau ihm nicht zu dieser Stunde,
Freundlich wohl mit Aug und Munde,
Sinnt er Krieg im tück'schen Frieden.

Was heut' müde gehet unter,
Hebt sich morgen neugeboren.
Manches bleibt in Nacht verloren –
Hüte dich, bleib' wach und munter!

Ist es ein Gedicht, das Eichendorffs Kriegserfahrung thematisiert? Oder ist es nicht vielmehr ein Gedicht, das unser ganzes zwielichtiges Leben meint? Der Freund, der sich gegen uns wendet, Wolken ziehn wie schwere Träume, eine Stimmung also, die uns überkommt, der wir für Minuten oder länger verfallen? Das Bleibende an diesem Gedicht ist für mich, dass es eine Stimmung, eine Lebenssituation beschreibt, dieses Zwielichtige unserer Existenz. Nun sind wir also in unserer alphabetischen Auflistung bei Enzensberger angekommen, kein ganz schlechter Weg, der uns vom *Zwielicht* Eichendorffs zum *Leuchtfeuer* Enzensbergers führt.

Hans Magnus Enzensberger
Leuchtfeuer

I
Dieses Feuer beweist nichts,
es leuchtet, bedeutet:
dort ist ein Feuer.
Kennung: alle dreißig Sekunden
drei Blitze weiß. Funkfeuer:
automatisch, Kennung SR.
Nebelhorn, elektronisch gesteuert:
alle neunzig Sekunden ein Stoß.

II
Fünfzig Meter hoch über dem Meer
das Insektenauge,
so groß wie ein Mensch:
Fresnel-Linsen und Prismen,
vier Millionen Hefnerkerzen,

zwanzig Seemeilen Sicht,
auch bei Dunst.

III
Dieser Turm aus Eisen ist rot
und weiß, und rot.
Diese Schäre ist leer.
Nur für Feuermeister und Lotsen
drei Häuser, drei Schuppen aus Holz,
weiß, und rot, und weiß. Post
einmal im Monat, im Luv
ein geborstener Wacholder,
verkrüppelte Stachelbeerstauden.

IV
Weiter bedeutet es nichts.
Weiter verheißt es nichts,
Keine Lösungen, keine Erlösung.
Das Feuer dort leuchtet,
ist nichts als ein Feuer,
bedeutet: dort ist ein Feuer
dort ist der Ort, wo das Feuer ist,
dort wo das Feuer ist ist der Ort.

Auf den ersten Blick scheint dies ein sehr merkwürdiges Gedicht,
vor allem für Leser, die bisher wenige Gedichte des späten 20. Jahrhunderts gelesen haben. Nun, hier wird ein Leuchtturm beschrieben, sein Standort, seine Funktion, nicht mehr, nicht weniger. Das
Gedicht ist auf keine vordergründige Botschaft oder Moral aus. Es
wird konstatiert, dass etwas existiert. »Weiter bedeutet es nichts./
Weiter verheisst es nichts./Keine Lösung, keine Erlösung.« Damit
müssen wir uns also zufrieden geben. Aber Enzensbergers Gedicht
*Leuchtfeuer* ist nicht nur ein Gedicht, wir können es auch als Bild
für das moderne Gedicht lesen: Ein Leuchtfeuer. Wir können es
wahrnehmen, wir werden es wahrnehmen, wenn wir es brauchen.

In Seenot zu geraten, in Seelennot zu geraten, ein Leuchtfeuer ist
vorhanden. Das Gedicht ist ein Leuchtfeuer. Es existiert, es wartet,
es sucht den Leser, der es sucht.

Von Enzensberger zu Fontane, ein schwieriger Weg, da findet sich
keine Überleitung als die, dass man manche Gedichte von Fontane
durchaus als Leuchtfeuer, als Lebensmittel bezeichnen darf. Fontane war ja der Meinung, dass seine Balladen ihn überleben würden,
und tatsächlich gibt es nicht nur den Herrn Ribbeck und jene Buf-
falo-Ballade, die wir heute noch kennen. Aber unter seinen späten
Gedichten gibt es, wie so oft bei Fontane, einfach Lebensweisheiten
im Gedicht, die uns vielleicht heute noch mehr berühren. Und unter
diesen Gedichten, die ich alle sehr gern habe, gefällt mir dieses ganz
besonders.

Theodor Fontane
Ja, das möcht ich noch erleben

Eigentlich ist mir alles gleich,
Der eine wird arm, der andre wird reich,
Aber mit Bismarck, – was wird das noch geben?
Das mit Bismarck, das möcht ich noch erleben.

Eigentlich ist alles soso,
Heute traurig, morgen froh,
Frühling, Sommer, Herbst und Winter,
Ach es ist nicht viel dahinter.
Aber mein Enkel, so viel ist richtig,
Wird mit nächstem vorschulpflichtig.
Und in etwa vierzehn Tagen
Wird er eine Mappe tragen,
Löschblätter will ich ins Heft ihm kleben –
Ja, das möcht ich noch erleben.

Eigentlich ist alles nichts,
Heute hält's und morgen bricht's

Hin stirbt alles, ganz geringe
Wird der Wert der ird'schen Dinge;
Doch wie tief herabgestimmt
Auch das Wünschen Abschied nimmt.
Immer klingt es noch daneben:
Ja, das möcht ich noch erleben.

Vielleicht können dieses Gedicht nur ältere Herrschaften richtig
verstehen, denn es hat so eine schöne Mittellage, ein bisschen Traurigkeit, da das Leben so hingeht, aber auch ein bisschen Hoffnung,
dass man noch etwas erleben wird. Diese Tonlage findet sich beim
späten Fontane immer wieder, und es ist eben auch unsere Tonlage
geworden.

Als nächstes denke ich an ein Gedicht von Goethe. Natürlich wird
man sagen, auf Goethe kann man nicht verzichten. Ich besitze ein
kleines Reclam-Bändchen, arg zerfleddert mittlerweile, das Titelblatt fehlt, aber es fehlt nicht die Einleitung von Stefan Zweig, in der
Zweig etwas Gültiges für die heutige Goethe-Lektüre beschreibt:
»Und wie hat sich andererseits der Balladen-Goethe der Schillerzeit
und manches volkstümliche Gedicht, vielleicht auch allzuoft abge-
leiert, unserer Wertung entfremdet! Der olympische Schul-Goethe,
der allen verständliche, der klassische Künstler einer uns seit Hölderlin und Nietzsche nicht mehr zugänglichen Antike, immer mehr
tritt diese allzu faßbare Gestalt gegen den großartig orphischen
Bildner seiner geheimnisvollen Gedichte, seiner wahrhaft kosmi-
schen Weltumfassung zurück ...« Stefan Zweig hat nur ein Moment
dieses dichterischen Werkes und seiner heutigen Wirkungswelt benannt, Goethes Gedichte sind ein Kosmos für sich, beileibe nicht
nur eine Begleitmusik dieses Werkes. Da ich viele Gedichte Goethes
und manche immer wieder gelesen habe, kam der Wunsch auf, ob
man nicht ein Blatt von seiner Hand besitzen könne, ein Blatt, auf
dem er selbst ein Gedicht geschrieben hat. Nun, von Goethe gibt es
auf Buchauktionen immer wieder Blätter, auch Gedichte, aber es
gibt noch mehr Goethe-Leser, die gern einen Autografen besitzen
möchten und die Sucht der Goethe-Sammlungen in öffentlicher

Hand, auch noch das letzte Stück Papier von seiner Hand beschrieben in ihre dunklen Tresore zu bringen, das macht es nicht leicht, ein Goethe-Gedicht zu erwerben. Aber einmal hatte ich Glück, es war kein direkter Autograf, sondern einer der Einblattdrucke, die Goethe gelegentlich in dreißig oder vierzig Exemplaren herstellen ließ und als Dank dann mit eigenhändiger Unterschrift versandte. Und dieses Gedicht, das die Goethe-Ausgaben mit der Überschrift *Am 28. August 1826* verzeichnen, also für Goethes 77. Geburtstag geschrieben, es kam in einem schönen Druck mit Unterschrift, Ort und Datum von seiner Hand zu mir. Aber so wertvoll wie mir der Autograf war, so wertvoll war und ist mir das Gedicht selber, denn es artikuliert eine Lebenshaltung, die die meine ist: »Wohlwollen unsrer Zeitgenossen/Das bleibt zuletzt erprobtes Glück«. Das Goethe-Gedicht ist mir also mehr als ein Gedicht, es ist Ausdruck einer Lebensmaxime. Während ich diese Zeilen schreibe, denke ich, dass es natürlich Leser geben kann, die meine Auswahl mit der Bemerkung kritisieren, dass jeder einigermaßen gebildete Mensch Gedichte von Goethe und Schiller in eine solche Auswahl aufnehmen würde. Recht hat der Kritiker, aber man kann sich nun auch nicht als Original präsentieren, indem man auf den klassischen Bestand unserer Literatur verzichtet. Und dazu gehört Hölderlin, den ich lange Zeit nicht in mein Poesiealbum aufgenommen hatte: Er war mir zu kühl, zu streng, und vielleicht ist er das auch auf den ersten Blick. Aber unter dieser Strenge und Kühle lodert ein Feuer.

Friedrich Hölderlin
Hälfte des Lebens

Mit gelben Birnen hänget
Und voll mit wilden Rosen
Das Land in den See,
Ihr holden Schwäne,
Und trunken von Küssen
Tunkt ihr das Haupt
Ins heilignüchterne Wasser.

Weh mir, wo nehm' ich, wenn
Es Winter ist, die Blumen, und wo
Den Sonnenschein,
Und Schatten der Erde?
Die Mauern stehen
Sprachlos und kalt, im Winde
Klirren die Fahnen.

Dieses *Hälfte des Lebens* ist ein spätes Gedicht Hölderlins, geschrieben vor seinem Versinken in die geistige Umnachtung. Ist das nur Hölderlins Lebenssituation oder finden wir uns auf andere Weise auch in dieser lakonischen Beschreibung von Schönheit und heraufziehenden Schatten des Lebens wieder? Jedenfalls für mich gehört es zu den Gedichten, mit denen ich mir das Verständnis für diesen Dichter erlesen habe.

Damit die Kritiker stille sind, setze ich nach dem berühmten Namen einen Namen, der vielleicht heute schon in die Vergessenheit geht: Ernst Penzoldt. Es ist hier nicht die Gelegenheit, Penzoldts Eigenart, sein besonderes Künstlertum darzustellen. Es gibt von ihm einen kleinen Aufsatz, den er anlässlich seines 60. Geburtstages geschrieben hat, und am Schluss dieses Textes steht der Satz: »Demgegenüber wäre dann alle Kunst nur ein unzulänglicher, wenn auch ganz beachtlicher Ersatz für die vornehmste und poetischste Kunst des Menschen, für die Liebe.« Und aus solcher Haltung lebt auch das Liebesgedicht, das ich schon vor langer Zeit in einem kleinen Privatdruck des Heimeran Verlages entdeckt habe. Beide sind sie früh verstorben, der Schriftsteller und Zeichner Ernst Penzoldt und sein Schwager und Verleger Ernst Heimeran. Erst später habe ich entdeckt, dass das Gedicht *Ich will an deiner Seite* erstmals in dem Band *Der Gefährte* gedruckt wurde, einem Buch, das bei Heimeran als erste schriftstellerische Publikation des Freundes 1922 erschien. Penzoldt ist nicht nur als Gedichteschreiber unserer Entdeckung wert.

DER
## XENIEN=VERLAG · LEIPZIG
bittet davon Vormerkung zu nehmen, daß im Herbste
dieses Jahres nach sorgfältigster Vorbereitung ein für
Literatur= und Bücherfreunde gleich bedeutsames
Werk zur Ausgabe kommen wird:

## NOVALIS,
## HYMNEN AN DIE NACHT
Geschrieben im Duktus der altitalienischen Minuskel
des 4. Jahrhunderts von Wilhelm Jaecker. Gedruckt
als erstes Buch der Aldus=Presse in einer einmaligen,
handschriftlich numerierten Auflage von 350 Exem=
plaren, davon 300 für den Handel bestimmt. Der
Druck erfolgte auf echtem Japan in schwarz, rot und
gold von Platten. Das Exemplar in losen Bogen mit
Schutzumschlag kostet M 20.—, in Halbpergament
geb. M 25.—, in Ganzpergamentband mit Seiden=
schließen M 30.—. Mit Rücksicht auf die beschränkte,
einmalige Auflage dürften Bücherliebhaber gut tun,
sich zeitig den Besitz eines Exemplars zu sichern.

Prospekt, dreifarbig auf Japan, unberechnet!

Ernst Penzoldt

Ich will an deiner Seite
still über beschneite Wege gehn
tief in das unbekannte Weiße
und alle Spuren sollen hinter uns verwehn.
Dir werden Flocken leicht im Haare hangen
in deinem Lächeln sich verfangen,
im blauen Atem glitzern und zergehn.
Du bist so leise,
als könntest du verstehn,

daß wir schon lange nur auf Flocken schreiten
und endlos fallend aus den Ewigkeiten
ins Grenzlose sanft herniedergleiten.

Und nun wieder ein ganz anderes, ein berühmtes Gedicht: Fast
jeder zitiert es, wenn der Herbst sich im Jahr zeigt, freilich nur jeder,
der Rainer Maria Rilke kennt. Aber es ist vielleicht eines der schönsten Herbstgedichte unserer Literatur, und wie so oft im Gedicht,
beschreibt es nicht nur eine Jahreszeit, eine Naturstimmung, sondern eben auch eine Lebenssituation. Und zugleich zeigt sich etwas,
was zu Rilke gehört, die Sprachmusik, dieses unwiederholbare
große Spiel mit der Sprache.

Rainer Maria Rilke
Herbsttag

Herr: Es ist Zeit. Der Sommer war sehr groß.
Leg deinen Schatten auf die Sonnenuhren,
und auf den Fluren laß die Winde los.

Befiehl den letzten Früchten voll zu sein;
gieb ihnen noch zwei südlichere Tage,
dränge sie zur Vollendung hin und jage
die letzte Süße in den schweren Wein.

Wer jetzt kein Haus baut, baut sich keines mehr.
Wer jetzt allein ist, wird es lange bleiben,
wird wachen, lesen, lange Briefe schreiben
und wird in den Alleen hin und her
unruhig wandern, wenn die Blätter treiben.

Unsere kleine Gedichtauswahl nähert sich dem Ende, doch da will
ich noch einen Autor nennen, der mit Gedichten begonnen hat und
eines davon, in populäre Musik komponiert, wurde ein Welterfolg:
*Über sieben Brücken mußt du gehn.* Aber nicht dieses schöne Lied

will ich hierher setzen, sondern ein Gedicht aus seinem ersten Buch, das ich als Lektor begleitet habe, es war auch meine erste Arbeit als Lektor. Gern würde ich mehr als nur ein Gedicht aus dem Band *Land fährt vorbei* zitieren, aber das ist nicht möglich. Ich setze eines seiner Sonette in dieses Kapitel, vielleicht verführt es den Leser:

Helmut Richter
Antigone anno jetzt

Als sie aufgestanden war, stand sie allein.
Ringsum Menschen, die sie lange kannten,
Aber nun die Blicke auf sie wandten,
So, als würde sie hier eine Fremde sein.

Und sie sah an mancherlei Gebärden,
Welche böse Lust die andern überkam:
Wenn sie jetzt Partei für ihren Bruder nahm,
Würde sie in tiefes Schweigen eingemauert werden.

Da verließ Antigone der Mut.
Denn ihr selbst schien jetzt, es sei nicht gut,
Ganz alleine aufzustehen.

Also setzte sie sich wieder.
Und nun schlugen alle ihre Augen nieder,
Als sei etwas Schreckliches geschehn.

Und damit wir nicht zu sehr in das Weihevolle, Große, Klassische segeln, will ich an den Schluss ein Gedicht von Peter Rühmkorf setzen, das ich mir vor längerer Zeit einmal aus einem Buch abgeschrieben habe, das ich damals noch nicht besaß.

Peter Rühmkorf
Ausfahrt Raststätte Ostetal

Mais – nochmal und letztes Gras so rührend,
auch so rührend grün,
wenn die Dohlen, federführend,
schon den Schlußstrich ziehn.

Sonne spreizt sich zwischen Wolkenbarren
noch als Kreuzsymbol –
Einfach in ein schönes Licht zu starren
tut dem Auge wohl.

Bald schon sechsuhrzart und dünngefäßig
ist der Abend über dich gestülpt.
Langsam wirst du müde, ungleichmäßig,
bis der letzte Lichtblick auch vergilbt.

Hansa-Service-Weisen, Simon und Garfunkel,
bon, Utopia daheim/zuhaus-
Leider kurzer Tag und langes Dunkel
darauf geht es aus.

Nichts bedauern, nichts bewahren,
nichts bewegen – wollen – groß, du lernst es
BRAHMS! d r e h a u f ! f – m o l l !
Nichts so schön, wie ohne Eile abzufahren,
heitern Sinnes, allen Ernstes,
unterschiedlicher Gedanken voll.

Ich habe im Autoatlas nach dem Ort Ostetal gesucht, aber ich habe
ihn nicht gefunden. Vielleicht liegt die Raststätte bei Hamburg, dort
wohnt ja Rühmkorf? Aber das ist nicht so wichtig, wichtiger ist die
Stimmung, die dieses Gedicht ausströmt, dieses Gefühl, nun ist die
Fahrt bald vorbei, man wird müde, ein kurzer Tag, ein langes Dun-

kel – und die Autofahrersituation bewegt sich dann in der letzten Strophe in die Lebenssituationen, die vielleicht auch wir so erfahren haben. Hier werden sie ausgesprochen, hier finden wir uns wieder. Müsste ich nicht noch vieles zitieren? Gedichte meines Freundes Arno Reinfrank, der so unentwegt gegen Dummheit und Vergessen anschrieb? Kommt mir nicht jetzt gerade Gustav Schwabs Ballade *Das Gewitter* in den Sinn, dieses Angstlied meiner Kindheit. Wir leben mit Kinderliedern und Märchenzeilen, und auch mit diesen uralten Versen, die uns von der Großmutter mit tiefernstem Blick vorgetragen wurden. Ein bisschen haben wir die Zeit noch miterlebt, da man mit den Ahnen in einer Stube beisammen saß. Doch nun schlagen wir das alte Balladen-Buch zu und schließen unsere Auswahl von Lieblingsgedichten.

# Nachtrag: Fontane
## und ein paar Zeitgenossen


Nach dem Briefkapitel nochmals Fontane. Das muss sein. Ist die persönliche Reminiszenz erlaubt? Kurz nach dem Zweiten Weltkrieg fand ich im Bücherregal meiner Eltern ein Buch von einem Autor namens Fontane. Da es zudem in jener Zeit eine Ersatzschleckerei namens »Fondant« gab, etwas Klebriges, Furchtbar-Süsses, und da ich annahm, der Autor müsse ein Franzose sein, sprach ich den Namen Fontang aus und machte mich bei meinem ersten Auftritt als Dorfjunge auf dem Gymnasium lächerlich. Nun ja, mit einer Dummheit begann es, aber um es mit Fontane zu sagen, »keiner kann alles«. Und was dann kam, war und blieb eine Leidenschaft: Fontane lesen.

Ich habe alle seine Romane gelesen und seine Theaterkritiken auch, seine Reisebücher und die Geschichten aus seiner Zeit als Kriegsgefangener im Deutsch-Französischen Krieg. Ich konnte zu Zeiten nicht genug kriegen von diesem Schreiber. Der Mann hat ja in allem, was er schreibt, und er hat vieles geschrieben, eine schöne Mittellage, was freilich etwas ganz anderes ist als Mittelmäßigkeit. Er hat Sinn für Größe, und er hat ein Gespür für Mumpitz. Alles was er schreibt, hat einen Lebenshintergrund, der auch unserer sein könnte. Manchmal kann er ganz finster auf die Welt gucken, wo er doch so oft nur als heiterer Causeur gesehen wird. »Was wir Glauben nennen, ist Lug und Trug oder Täuschung oder Stupidität, was wir Loyalität nennen, ist Vorteilsberechnung, was wir Liebe nennen, ist alles Mögliche, nur nicht Liebe …« Solche Seiten, solche Stunden gehören zu ihm. Und er kann so heiter gescheit sein: »Ich hasse, wenn einem eine gebratene Taube ins Maul fliegt, beim Schicksal auch noch auf Kompott zu bestehen.« Wenn man das Lebensklugheit nennt, Lebensweisheit, dann hatte er die schon sehr früh. Es war ja nie so recht abzusehen, was aus ihm werden würde. Er hat sich im Alter selbst gewundert, dass es am Ende zu einem kleinen »Roman-Schriftstellerladen« gereicht hatte, der freilich keine schlechte Firma war. Erste Adresse hätte man damals gesagt, nur das wusste man erst später. Lebenslang hat er sich um ein Amt bemüht, als er vor den ungeliebten Apothekertöpfen ins Poetenreich geflohen war. Aber was bekam man schon als berühmter Balladendichter für einen Lohn? Den Kronenorden vierter Klasse, den bekam jeder. Davon konnte man nicht leben. Er hat so ziemlich alles gemacht, was man in diesem Gewerbe machen kann. Gedichte gedichtet, politische Korrespondenzen geschrieben. Theaterkritiken und Kriegsberichterstattung und natürlich seine *Wanderungen durch die Mark Brandenburg*. Er schrieb dies alles mit Anstand, er wusste, dass er ein Stilist war und ein heller Kopf. Von 1876 bis 1898 hat er 17 Romane geschrieben, zwischen 60 und 80 ein zusätzliches Lebenswerk. Das weiß man, und man weiß auch, was in diesen Büchern steht. Theodor Fontane war wohl der bedeutendste und modernste deutsche Romancier des 19. Jahrhunderts. »Es kommt vor, es kommt alles vor. Aber es ist nicht Aufgabe des Romans, Dinge zu schildern, die vorkommen oder wenigstens jeden Tag vorkommen können.« Was also ist Sache des Romans? Das hat er ganz knapp beantwortet: »Meine ganze Produktion ist Psychographie und Kritik, Dunkelschöpfung im Licht zurechtgerückt.« Die Theoretiker nennen dies »künstlerischen Schaffensprozeß«. Fontane war kein Theoriefeind, er hat sich um Realismus und Naturalismus gekümmert, aber was er zu sagen hatte, er sagte es auf poetische Weise, etwa, wenn er Zola charakterisierte: »Er schmeißt die Figuren heraus, als ob er übers Feld ginge und säte.« Im Literarischen zeigt sich die Lebenshaltung Fontanes: Er ist empfindsam bis zur Empfindlichkeit, und er weiß es.

Seine Empfindungen sind es, die er zum Maßstab macht, und nicht irgendwelche Regeln und Rezepte. Im Politischen wie im Persönlichen kann man bei ihm durchaus Widersprüchliches finden. Einerseits ist ihm der preußische Adel die »schönste Kunstfigur«, andererseits: »Es gibt Weniges, was so aussterbensreif wäre wie die

Geburtsaristokratie.« Fast jede politische Richtung seit hundert Jahren hat ihn zu vereinnahmen gesucht: Die Monarchisten dank seiner preußischen Heldenballaden, die Nazis konnten auf seine gelegentlichen groben antijüdischen Ausfälle zurückgreifen und die DDR hatte sich ein Lieblingszitat bei ihm geborgt, das auch heute noch gern zitiert wird: »Alles Alte, soweit es Anspruch darauf hat, sollen wir lieben, aber für das Neue sollen wir recht eigentlich leben.« Furchtbar richtig, hätte Fontane gesagt, gestern wie heute. Wer sich für das Politische bei Fontane interessiert, muss den *Stechlin* lesen. Hier ist das Thema präsent: das Alte und das Neue. Und wenn wir es recht besehen, ist es ein Menschheitsthema wohl immer. Wenn man nur immer wüsste, was das Alte ist und was das Neue.

Über den Briefschreiber Fontane haben wir schon etwas gesagt, denn das ist er auch, und vielleicht ist es das Beste, was er da geschrieben hat.

Und nun wollen wir seine Zeitgenossen ein wenig besichtigen, die deutschen Prosaschreiber des 19. Jahrhunderts. Da gibt es viel Vergessenes und zu Recht Vergessenes, die Herren Spielhagen und Felix Dahn, Gustav Freytag und Willibald Alexis. Aber da halten wir ein: Sollten wir nicht Willibald Alexis' Roman *Ruhe ist die erste Bürgerpflicht* noch für lesenswert halten, diesen dicken Berlin-Roman, bei dessen Lektüre man sich tatsächlich die »bessere Gesellschaft« in der Mitte des 19. Jahrhunderts gut vorstellen kann? Auch bei Gustav Freytag bin ich im Gegensatz zu manchen anderen Heute-Lesern nicht überzeugt, dass es sich bei *Die fremde Handschrift* um eine Kitschpostille samt antisemitischen Tendenzen handelt. Vielleicht war die Welt, die da beschrieben wurde, doch so, wie sie Freytag gesehen hat. Aber das können auch Sentimentalitäten sein, denn das Buch fiel mir in früher Jugend in die Hand, und ich las es damals mit großem Interesse. Nun ja, wer das nicht lesen will, der kann in seine Serie *Bilder aus der deutchen Vergangenheit* schauen, da gibt es tatsächlich Bilder aus unbekannter Vergangenheit. Und mir scheint, er ist als Gestalt doch um vieles interessanter als der berühmteste Autor jener Zeit, Paul Heyse, der als erster deutscher Autor den

Nobelpreis bekam (1910), der ein freundlicher und lebensfroher Mensch war und viel Glück im Leben hatte, denn der bayrische König gab ihm ein Jahresgehalt. Heyse versuchte auch für seinen alten Freund Fontane ein solches Salär zu erwirken, aber der König wollte nicht. Ich habe mehrfach versucht, etwas von diesem Glückskind der Literatur zu lesen, aber das ist mir nicht gelungen. Nein, da ziehe ich mir Gustav Freytag vor. Aber nach diesem Ausflug in die unteren Etagen wollen wir nun wieder ins Obergeschoss kommen, und da nennen wir einen Autor, der Schweizer ist, mit Fontane das Geburtsjahr gemeinsam hat und nicht nur dies: Gottfried Keller (1819–1890). Er hat ja seine Geschichte ziemlich unverschlüsselt in dem Roman *Der grüne Heinrich* beschrieben, diesen langen, scheinbar vergeblichen Weg eines jungen Menschen in die Wälder der Kunst. Wir haben schon von seiner Goethebegeisterung erzählt, aber das Buch ist eben in vielfacher Hinsicht ein Bildungsroman, wie die Literaturhistoriker sagen. Aber alle Bildung nützte nichts, der grüne Heinrich geht am Ende des Buches zugrunde. In der ersten Fassung muss man sagen, denn Keller hat später das Buch nochmals bearbeitet, und da kommt unser Held dann ins tätige Leben. Und diese veränderte Konzeption, die man freilich aus künstlerischen Gründen durchaus kritisch sehen kann, entsprach der Lebenswirklichkeit ihres Autors. Keller kam ja nach ziemlich erfolglosen Jahren in der Fremde zurück in die schweizerische Heimat, wurde erster Staatsschreiber im Kanton Zürich, und nur am ersten Morgen seines Arbeitslebens kam er wegen nachwirkender Besoffenheit zu spät, er wurde ein guter, zuverlässiger Beamter, und er blieb es bis zu seiner Pensionierung. Und dann schrieb er noch ein paar Bände Prosa, die zu dem Schönsten gehören, was die deutsche, oder sagen wir besser, die deutschsprachige Literatur im Bereich der Novelle aufzuweisen hat: *Die Leute von Seldwyla, Züricher Novellen, Das Sinngedicht.* Jetzt gerate ich in die Versuchung, aus meinen Lieblingsgeschichten zu zitieren, etwa den Anfang aus den *Mißbrauchten Liebesbriefen*, wo die jungen Autoren über ihre Erfolge schwadronieren und schlechten Wein trinken. Ob es das nicht auch später noch gegeben hat? Oder *Kleider machen Leute*, da muss ich immer an Heinz Rüh-

## Gottfried Keller lebt

in den Herzen jedes Bücherfreundes als der hervorragende Schweizer Erzähler fort und seine Werke dürften daher in keinem deutschen Hause fehlen. Ihn zu lesen, ist nicht nur ein hoher Genuß, sondern auch eine ausgezeichnete Sprachübung, beherrschte doch Keller seine Muttersprache wie kaum ein anderer deutscher Schriftsteller. — Leider aber können sich die großen Kellerschen Gesamtausgaben die Wenigsten leisten, um sie in ihrer Bibliothek einzureihen.

Zwei Meisternovellen Gottfried Kellers, die als die schönsten gelten, haben wir in einer wohlfeilen Ausgabe herausgebracht:

### Das Fähnlein der sieben Aufrechten
und
### Romeo und Julie auf dem Dorfe

Trotz ihrer Billigkeit und gediegenen Ausstattung werden auch die Bibliophilen ihre Freude daran haben. Die schmucken, handlichen Bände machen die Lektüre Gottfried Kellers zu einem doppelten Vergnügen. — Jeder Band eleg. gebunden mit Goldtitelprägung Preis Gm. 2.—

### Kurt Vieweg Verlag in Leipzig

---

mann denken, der mir als armer Schneider unvergesslich ist. Freilich, der Film war nicht gerade ein Meisterwerk, aber die Novelle Kellers lieferte eben dem Film einen unzerstörbaren Untergrund. Und ganz anders, vielleicht das Beste, was er je geschrieben hat: *Romeo und Julia auf dem Dorfe* mit der großen Schlusspassage, die beginnt: »Der Fluß zog bald durch hohe dunkle Wälder, die ihn überschatteten, bald durch offenes Land; bald an stillen Dörfern vorbei, bald an einzelnen Hütten; hier geriet er in eine Stille, daß er einem ruhigen See glich und das Schiff beinahe still hielt, dort strömte er um die Felsen und ließ die schlafenden Ufer schnell hinter sich; und als die Morgenröte aufstieg, tauchte zugleich eine Stadt mit ihren Türmen aus dem silbergrauen Strom …« Und die beiden Liebenden treiben tot den Fluss hinunter. Keller ist kein schweizer Dichter, so patriotisch er auch für sein Land eintrat, er ist kein deutscher Dichter, sondern eine Gestalt der Weltliteratur. Ein Widerpart Kellers ist der Pfarrer Albert Bizius, der sich als Autor Jeremias Gotthelf nannte. Ob man seine großen und langen Romane heute noch liest, ich weiß es nicht, aber es gibt eine kleine Geschichte, die zeigt, dass dieser Gotthelf durchaus ein tiefgründiger Dichter war, der auch das Düstere, Dämonische im Leben sah und beschrieb. *Die schwarze Spinne* ist ein kleines Meisterwerk. Ach ja, da muss ich von den Wirkungen eines anderen Autors berichten, der so recht als der Meister der Novelle gilt. Ich habe ihn in früher Jugend gelesen, und sicherlich kennt mancher Leser *Pole Poppenspäler* oder *Der Schimmelreiter*. Später kam ich dann aus einem ganz merkwürdigen Grund wieder zu Theodor Storm. Durch einen Briefwechsel mit einem japanischen Germanisten erfuhr ich, dass der freundliche Mann aus Nippon der Präsident der japanischen Storm-Gesellschaft war. Als ich ihn vor ein paar Jahren besuchte, saß ich mit der ganzen Storm-Gesellschaft mitten in Tokio in einem »Hofbräuhaus«, in dem klassisch geschulte Sänger deutsche Bierlieder sangen und die Storm-Liebhaber große Humpen des Gerstensaftes in sich hinein-gossen. Aber mein Freund lebte tatsächlich in Storms Welt. Der alte Amtsrichter wäre wohl höchst verwundert gewesen, hätte er von seinem Weltruhm erfahren. Auch wer sein großzügig angelegtes Haus in Husum besucht, wird Gästen aus aller Welt begegnen. Um von einem anderen Haus zu reden: Als ich vor längerer Zeit einmal die kleinen Badeorte Böhmens besuchte, kam ich auch nach Lazne Kynzvart und besuchte das Schloss, heute Museum, das einst Met-ternich als Sommerresidenz diente. Als ich den schönen dreiteilig gegliederten spätklassizistischen Bau sah, hatte ich das Gefühl, diese Anlage schon einmal gesehen zu haben, und nach einer Weile wus-ste ich, woher mir das Anwesen bekannt war: Adalbert Stifter, der als Hauslehrer hier lebte, beschrieb Schloss und Park in seinem Roman *Der Nachsommer*. Ob man deshalb das Buch lesen sollte oder seinen ebenso umfangreichen Roman *Wittiko*, das muss, wie oft schon gesagt, jeder selbst entscheiden. Gerade bei Stifter streiten sich die Geister. Aber seine Novellen, die *Studien* und *Bunte Steine,* sind unserer Aufmerksamkeit wert. Melancholie lebt in seinen Ge-schichten und gelegentlich auch ein wenig Hoffnung, wenn er den Hagestolz, der sich nie verheiraten will, nach vielen Jahren in die Ehe schickt. Aber da war es vielleicht schon zu spät, wie der Oheim des Hagestolz sagt. So also schreibt er Bilder und Studien aus dem böhmischen Land, von Menschen, die vermutlich ihm sehr ähnlich

gewesen sind. Und wenn von einer gewissen Kauzigkeit die Rede
ist, wenn man von den Gestalten Stifters spricht, so muss man einen
anderen Dichter nennen, der nun zu Unrecht fast vergessen ist:
Wilhelm Raabe. Ich habe mir vor Jahren einmal die große Braun-
schweiger Ausgabe in fünfundzwanzig Bänden zugelegt, freilich
habe ich nicht alles gelesen. Vielleicht hat man in einer Literaturgeschichte von den Romanen *Die Akten des Vogelsangs* oder *Der
Hungerpastor* etwas erfahren, aber wer kennt schon die Titel *Kloster
Lugau, Keltische Knochen* oder *Das Horn von Wanza*? Und es kann
sein, dass man, durch diese Titel verführt, in den Werken Raabes zu
blättern beginnt. Und da entdeckt sich uns nicht ein »niedersächsi-
scher Lokalfall«, wie ihn Axel Eggebrecht charakterisiert, sondern
ein grüblerischer Geist mit Humor und Hintersinn. Hermann Hesse
hat ihn ein Jahr vor seinem Tode in Braunschweig besucht, denn er
liebte diesen »träumerischen Fabulisten« mit »seiner Vorliebe für
Umwege und lange Gänge, seiner Lust an wunderlichen und schwierigen Charakteren, seiner Menschenkenntnis, hinter deren Schärfe
und gelegentlichen Spottlust ein großer Glaube, eine große Menschenliebe zu stehen schien«. Das ist vorzüglich beobachtet. Hesse
hat mit dem alten Dichter gesprochen, sie haben über Bismarck und
Mörike geredet, und Hesse hat sich gewundert, wie wenig Anteil die
Welt, die Leser an diesem Dichter nahmen. Ich bin vor einigen Jahren aus beruflichen Gründen oft in Braunschweig gewesen. Das
Haus, in dem der alte Raabe gelebt hat, liegt heute an einer belebten
Straßenkreuzung. Ein paar Mal habe ich den Versuch unternommen,
seine Wohnräume zu besichtigen, die heute ein kleines Museum sind.
Aber immer, wenn ich kam, war das Museum geschlossen. Vielleicht
sind die verschlossenen Räume ein Symbol, die auch seine Dichtung
betreffen. Aber alle, denen das Stöbern in den vielen Geschichten
und Romanen von Raabe zu aufwendig ist, will ich wenigstens auf
zwei Geschichten verweisen, die mir besonderes Vergnügen bereitet
haben, und die, wenn ich es recht sehe, auch in Einzelausgaben
greifbar sind: *Stopfkuchen* und *Horacker. Stopfkuchen. Eine See-
und Mordgeschichte*, 1890 erschienen, wird gelegentlich als Kriminalgeschichte bezeichnet. Das ist vielleicht richtig, aber wie zumeist

bei Raabe, gibt es genügend Nebenwege und Sandstraßen, die aus den Gleisen der Kriminalgeschichte herausführen. Wir erfahren schon, wer damals den Viehhändler Quakatz umgebracht hat und auch warum er umgebracht wurde. Das erzählen wir hier nicht, das muss man selber lesen. Und *Horacker?* Vielleicht ist das eine Geschichte, die auch in anderen Büchern, bei anderen Autoren sichtbar wird, dieser Versuch, die Idylle zu retten und doch zu wissen, dass dieses 19. Jahrhundert eben keine Zeit der Idylle war. Der alte Konrektor, der »letzte«, wie ihn Raabe nennt, kümmert sich um den jungen Horacker, der als Räuber und Mörder verschrien ist. Nur der stramme Oberlehrer Neubauer sitzt schon hinter der Tür und wartet auf seine Zeit. So ist die Geschichte trotz des scheinbar idyllischen Schlusses eine Geschichte, die schon das Ende des Jahrhunderts einläutet.

Nun will ich noch bei dieser Gelegenheit erzählen, wie ich aus literarischen Gründen beinahe einmal verhaftet worden wäre. Nein, keine Stasi-Geschichte, obwohl sich der Vorgang über sieben Telegrafen oder Telefone mitgeteilt auch in meiner Stasi-Akte fand. Aber der Mensch, der das dort aufgenommen hatte, war wohl mit der Sache überfordert. Also, auf einer unserer Fahrten ins schöne Ungarland, kam ich auf die Idee, einmal den Geburtsort von Charles Sealsfield aufzusuchen, der im Mährischen nahe der Grenze zu Österreich liegt. Wir fuhren also an einem heißen Sommertag von Znaim oder Znojmo kommend in die Weinberge hinter der Stadt. Wir suchten mühsam den Weg, und schon nach wenigen Metern hatten wir die Stadt vergessen. Weinreben leuchteten aus dem Grün der Gärten und Felder. Aber plötzlich standen wir vor einer Schranke. Eine Militärpatrouille stoppte unsere Fahrt. Und während wir befragt wurden, wohin es uns treibt, stand einer der tschechischen Soldaten mit der Maschinenpistole im Anschlag. Ob man vermutete, dass sich hinter dem Charles Sealsfield ein Kurier der Amerikaner verbarg? Wir wußten es nicht, wir sahen nur, wie die Handkurbel des Feldtelefons gedreht wurde, wie man redete und gestikulierte. Und das Wunder geschah, nach einer guten Stunde gab man uns den Weg frei, wir waren noch einmal davongekommen.

Und Poppitz, der Geburtsort dieses Mannes, ward besichtigt. Freilich, die Spuren des Verfalls, der Verlassenheit waren unverkennbar. Aber ganz vergessen ist sein Andenken nicht, am ehemaligen Ortsrichterhaus hängt eine Gedenktafel. So war das damals. Die politischen Gegebenheiten haben sich geändert, Poppitz, im Grenzstreifen zwischen Mähren und Österreich, ist kein gefährliches Terrain mehr, aber Sealsfield bleibt wohl doch ein Autor, den nur wenige kennen. Damals las ich ihn und verstand die Replik von Hugo von Hofmannsthal, dass er unter den Autoren des 19. Jahrhunderts der »deutsche Amerikaner« gewesen sei: »Die Seele ist deutsch, aber durch eine fremde, große Schule gegangen.« Das ist so kurz wie treffend, so genau wie richtig geschrieben. Er wurde als Carl Postl in diesem mährischen Weinbauerndorf geboren, begraben liegt er auf dem Friedhof des Kirchleins Sankt Nikolaus in der schweizer Kantonsstadt Solothurn mit der merkwürdig-stolzen Inschrift auf der weißen Grabplatte: »Bürger von Nord-Amerika«. Es ist hier nicht die Gelegenheit, diesen Lebenswegen nachzugehen, die aus Europa nach Amerika und wieder zurück führen. Seine Bücher, so sehr sie auch diese ferne neue Welt beschreiben, so sehr sie auch aus amerikanischer Wirklichkeit leben, es sind zugleich Rückerinnerungen an Europa, Psychogramme eines Flüchtlings. Vielleicht ist das *Kajütenbuch* noch das bekannteste seiner Bücher, aber *Morton und die große Tour*, die großen, unerhörten Romane *Süden und Norden*, *Deutsch-amerikanische Wahlverwandtschaften*, wer liest sie noch, wer kennt sie schon? Die Texte sind ja nur noch in alten Ausgaben greifbar, ein Jammer, aber so ist das Leben, so geht es mit den Büchern um. Sealsfield wusste, was seine Literatur war und was sie nicht war, wenn er die Anekdote von den beiden Bauern in einem schweizerischen Wirtshaus erzählt: »Du, sagt der eine zum anderen, was ist das wohl für einer dort drüben mit dem blauen Spiegel auf der Nase? Der, sagt der Gefragte, hm, ich meine, das ist einer, der Geschichten schreibt, wie sie im Kalender stehen. Solche? erwidert der erste und schenkt die Gläser bis zum Rand voll, – dann wollen wir austrinken und gehen, sonst kommen wir auch noch hinein.«

Wir klappen das Buch des 19. Jahrhunderts zu und öffnen den nächsten Band, der uns aus eigener Lebenserfahrung schon näher steht.

# Unser 20. Jahrhundert

Dieses Jahrhundert der Literatur, es ist zu einem guten Teil auch unsere Lebenszeit. Die Verknüpfung von Weltgeschichte und Literatur hat nicht nur unser Leben als Leser betroffen. Saßen wir nicht in einem kleinen Theater, als dort in szenischer Lesung Sartres *Eingeschlossene von Altona* vorgestellt wurden, ein Ereignis für uns junge Leute in der DDR. Und hinter der Bühne registrierte das geheime Mikrofon der Staatssicherheit, wer in der Debatte was sagte. Wir waren die Eingeschlossenen von Karl-Marx-Stadt. Oder die wunderbaren böhmischen Jahre, die Erlebnisse mit Kundera und Skvorecky, die wir in Prag trafen und deren Bücher wir als Konterbande mit nach Hause nahmen. Die sowjetische Literatur, die Russen, die Kasachen, die Kirgisen. Mit Paustowskij saß ich in einem Café am Arbat, und wir sprachen über Pasternak und Solschenizyn. Und unvergessen: *Die Lebenden und die Toten*, Simonows Erzählung vom Krieg. Wie viele Bücher waren es, die wir über diese Zeit lasen? Manchen Autoren begegneten wir nur in ihren Büchern, aber was heißt denn »nur«, wir sind ja Leser wie andere auch, die Begegnung mit dem Autor ist nur eine zusätzliche Dimension. Wie aber fassen wir diese Gedächtnis-Bibliothek, diese Erinnerung an Bücher und Autoren? Worauf verzichten wir schweren Herzens? Dürrenmatt und Frisch wären ein eigenes Kapitel und erst die Leseerlebnisse aus der DDR: Apitz und de Bruyn, Christa Wolf und Max Walter Schulz, Strittmatter und Seghers. Freilich, dies wird vielleicht eine Fortsetzung dieses Buches, unsere, meine DDR-Bibliothek, denn einige Dutzend Bücher habe ich als Lektor und Herausgeber begleitet. Das wollen wir uns bewahren. Und für die weite Welt? Da bleibt wieder nur das bewährte Prinzip, die ganz subjektive Annäherung an das Literaturjahrhundert. Und das ferne Amerika, es lag uns über Jahre näher als die Nachbarländer. Viel später erst, in den neunziger Jahren, fuhr ich mit meiner Familie in die kleine Stadt Ashville, um das Haus zu sehen, in dem er lebte, das er beschrieb: Old Kentucky home, wo die Lebensgeschichte von Thomas Wolfe begann. Es gibt ein Foto von diesem amerikanischen Schriftsteller, da steht er mit einem Fuß auf einer Kiste, in und auf der sich große Manuskriptbündel stapeln. Er hat ein Manuskript in der Hand und blättert darin. Vielleicht ist das ein sehr charakteristisches Bild von diesem Autor, der Tausende Seiten einer leidenschaftlichen Epik schrieb, aus denen er dann mit Hilfe eines Lektors seine Romane formte. Als wir Anfang der sechziger Jahre in Leipzig studierten, war er längst tot, aber er saß mit uns am Tisch. Wir kannten ganze Passagen aus seinen umfänglichen Romanen auswendig. Und nun standen wir vor dem Haus. Auf den Stufen saß ein kleines Mädchen und spielte mit einer Puppe, eine Frau stand daneben. Und plötzlich sprach das kleine Mädchen Russisch, und zu seinem Erstaunen antwortete ich ihm in seiner Muttersprache. Amerikaner hatten es in den neunziger Jahren adoptiert, nun saß es hier bei Thomas Wolfe, ein merkwürdiger Vorgang. Und als wir durch das Haus gingen, das heute ein Museum ist, mussten wir an ein Gespräch aus seinem Roman *Es führt kein Weg zurück* denken, da Fox mit seiner kleinen Tochter über das Besondere von Literatur spricht: »In der Schule, weißt du, in der Schule soll man was lernen, und die Lehrer, das sind eben studierte Leute, aber die andern, die Dichter, die machen genau das Gegenteil von dem, was die studierten Leute tun, sie entdecken die Dinge ganz allein. Dinge, die sich durchsetzen und die Welt verändern, und das können die studierten Leute nicht verstehen.« So sagt es Fox seiner kleinen Tochter, und wir wissen, dass es so ist. Die Romane von Thomas Wolfe, so scheint es, sind heute fast vergessen, wie vieles aus der großen amerikanischen Literatur der ersten Hälfte des 20. Jahrhunderts. Aber vielleicht gibt es immer wieder Leser, die sie entdecken. Als ich vor ein paar Jahren in Andalusien auch das kleine Städtchen Ronda in den Bergen besuchte, musste ich an Ernest Hemingway denken, auch er eine große Literaturerfahrung unserer Jugend. Und als ich in dem Café nahe der Stierkampfarena auf jenem Platz saß, der sein Stuhl gewesen war, wie mir der Besitzer sagte, dachte ich an *Fiesta*, an diese Geschichte von Liebe und Tod, mit der er begonnen hatte. Wenn von Hemingway die Rede ist, dann sprechen wir auch von den beiden anderen großen amerikanischen Erzählern jener Jahre, von William Faulkner und John Steinbeck, alle drei »Winner« des Nobelpreises für Literatur, wie die Amerikaner sagen. Thomas Wolfe hat ihn nicht bekommen, er ist sehr früh gestorben, an einer simplen Lungenentzündung. Während die viel gelesenen und oft besprochenen Bücher dieser drei Nobelpreiswinner wohl doch noch länger ungelesen in meinen Regalen stehen, Thomas Wolfe, seine Erzählungen, Romane, Briefe, ich nehme sie immer wieder in die Hand. Und eines anderen Amerikaners Bücher liegen noch auf meinem Lesetisch. Oder ist er kein Amerikaner, ist er Russe? Vielleicht verweist seine Biografie auf die Verwerfungen dieses Jahrhunderts. Geboren wurde er am 23. April 1899 in St. Petersburg in eine ebenso reiche wie berühmte Familie. Aber die Revolution von 1917 reißt ihn aus der gewohnten luxuriösen Umgebung: Er wird Emigrant wie viele seiner Gefährten. Berlin, Paris und schließlich Amerika sind die Stationen dieser Emigration, und während seine ersten Bücher noch auf Russisch geschrieben werden, gewinnt er Weltruhm mit dem Roman *Lolita*, den noch immer alle Welt kennt. Aber es ist nicht *Lolita*, was meine Anhänglichkeit an diesen Autor begründete, sondern die Geschichte seiner Kindheit und Jugend, die er in dem Buch *Sprich, Erinnerung, sprich* beschrieben hat. Eine Vertreibung aus dem Paradies, aber Stücke davon werden mitgenommen, die Schmetterlingsjagd, die ihm schließlich zum Beruf wird, und die Literatur: »Man gebe mir nur irgend etwas auf irgendeinem Kontinent, das der Landschaft um St. Petersburg gleicht, und mein Herz schmilzt dahin.« Nabokov ist ein sehr eigenwilliger Mann. Er hat als Professor an amerikanischen Colleges und Universitäten auch Vorlesungen über russische Literatur und Weltliteratur gehalten. Ob nun Tschechow ein wirklicher Künstler ist und Gorki ein didaktischer, wie Nabokov schreibt, darüber kann man geteilter Meinung sein. Andererseits ist es anregend, seine Ansichten über Dickens und Kafka zu lesen. Dass er einen Haufen Dummheiten geschrieben hat, wenn er Joseph Conrad als einen Autor mit Andenkenladenstil und romantischen Klischees bezeichnet, das gehört zu seinen Eigenheiten und Eitelkeiten. Von seinen Romanen mag ich nicht *Lolita* am liebsten, sondern *Professor Pnin*, diese ironische (selbstironische?) Geschichte eines merkwürdigen russischen Emigranten, der als Professor an einer amerikanischen Universität lehrt und mit der amerikanischen Wirklichkeit nur schwer zurechtkommt. Aber vielleicht ist nicht Pnin der Kauz, der Außenseiter, vielleicht ist die Wirklichkeit so beschaffen, dass sie die Pnins zu Außenseitern macht? Also, lesenswert ist er, dieser amerikanische Autor mit dem russischen Untergrund. Und damit sind wir bei den Büchern, die ein eigenes Buch verdienten: Kaum aus einer anderen Literatur des 20. Jahrhunderts haben wir mehr und unterschiedliche Bücher gelesen, als aus der sowjetischen Literatur, wenn man diese Bezeichnung verwenden will, die eben neben der russischen Literatur auch die Literaturen der ehemaligen Sowjetrepubliken einschließt. Heute frage ich mich, wie wir es damals durchgehalten haben, dicke papierene Propagandawälzer zu lesen, wie *Die junge Garde* oder gar *Das illegale Gebietskomitee arbeitet*. Vielleicht nur war es aber wichtiger, daß uns eine Reihe von Büchern immer wieder nach der Monatsschrift *Sowjetliteratur* greifen ließen oder für diejenigen unter uns, die russisch lasen, war die von Alexander Twardowski geleitete *Nowy Mir* ein Blatt, das wir mit Spannung durchblätterten. Ich weiß, dass es noch während meiner Leipziger Studienzeit war, als ich mit Konstantin Paustowskij in Kontakt kam. Wenn ich es recht erinnere, liegt mein erstes Leseerlebnis mit diesem Autor noch länger zurück. Ich besitze ein auf schlechtem Papier gedrucktes Büchlein, das 1947 im SWA-Verlag erschienen war. Eine Geschichte darin ist mir unvergesslich geblieben, ich habe sie später in eine von mir herausgegebene Sammlung von Paustowskijs Erzählungen aufgenommen. Sie hieß *Der verlorene Tag* und schildert auf ganz unnachahmliche Weise, wie Paustowskij mit zwei Schriftstellerfreunden einen Ausflug unternimmt, um einen Tag zu beschreiben, weil es nach Meinung des Autors Tage gibt, an denen nichts geschieht. Nun, Paustowskij schildert dann, was doch auf diesem Ausflug an der Schwarzmeerküste geschieht. Diese Geschichte ist so etwas wie ein Bild für das ganze Schaffen des Autors, der dann in mehreren Bänden seine eigene Lebensgeschichte (*Erzählungen vom Leben*) beschrieben hat. Ich war fasziniert von dieser Prosa, die mir so ganz russisch erschien, obwohl ich nicht sagen kann, was das ist. Jedenfalls kam ich in den späten Herbsttagen des Jahres 1963 oder 1964 nach Moskau und besuchte Paustowskij, dem ich in meinem stotternden Russisch erzählte, dass ich beabsichtigte, einen Auswahlband seiner Erzählungen in der DDR herauszugeben. Drei Jahre später erschien dann der Band *Jenseits des Regenbogens* im Aufbau-Verlag, und es gab nicht wenige Leser, die meine Begeisterung teilten. Aber ich will hier nicht über jene Moskauer Tage schreiben, sondern nur über ein Detail: Paustowskij gab mir ein Heft von *Nowy Mir* in die Hand, das eine Geschichte eines mir unbekannten Autors Alexander Solschenizyn enthielt: *Matrjonas Hof*. Es kann sein, dass ich schon von seinem Lagerbericht *Ein Tag im Leben des Iwan Denissowitsch* gehört hatte, aber das war wohl zunächst mehr eine politische Sensation denn eine literarische. Diese Geschichte konnte ich nur mühsam lesen, denn mein Russisch war zu fragmentarisch. Aber Paustowskij opferte einen Nachmittag, um mir diesen Text als Literatur sichtbar zu machen. Vielleicht kommt es aus dieser frühen Erfahrung, dass ich die Geschichte heute noch beim Wiederlesen als ein wunderbares Stück russischer Literatur empfinde. Es ist ja eine Geschichte, die auf ihre Weise vielleicht die ganze Sowjetzeit sichtbar macht. Dieses schwierige Leben der Leute, die noch immer tief in der Armut des 19. Jahrhunderts leben, aber auch die menschliche Substanz der einfachen Frau Matrjona, deren tragisches Ende zugleich ihre Größe ist, und wie es bei Solschenizyn heißt: »Alle haben wir neben ihr gelebt und nicht begriffen, daß sie jene Gerechte war, ohne die, wie das Sprichwort sagt, kein Dorf leben kann. Und keine Stadt. Und auch nicht unser Land.« Da war Solschenizyn mit einem Schlag ein Jahrhundertautor und vielleicht ist ihm nie wieder solche Prosa gelungen. Er hat mit anderen Büchern Weltruhm erfahren, aber diese frühen Geschichten, wozu ich *Iwan Denissowitsch* und *Zwischenfall auf dem Bahnhof Kretschetowka* und *Zum Nutzen der Sache* zähle, sie sind mein Solschenizyn. Freilich, mit diesem Autor und schon mit manchem Buch vorher begann die kritische Durchmusterung der sowjetischen Gesellschaft. Zu den Autoren, die wir damals lasen, deren Bücher wir aus östlichen oder westlichen Gegenden ins Land schmuggelten, gehörte auch Ilja Ehrenburg mit seinen mehrbändigen Memoiren, die schon in der Bundesrepublik erschienen waren, ehe sie in den achtziger Jahren auch in der DDR herauskamen. Ilja Ehrenburg war ja eine sehr schillernde Figur der sowjetischen Literatur. Wanderer zwischen den Fronten, Freund von Picasso, Malraux, und als Jude ein begeisterter Anhänger von Stalin. Von Ehrenburg wurde in Deutschland lange die Behauptung verbreitet, er habe einen flammenden Aufruf zur Tötung aller Deutschen verfasst. Freilich, dieses Flugblatt vom 24. Juli 1942 aus seiner Feder ist kein Dokument eines Schriftstellers, es ist eine Hassorgie: »Wenn Du einen Deutschen getötet hast, dann töte einen zweiten – nichts stimmt uns froher als deutsche Leichen«, aber derartige Sätze sind eben der Situation geschuldet, da deutsche Soldaten Russen töteten. Trotzdem: Es gibt in den Äußerungen sowjetischer Schriftsteller kaum ähnliche Hassblätter, vielleicht glaubte auch der Jude Ehrenburg, er müsse seinen Patriotismus vor Stalin auf diese Weise sichtbar machen. Aber was eben noch richtig schien und von Stalin mit dem Leninorden belobigt wurde, war schon in den letzten Kriegstagen nicht mehr gewünscht. In der *Prawda*, dem Zentralorgan der Kommunistischen Partei, erschien ein Angriff gegen Ehrenburg, in welchem man seine Hasstiraden missbilligte. Nun, ich gerate in die politischen Fehden, in die Schriftsteller im 20. Jahrhundert immer wieder geraten sind, und ich will damit andeuten, wie schwierig eine Beurteilung ihres Lebens und ihres Werkes ist. Was uns aber an Ehrenburg damals faszinierte, war seine Frankophilie. Er hatte ja viele Jahre in Frankreich gelebt, und 1962 erschien ein kleiner Band *Französische Hefte*, in denen er uns mit französischer Kultur und Literatur vertraut machte. Ich denke, dass eine Lektüre seiner Memoiren auch dem heutigen Leser ein Bild jenes 20. Jahrhunderts gibt, freilich ein

Bild, das durch andere Bilder zu ergänzen ist. Ach, das Regal, das die sowjetischen Schriftsteller fasst, es ist groß, und ich müsste etliche Autoren aufzählen, Alexander Grin und Jurij Kasakow, Block und Majakowski. Ich will noch auf einen Autor verweisen, auf den ich erst jüngst wieder aufmerksam wurde, denn in Walter Kempowskis *Chronik des Kriegsendes* gibt es am Schluss zwei Berichte über die Unterzeichnung der Kapitulationsurkunden am 8. Mai 1945 in Karlshorst. Einer dieser beiden Berichte ist von Konstantin Simonow, der als junger Frontberichterstatter an diesem Ereignis teilnahm. Merkwürdig, dass im Autorenverzeichnis kein Wort darüber verloren wird, dass Simonow ein Schriftsteller war, der einige der besten Romane über den Zweiten Weltkrieg geschrieben hat. Es gibt von Wolfgang Koeppen eine sehr schöne Charakteristik dieses Autors, den er mit Hemingway vergleicht. Er hat ihn an der Bar des Hotels »Sowjetskaja« getroffen, und sie trinken eine merkwürdige Mischung aus Wodka, Cognac und Rotwein und reden miteinander. »Wir saßen in der Bar wie in einem großen Schiff. Wir waren schließlich allein. Wir kannten den Kurs des Schiffes nicht. Wir wußten, daß die See unruhig und gefährlich war.« Vielleicht ist diese Beschreibung so etwas wie ein Bild für die Zeit, die wir mit dieser Literatur durchlebt haben. Damit will ich meine fragmentarischen Notizen zur sowjetischen Literatur des 20. Jahrhunderts schließen. Nichts ist ja in diesem Jahrhundert ohne den Blick ins Politische zu beschreiben. Merkwürdigerweise war es für mich nicht so sehr die polnische Literatur, mit der ich umging, sondern die tschechische, mit der sich allerlei Beziehungen anspannen. Hatte ich nicht in früher Jugend Haseks großen Roman *Die Abenteuer des braven Soldaten Schwejk* gelesen, dieses Buch subversiver Satire gegen den Krieg, gegen das Militärische? Oder war das nicht ein Buch, das den böhmischen Charakter auf unnachahmliche Weise beschrieb, dieses »Treffen wir uns also um 12.00 Uhr nach dem Krieg im *Kelch*«, eine Geschichte, die ihre Fortsetzungen fand bei Bohumil Hrabal und bei Ota Pavel? Vielleicht hat das aber noch früher begonnen, mit Karel Čapek oder schon mit den deutschschreibenden Prager Autoren des frühen 20. Jahrhunderts: Gustav Meyrink und Egon Erwin

Kisch, Max Brod und Franz Werfel? Aber das ist nicht unser Thema, ich will hier nur ein wenig von den Begegnungen mit Büchern und Autoren erzählen, meinen böhmischen Autoren. Vielleicht muss ich mit Jaroslav Seifert beginnen. Ihn lernte ich bei meinem tschechischen Freund im Verlag Odeon kennen, und damals erfuhr ich nur, dass er ein bedeutender Dichter sei. Erst 1984, als er den Nobelpreis für Literatur erhielt, wurde die Welt auf ihn aufmerksam. Es hat ja in dieser Literatur immer bedeutende Dichter gegeben, aber die Sprachbarriere (wer spricht und liest tschechisch?) verhinderte, dass wir sie kennen lernten. Nun, damals ging ich ein paar Schritte mit Seifert durch Prag, wie ich später mit Josef Nesvadba sein Prag kennen lernte und mit manchem anderen Autor in einem Café saß. Denn das gehörte zu allen Zeiten zur Literatur Böhmens: Man saß im Café, man traf sich im Café, und manchmal schrieb man auch im Café. Aber ich will noch ein wenig über Seifert erzählen, dessen *Alle Schönheit der Welt* ein Buch ist, das man heute noch mit Gewinn lesen kann, eine Erinnerung an das vergangene Prag, an die Literatur und Kunst des frühen 20. Jahrhunderts. Wer heute nach Prag kommt, wird vergeblich in dem mittlerweile amerikanisiertem Stadtzentrum nach den Orten Seiferts suchen, hier in diesem Buch ist ein Stück unvergänglicher Prager Geschichte aufbewahrt. Eben in jenen sechziger Jahren, als ich Jaroslav Seifert traf, galt unser Interesse freilich anderen Autoren. Es war eine bewegte Zeit, dieser herannahende Prager Frühling. Wir lasen die Gedichte von Ludvik Kundera und die Geschichten von Josef Škvorecký, die experimentelle Prosa Josef Hirsals und die aufmüpfigen Texte von Pavel Kohout.

Ich will nur von zwei Autoren erzählen, die ich selbst nie kennen gelernt habe, nur ihre Bücher kamen zu mir. Während der eine gegen Ende seines Lebens ein ziemlich berühmter Autor war, dem Preise und Übersetzungen in aller Welt zufielen, blieb der andere außerhalb seines Landes ziemlich unbekannt. Und doch verbindet sie etwas, diese poetische Verwandlung realer Landschaften, der leise Humor, der immer auch die tragischen Seiten des Lebens durchschimmern lässt, das Bekenntnis zu den kleinen Städten, mit denen sich ihre Lebensläufe verbanden. Ota Pavel ist dem deutschen

Leser nur durch zwei Publikationen bekannt (*Der Tod der schönen Rehböcke und Wie ich den Fischen begegnete*), ein Autor, 1930 in Prag geboren und nach erfolgreicher Journalistenlaufbahn schwer erkrankt und schon 1973 gestorben. Es geht in diesen Geschichten um Anglerglück und Anglerleid, um stille Tage in einer kleinen Stadt, aber auch um jüngste Vergangenheit der deutschen Besetzung in Böhmen. Eine Kindheit, eine Jugend, durch die die Zeit schimmert, eine schlimme Zeit. Wer ihn gelesen hat und in der Nähe Prags die alte Burg Krivoklat besichtigt, wird sich dieses unvergessenen Autors erinnern. Ein anderer Ort, den ich noch immer nicht besucht habe, aber der mir durchaus sehr gut bekannt ist, ist das kleine Städtchen Nymburg an der Elbe, wo Bohumil Hrabal aufgewachsen ist. Viele seiner Geschichten sind Erzählungen aus dieser glücklichen Kinderwelt. Später kaufte er sich ein Häuschen in Kersko, unweit von Nymburg, wo er lebte und schrieb. Wenn er nach Prag kam, saß er im »Goldenen Tiger«, einer Bierkneipe, ich habe das Lokal erst nach seinem Tod das erste Mal aufgesucht. Es liegt in der Altstadt, in der Hussova. Hier saß Hrabal an einem der langen Tische und trank sein Bier im üblichen Halblitermaß. Hier saß er auch des öfteren mit seinem alten Freund Vaclav Havel, und als dieser Staatspräsident geworden war, saßen sie gemeinsam dort mit Bill Clinton. Aber ehrlich gesagt, das Bier schmeckt mir in anderen Prager Kneipen besser. Mein Lieblingsbier Krusovice gibt es vom Fass in der Krusovická Pivnice in der Siroká im Zentrum. Übrigens, wer den *Schwejk* gelesen hat, er wird vielleicht U kalicha aufsuchen, eben den »Kelch«, um den Fliegenschiss auf des Kaisers Bildnis zu sehen. Nun, das alles ist zu sehen, vor allem aber Schwärme von Touristen begegnen einem hier. Müsste ich nicht noch von meinen Freunden Josef Nesvadba erzählen, von Ludvik Kundera, dem Cousin des berühmten Milan Kundera und einem der bedeutendsten Dichter des Landes? Muss ich nicht meine Lieblingserzählung *Legende Emöke* (vor langer Zeit bei Hanser auf Deutsch erschienen) von Josef Škvorecký erwähnen? Mit Škvorecký, der schon lange in Kanada lebt, saß ich im traurigen Monat August des Jahres 1968 im Café Flora, und wir ahnten schon, dass die Zeit des Prager Frühlings vorüber war. Kurze Zeit später emigrierte Škvorecký nach Toronto, wo er an der Universität lehrte und die nunmehr verbotenen Bücher seiner tschechischen Freunde verlegte. Auch wenn diese Autoren noch leben und schreiben, die Zeit ihrer großen Wirkung ist lange vorüber. Das 20. Jahrhundert, mein 20. Jahrhundert. Bei anderer Gelegenheit habe ich schon von meiner Liebe zu Frankreich, zu französischen Weinen – und auch zu französischen Autoren und Büchern erzählt. Es war das Jahr 1978, als ich das erste Mal nach Paris kam. Ich war eingeladen von der Witwe des Schriftstellers Romain Rolland, die seinen Nachlass hütete, der in hohen dunklen Räumen eines Mietshauses auf dem Montparnass, nicht weit vom

Restaurant Coupole entfernt, dahindämmerte. Rolland war in den ersten Jahrzehnten des 20. Jahrhunderts einer der bekanntesten französischen Autoren in Deutschland, nicht zuletzt durch die Nähe und Freundschaft zu Stefan Zweig. Sein großer Roman *Jean Christophe* (es gibt eine sehr schöne deutsche Ausgabe mit Holzschnitten von Frans Masereel), ist der Versuch einer Annäherung zwischen Deutschen und Franzosen, der im Alltäglichen freilich erst in den letzten Jahrzehnten gelang. Und Rolland ist fast vergessen. In Burgund, in seiner Geburtsstadt Clamecy, gibt es ein kleines Museum für ihn, und nicht weit davon entfernt in Vézelay, wenn man den Berg zur berühmten Kathedrale hochgeht, steht in der Reihe der alten Häuser ein fast verfallenes Gebäude, wo er seine letzten Lebensjahre verlebte. Der junge Buchhändler, dessen Geschäft ich auch deshalb besuche, weil es eine ganz eigene Atmosphäre ausströmt, erzählt mir, dass eine Gesellschaft von Freunden Rollands schon seit Jahren versucht, dieses Haus wieder zugänglich zu machen. Aber Rolland ist, wie gesagt, fast vergessen. Ich erzähle davon nur, weil ich damals, als ich die kleine zierliche Madame Rolland besuchte, auf der Straße einem Mann begegnete, der, einen Packen Zeitungen unter dem Arm, an mir vorbeischlurfte. In dem Moment, da ich ihn sah, wusste ich nicht, wer es war, aber dann dämmerte es, Madame Rolland brachte mich darauf, es war Jean Paul Sartre, der wohl zum Frühstück in die »Coupole« ging. Sartre, vor hundert Jahren geboren, war eine der spektakulärsten Gestalten der französischen Geisteswelt, ja vielleicht Europas. Er war nicht nur Schriftsteller, sondern Philosoph, Politiker. Unvergessen ist seine Kritik am Algerienkrieg, sein Besuch im Gefängnis Stammheim, aber auch seine allzu milde und kritiklose Bewunderung der Entwicklung in den sozialistischen Staaten: »Wenn jemand mir noch einmal zu sagen versucht, daß in der Sowjetunion die Religion verfolgt oder verboten wird, schlage ich ihm die Fresse ein.« Nun, er hätte viel zu tun gehabt. Aber das gehörte zu Sartre, sein scharfer Intellekt und seine Naivität im Politischen. Dabei war er ein ungeheuer fleißiger Produzent, mehrere tausend Seiten Romane, ebenso viele philosophische Texte, Essays und Stücke, die um die Welt gingen. Ob man sein mehrbändiges Werk über Flaubert *Der Idiot der Familie* heute noch liest? Ich bin nie über den ersten Band hinausgekommen, aber ein anderes Buch von ihm wird wohl überdauern, seine Autobiografie *Die Wörter.* Freilich, das ist keine Autobiografie im üblichen Sinn, sondern wie so oft bei Sartre ein Bekenntnis zu Literatur und Lesen. Alles was er je geschrieben hat, hängt mit dieser Grundentscheidung zusammen, und nun seziert er auch dieses Kind, das Sartre heißt, wie ein unbekanntes Tier, dem er sich nähern möchte. Das Schreiben ist also ein Spiegel, in dem er sich zu erkennen versucht. Merkwürdig, nicht nur aus Jubiläumsgründen werden seine Bücher neu aufgelegt. Vielleicht weil dieser vielseitige Autor doch wieder gebraucht wird. Bernhard-Henri Lévy hat vor ein paar Jahren eine siebenhundertseitige Biografie über den Mann verfasst, dessen Schüler und späterer Kritiker er war. Und er kann nicht umhin, Sartre als den Philosophen des 20. Jahrhunderts zu bezeichnen, »Sartre als aufgeblätterte Epoche. Sartre oder die Begegnung mit allen Möglichkeiten, das Jahrhundert zu durchqueren, sich darin zu verlieren, seine dunklen Seiten herauf zu beschwören – und sich im Anschluß daran nun zu engagieren«. Wer aber von Sartre spricht, der redet auch von seiner Gefährtin, von Simone de Beauvoir. Es ist viel über diese beiden geschrieben worden – neben Elsa Triolet und Louis Aragon wohl das bekannteste literarische Paar des 20. Jahrhunderts. Ich will hier nicht die Gemeinsamkeiten und Unterschiede zwischen Sartre und Simone de Beauvoir darstellen, die ja auch ein äußerst umfangreiches Werk hinterlassen hat. Ob wir ihre dicken autobiografischen Bücher noch lesen werden, ihr merkwürdig-schönes Buch über das Alter oder ihre feministischen Äußerungen? Zu ihren schönsten Büchern gehört meines Erachtens der Roman *Die Mandarins von Paris,* 1954 erschienen und dem Amerikaner Nelson Algren gewidmet, mit dem sie eine große Liebesgeschichte hatte. Es ist ein Buch, das uns jenseits der wissenschaftlichen Exkurse jenen Aufbruch der Intellektuellen, jene große Zeit des Existenzialismus nahe bringt, indem es die Geschichten dieser Mandarins von Paris erzählt. Wer also etwas von der Atmosphäre jener ersten Jahre nach dem Zweiten Weltkrieg in Paris erfahren und erleben möchte, Simone de Beauvoirs Buch ist dafür die beste Gelegenheit. Ich sehe jetzt schon, dass ich mit meinen Erinnerungen an die französische Literatur des 20. Jahrhunderts in ein Dilemma gerate. Allzu viel möchte da benannt und aufbewahrt werden. Soll ich auf das vielleicht schönste Buch des französischen Surrealismus, Louis Aragons *Der Pariser Bauer* verzichten? Auf die große Tagebuchliteratur des 20. Jahrhunderts, auf Julien Greene und Andre Gide? Ich werde darauf verzichten müssen, aber aus dem Umkreis Sartre/Beauvoir will ich noch einen Namen nennen, Albert Camus, der untrennbar mit den beiden verbunden ist und der literarisch bedeutendste Autor des französischen Existenzialismus war. Für mich wird sein Roman *Die Pest* ein einzigartiges Buch bleiben. Als ich es zum ersten Mal las, erfuhr ich plötzlich für mich, das wir ja alle auf irgendeine Weise in der Stadt Oran leben. Wir sind dem Geschehen ausgeliefert, das wir nicht beherrschen können und müssen doch den Versuch wagen, solche Situationen zu bestehen. Später hat er dieses Thema dann in *Der Fremde* und im *Mythos von Sisyphos* fortgesetzt. Mögen diese Bücher auch mehr Aufmerksamkeit erregt haben, *Die Pest* bleibt für mich sein bedeutendes Kunstwerk, ganz in dem Sinne, in welchem er davon spricht, dass die Kunst »dem Menschen im Kampf gegen sein Schicksal die Gewalt der Sprache« gibt.

Genug der französischen Reminiszenzen. Ich gehe an meinen Bücherregalen entlang, dort die Spanier und die Lateinamerikaner, die nordischen Autoren, halt, da will ich nicht vorübergehen, denn zwei Autoren aus diesem literarischen Raum gehören seit langem zu meinen Lieblingen. Ich war noch ein Schuljunge, als ich auf der Suche nach Büchern auch die Bibliotheken meiner Verwandten durchforstete, denn das magere Inventar der väterlichen Bücherei war längst konsumiert worden. Da sah ich ein schmales Bändchen eines mir damals unbekannten Autors mit dem Titel *Vagabundentage*, und tatsächlich beim ersten Lesen fand ich in der Geschichte einen Bruder im Geiste Jack Londons, der mir vertraut war. Doch das war ein Irrtum, wie sich später herausstellen sollte, denn der Autor Knut Hamsun lebte literarisch nicht zuerst in den Abenteuern des Schienenstrangs oder auf Südseeinseln. Später las ich dann alle seine Bücher, auch seine Reiseberichte und kürzlich erst *Redakteur Lynne*, ein Buch, das sicherlich nicht zu seinen besten gehört, aber nach wenigen Seiten schon spürte man diesen eigenartigen Ton, heute würde man vom Hamsun-Sound reden, der die Geschichten konstituiert. Sie sind immer ähnlich, in ihnen lebt eine gewisse Traurigkeit, die freilich nur selten zur Sentimentalität wird, vielmehr existiert da auch ein Humor, eine ironische Tönung, mit dem das Geschehen besichtigt wird. Ich weiß, ich übertreibe ein wenig, wie ein Naturforscher das Insekt besichtigt, das er schon etliche Male auf dem Objektträger gehabt hat. Und so denke ich, kann man das eine oder das andere Buch lesen, es ist nicht so wichtig, was man dabei auswählt, vielleicht nur ein Buch muss man lesen: *Auf überwachsenen Pfaden*. Es ist ein Tagebuch, das die ganze Tragik Knut Hamsuns sichtbar macht, denn der gefeierte und geachtete Dichter war ein Anhänger der Nazis, ja Hitlers. Er war blind gegenüber der Schreckensherrschaft, die die Schergen Hitlers auch in Norwegen errichteten. So wurde der achtzigjährige Dichter nach dem Krieg inhaftiert, es wurde ihm der Prozess gemacht, und das Tagebuch erzählt von jenen Monaten, bis zur Verurteilung. Eine menschliche Tragödie, die er hier beschreibt, es ist seine Tragödie.

Wenn ich schon von meinen nordischen Autoren rede, so muss ich von Laxness reden, der auch noch einmal im Reisekapitel einen kleinen Part hat. Halldor Laxness, der isländische Nobelpreisträger, hat etliche dicke Romane geschrieben, die um die Welt gingen. So darf man das sagen, denn *Islandglocke, Weltlicht, Salka Valka*, es sind Bücher, die viele Menschen mit dem Leben auf der fernen Insel ebenso vertraut gemacht haben wie mit der Kunst dieses Erzählers, der aus der Tradition der großen Saga kommt, dabei aber ganz modern wirkt. Für seinen Roman *Atomstation* wurde er mit dem Nobelpreis ausgezeichnet, aber es ist nicht dieses Buch, das ich noch einmal lesen würde. *Weltlicht* bleibt für mich die große literarische Erfahrung mit diesem Autor. Wie kann man den Inhalt in ein paar Sätzen andeuten? Da ist Olafur Karason, der in einer einsamen Bucht der Insel aufwächst, Hunger, Arbeit, Ängste, aus denen er einen Ausweg sucht, und der Ausweg heißt Literatur. Er beginnt zu

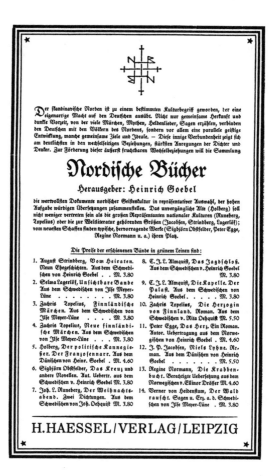

schreiben, aber auch diese neue Lebenssituation bringt ihn in Krisen und Katastrophen. Als ich Laxness vor Jahren von meiner Liebe zu diesem Buch erzählte, lächelte er ein wenig und meinte, dass wir alle, die wir ein Leben mit der Dichtung leben, dieses Buch verstehen. Ein Genie dieser Dichter, der außerhalb der Welt lebt und doch in der Welt lebt; ein Buch, das ganz im Gegensatz zu mancher literarischen Doktrin zeigt, dass Bücher und Schreiber, Dichter und Träumer die Welt nicht verändern. Oder doch? Wer das wissen will, der sollte dieses Buch lesen. Und vielleicht sollte er nach Island reisen, denn noch immer ist das Land dort weit, und einsam liegen die

Gehöfte an den Gletschern. Der Frühling ist ein Wunder, wenn leichter Schnee auf die Wiesen fällt, aus denen die ersten Blumen sprießen. Auch wenn man die Sprache der Leute nicht versteht, man versteht die Menschen, weil man Laxness gelesen hat.

Auf eine ganz merkwürdige Figur der Literatur dürfen wir in diesem Kapitel nicht verzichten. Oder gehört dieser Pole Teodor Josef Konrad Korzeniowski, der sich als Schriftsteller Joseph Conrad nannte, noch ins 19. Jahrhundert? Begonnen hat er ja 1893 mit dem Roman *Almayers Wahn* und am Ende steht wenige Jahre nach der Jahrhundertwende *Mit den Augen des Westens*. Aber seine Wirkungswelt war die erste Hälfte des 20. Jahrhunderts, und in unserem Jahrhundert hat er immer wieder neue Leser gefunden. Es gibt so etwas wie eine Grundsituation in allen seinen Büchern. Obwohl diese Bücher zumeist auf fernen Meeren, auf Schiffen und in Häfen spielen, sind diese Meere unsere Lebenssituationen zwischen Liebe und Trauer, zwischen Verlust und Hoffnung. Eine seiner Geschichten *Die Schattenlinie* beginnt mit dem Satz: »Es ist das Vorrecht der Jugend, in der Zukunft zu leben, in all der schönen, stetigen Hoffnung, die keine Pausen und keine Selbstbetrachtungen kennt.« Davon wird erzählt, aber auch davon, wie diese Jugend vergeht, verweht. Conrads Geschichten leben aus seinen Figuren, aber auch aus der Atmosphäre, die er schafft. Er ist einer meiner Lieblingsautoren.

Die Welt ist weit in diesem Jahrhundert, die Literaturen ferner Regionen erreichen uns, wir reisen durch Länder und Kontinente auch mit den Büchern, die wir lesen. Aber auch die Bücher unserer eigenen Literatur umrunden die Welt, oftmals kaum erwartet. Als ein junger Mann bei Pierson & Co. in Dresden 1899 ein Heftchen Gedichte einreichte, das die Mutter mit ein paar Mark zu finanzieren half, ahnte niemand, was aus dem Verfasser dieser *Romantischen Lieder* einmal werden würde. Denn in diesen Vierzig-Seiten-Gedicht war kaum mehr zu erkennen, als die gute Absicht, und die ist, nach Gottfried Benn, oftmals das Gegenteil von Kunst. Als der Autor 1962 starb, schrieb die *Zeit*, dass mit diesem Gartenzwerg unter den Nobelpreisträgern kein Blumentopf mehr zu gewinnen sei. Aber nur wenige Jahre später wurde der Autor für lange Jahre der meist-

übersetzte Autor der deutschen Literatur. Millionenauflagen in aller
Welt, und noch immer verkauft sein deutscher Verlag monatlich
zwischen zwanzig- und dreißigtausend Bände. Längst haben einige
Leser gemerkt, um wen es sich hier handelt: Es ist die Rede von
Hermann Hesse, der von 1877 bis 1962 lebte. Mit seinem Tod endete eine Epoche der deutschen Literatur. Dieser Einzelgänger war, ob
er wollte oder nicht, auch ein Repräsentant der spätbürgerlichen
Literatur des 20. Jahrhunderts, die noch aus den Traditionen des
19. Jahrhunderts lebte. Thomas Mann, der Freund und Weggefährte
hat beschrieben, was diese Bücher betrifft: »Für mich gehört dies im
Heimatlich-Deutsch-Romantischen wurzelnde Lebenswerk bei all
seiner manchmal kauzigen Einzelgängerei, seiner bald humoristisch-
verdrießlichen, bald mystisch-sehnsüchtigen Abgewandtheit von
Zeit und Welt zu den höchsten und reinsten geistigen Versuchen
und Bemühungen unserer Epoche.« Gab es bei Hesse wirklich eine
Abgewandtheit von Zeit und Welt? Oder verwandelte sich nicht
vielmehr Erfahrung und Erlebnis in eine Bilderwelt? Hesse war, dies
trifft wohl den Kern seiner Lebensproblematik wie auch sein Werk,
ein Dichter der Krise. Sie hat den Menschen Hesse gekennzeichnet.
Als begabtes Kind litt er unter der Enge und Begrenztheit der
christlich-pietistischen Erziehung. Er durchlitt die Krise des Einzel-
gängers in der Bürgerwelt wie die zeitgeschichtlichen Krisen. Aus
solcher biografischer und geschichtlicher Situation sind seine großen Romane entstanden. Es hat mit *Peter Camenzind* und *Unterm
Rad* begonnen, mit Büchern, die sich den Nöten junger Menschen
widmeten, er hat mit *Demian* und dem *Steppenwolf* die Krise der
Zeit nach dem Ersten Weltkrieg beschrieben, und schließlich führte
der Weg dieses Autors über die Bilder von *Narziss und Goldmund*
in das große Alterswerk, das *Glasperlenspiel*. Man mag an einzelnen
dieser Werke manche berechtigte Kritik üben, aber das Gesamtwerk
ist in seinen Widersprüchen von großer Einheitlichkeit. Der Zusammenhang von Ethik und Ästhetik ist wohl der wesentliche
Grund für seine weltweite Wirkung. Aber Hesse war nicht nur ein
Erzähler, ein Romancier, ein Lyriker, erst in den letzten Jahren ist
sein Werk als Kulturkritiker und Briefschreiber gewürdigt worden.

Vielleicht ist er in vielen dieser Briefe, die oft an junge Leute gerichtet sind, heutigen jungen Lesern besonders nahe, wenn er schon im Rückblick auf seinen Erstling *Peter Camenzind* schrieb: »Ich bin nicht bei der etwas kauzigen Eremitenhaltung Camenzinds geblieben, ich habe mich im Verlauf einer Entwicklung den Problemen der Zeit nicht entzogen und nie, wie meine politischen Kritiker meinen, im elfenbeinernen Turm gelebt, aber das erste und brennendste Problem war nie der Staat, die Gesellschaft oder die Kirche, sondern der einzelne Mensch, die Persönlichkeit, das einmalige, nicht normierte Individuum.« Freund und Weggefährte, aber von anderen künstlerischen Intentionen getragen, war Thomas Mann, der sich im Gegensatz zu Hesse auch als Repräsentant der deutschen Literatur des 20. Jahrhunderts verstand. »Wo ich bin, ist Deutschland« hat er stolz geschrieben, als ihn die Nazis ausbürgerten. Und er agierte aus dem Amerika der Emigration, wo er seit 1938 lebte, auch als politischer Autor. Es fällt schwer, aus dem umfangreichen Werk Lesevorschläge zu machen: Es beginnt ja nach einigen Erzählstücken mit einem Paukenschlag, dem Roman *Buddenbrooks* (1901), mit dem er das 20. Jahrhundert einläutet und für den er 1929 den Nobelpreis für Literatur erhält. Vielleicht wird hier schon die ganze Größe, der ganze Reichtum dieses Epikers sichtbar, im »Verfall einer Familie«, wie das Buch im Untertitel heißt. Der Widerspruch zwischen Bürgertum und Kunst, der sich in diesem Roman ebenso konstituiert wie in dem gesamten epischen Werk ist eine andere Seite des Widerspruchs zwischen Leben und Tod. Thomas Mann ist bei aller Intellektualität seines Künstlertums kein kühler oder kalter Schriftsteller, wie er gelegentlich qualifiziert wurde. Dieses Künstlertum kommt aus Leiden, Leiden an sich selbst und Leiden an der Welt. Zugleich ist da ein Sinn für Ironie und Humor. Man wird dies in seinen großen Romanen, dem *Zauberberg*, dem *Doktor Faustus*, aber auch seinem letzten Buch, den *Bekenntnissen des Hochstaplers Felix Krull* entdecken. »Nie habe ich aus der ruhigen Ironie, der Toleranz in Ton und Gesinnung seiner frühen Werke auf Kühle und Lebensferne geschlossen. Sie gehörten für mich zu dem künstlerischen Stil, in den sich herzenswarmer Anteil, Allverständnis und Mitleid schamhaft

# Thomas Mann

## Porträtradierung
## von Max Oppenheimer

Von der unverstählten Kaltnadel-Platte (Größe
18:22 cm) wurden im August 1913 auf der
Pan-Presse Paul Cassirer zu Berlin gedruckt:
25 Exemplare auf echt holländ. Bütten je M 75.—
50 Exemplare auf van Geldern : : : : : : je M 50.—
75 Exemplare auf weißem Strathmore je M 30.—

### Die ersten 75 Exemplare sind
### auch vom Dichter signiert.

Alle Exemplare sind numeriert; die Platte wurde
zerstört. Ab 1. November 1913 tritt für alle drei
Ausgaben eine Preiserhöhung ein. Die Radierung
ist nur direkt zu beziehen.

## Der Neue Kunstsalon
Max Dietzel · München · Prannerstraße 13

---

eingekleidet hatten«, schreibt sein Freund Bruno, der Dirigent
Bruno Walter. Und Thomas Mann ist auch ein Autor, der aus dem
Erbe der deutschen Literatur lebt, »Bewunderung«, heißt es bei
ihm, »bedeutet am Ende Kultur«. Freilich, ob er über Goethe
schreibt oder Tschechow, über Schiller und Tolstoi, immer schreibt
er über sich, sein Künstlertum. Im Roman *Der Zauberberg* gibt es
eine Figur, deren Vorbild in der Realität leicht erkennbar war: Der
holländische trinkfreudige Schwadroneur Minheer Peeperkorn war
seinem Freund Gerhart Hauptmann nachgebildet. Während Thomas Manns Goethe-Nachfolge sich im Geistigen vollzog, hatte es

der berühmte Dramatiker auf eine sehr direkte äußerliche Wiederholung von Goethe angelegt. Vieles von ihm ist heute vergessen, man spielt noch seine berühmtesten Stücke *Die Weber, Vor Sonnenaufgang*, mit denen er einst begann. Dabei gibt es in seinen Prosawerken manches, was des Wiederlesens wert wäre, die Novelle *Der Ketzer von Soana*, den autobiografischen Roman *Die Abenteuer meiner Jugend*, aber der einstige Ruhm, mit dem er die deutsche Literatur im ersten Viertel des 20. Jahrhunderts mitbestimmte, er ist vergangen. Vielleicht muss aus diesem Zeitraum noch ein anderer Autor genannt werden, Österreicher von Haus aus, aber natürlich in Deutschland vielgelesen und berühmt: Stefan Zweig. Dabei haben seine großen, psychologisierenden Biografien *Maria Stuart, Marie Antoinette* oder *Joseph Fouche* bis in unsere Tage Leser gefunden. Aus diesem reichen Werk sollten zwei Bücher nicht vergessen werden, sein *Balzac*, angelegt als sein Opus Magnus, in dem er das Schöpferische dieses Genies sichtbar machen wollte, ganz in dem Sinne, wie es Goethe einmal zu Zelter geäußert hatte: »Die Natur und Kunstwerke lernt man nicht kennen, wenn sie fertig sind. Man muß sie im Entstehen aufhaschen, um sie zu begreifen.« Wie sein eigenes Werk entstand, das von solchen Intentionen getragen wurde, hat er in *Die Welt von Gestern* beschrieben, einer Geschichte seines Werkes und des Lebens, das 1943 im Freitod in Brasilien endete, da er die Hoffnung auf eine Zukunft für sich und die Welt verloren hatte. Ich will noch auf einen Band verweisen, der eine Auswahl aus seinen kleineren Essays und Aufsätzen bietet: *Die Monotonisierung der Welt*. Der kleine Essay, der dem Buch den Titel gegeben hat, erinnert an Hermann Hesses Kritik am »feuilletonistischen Zeitalter« in der Einleitung des *Glasperlenspiels*. Aber ist es die Flucht zu uns selbst, wie Zweig meint, die uns rettet? »Denn wenn wir uns der wachsenden Gleichförmigkeit dieser Welt auch mit der Seele verweigern, so wohnen wir doch dankbar treu im Unzerstörbaren dieser Welt, das immer dankbar treu jenseits aller Wandlungen bleibt.« Hier halten wir ein, obwohl es noch manches zu bedenken und zu erzählen gäbe: Ist es richtig, auf Ricarda Huch zu verzichten, deren zauberhafte Jugenderinnerungen ebenso lesbar geblieben sind wie ihre Geschichte des Dreißigjährigen Krieges? Leonhard Frank, immer wenn wir nach Würzburg kommen, hören wir die Glocken läuten, denken wir an seine *Räuberbande* und eine der schönsten Autobiografien der deutschen Literatur des 20. Jahrhunderts: *Links, wo das Herz ist*. Müssen wir nicht von Heinrich Böll reden, dem guten Menschen von Köln? Sein Buch über die grüne Insel gehört in unsere Liebhaberbibliothek: *Irisches Tagebuch*. Aber zum wievielten Male schon: Dies ist keine Literaturgeschichte, es ist ein Verführer zum Lesen, vielleicht auch zu anderem Leben? Kann Literatur die Welt verändern? Vielleicht haben wir einem solchen Irrtum angehangen, und manchmal war es ja auch die Literatur, die an der Veränderung der Welt mitbeteiligt war. Die Ereignisse des Jahres 1989, sie sind nicht denkbar ohne die Literatur, die den Boden dafür vorbereitete. Aber das ist ein anderes Thema. Doch dass Literatur den Weg von Literatur, ihre Gestalt, ihre Form verändern kann, dies ist unbestritten. An das Ende des Kapitels über das 20. Jahrhundert wollen wir deshalb das Nachdenken über drei Autoren setzen, die vielleicht diese Veränderung, Vertiefung und Erneuerung von Literatur bewegt haben, und – ich muß mich korrigieren, eben auch die Veränderung von Welt. Ein Beispiel? Am 27. Mai 1963 fand in Liblice, einem Schloss nahe bei Prag, das der tschechischen Akademie der Wissenschaften als Konferenz- und Ferienheim diente, eine Konferenz statt, die weltpolitische Folgen hatte. Die alte Marie Majerova eröffnete mit ein paar freundlichen Worten das Kolloquium, das einem deutschschreibenden Prager Autor gewidmet war: Franz Kafka. Nun, man kann den Verlauf dieser Konferenz in einem Protokollband nachlesen, aber die Folgen, die Folgen? In der DDR wurde das Unternehmen mit großem Misstrauen aufgenommen, obwohl einige bedeutende ostdeutsche Kafka-Spezialisten in Liblice dabei waren. Einer von ihnen meinte, »daß diese Kunst an den Grenzen der Literatur lebe«. Er wusste nicht, wie recht er haben sollte. Denn es ging ja nicht um Kafka allein, es ging vielmehr darum, ob denn das von Franz Kafka beschriebene Phänomen der Entfremdung nur dem Kapitalismus zuzuordnen sei oder auch dem Sozialismus, der sich ja mittlerweile auch in Prag etabliert hatte?

> In diesem Jahre erschien aus dem Nachlaß
> **HERAUSGEGEBEN VON MAX BROD**
> ## FRANZ KAFKA
> ### Der Prozeß
> Hermann Hesse im Berliner Tageblatt „Ein aufregendes, wunderliches und zugleich
> beglückendes Buch. Es ist Gespinst aus zartesten Traumfäden, hergestellt mit reinlichster Technik
> und geschaffen mit intensiver Kraft der Vision"
> Pappband M. 7.—, Ganzleinen M. 8.50
>
> Kurz vorher erschien
>
> ### Ein Hungerkünstler
> #### Vier Geschichten
> Pappband M. 3.—, Ganzleinen M. 4.—
>
> Zu beziehen durch jede Buchhandlung oder durch den
> ## VERLAG DIE SCHMIEDE / BERLIN W 35

Wie offen war eine solche Gesellschaft, wie öffnete sie sich? Franz
Kafka und die Folgen: Der Sozialismus mit menschlichem Antlitz,
der Prager Frühling 1968 und die sowjetische Invasion am 21. August. Und doch in Kafkas Prag ein Frühling im Herbst 1989, die
Transparente und Sprechchöre: Havel na Hrad, Havel auf die Burg,
der geistige Enkel Kafkas, ein Schriftsteller wurde Präsident seines
Landes. Und einer blieb zurück: Franz Kafka. Ob das alles so zusammengehört, darüber mag man streiten. Für mich und meinen
Weg durch die Literatur und die Zeit gehört es zusammen. Dieser
Prager Jude war für mich ein Politikum, als ich ihn las. Ich las, wie
das so oft geschieht, einen Untertext mit. »Die Erklärer sagen
hierzu: Richtiges Auffassen einer Sache und Mißverstehen der gleichen Sache schließen einander nicht völlig aus.« Dieser Satz aus
Kafkas *Prozeß* könnte ein Weg der Wiederannäherung sein. Das
Werk Kafkas ist ja nicht sehr umfangreich: *Der Prozeß, Amerika,
Das Schloß*, die längeren Texte, ein Dutzend kürzerer Geschichten,
fast allesamt berühmt: *Der Heizer, Der Landarzt, Auf der Galeere,
Ein Hungerkünstler* u. a. Warum ist er so berühmt? Warum lesen
wir ihn noch heute? Die mittlerweile durch Bürokratie allseits verwaltete Welt wird erstmals bei Kafka sichtbar. Die Modelle oder
Träume, die Kafka entwirft, es sind Tagträume, denen die Menschen
ausgesetzt sind. Die Eindeutigkeit der Literatur – und damit auch

der Weltsicht verwandelt sich in eine ambivalente Sichtweise. Das Wirkliche wird unwirklich, das Unwirkliche wirklich. Milena, seine Freundin, schrieb über ihn: »Er steht neben dem Menschen und schaut sie verwundert an. Er ist nie in ein schützendes Asyl geflohen, in keines. Darum ist er allem ausgesetzt, wovor wir geschützt sind. Er ist wie ein Nackter unter Angekleideten.« So wie man die Lebensstationen des Franz Kafka aus der Topografie Prags ablesen kann, Klaus Wagenbach hat einen schönen Bildband über Kafkas Welt gemacht, so kann man das Combray im Romanwerk Marcel Prousts auch in der Wirklichkeit finden. Dort heißt es Illiers und liegt ein paar Kilometer von Chartres entfernt. Zwar ist Proust in Paris aufgewachsen, wo sein Vater eine Professur an der Universität Paris hatte, aber in den Sommerferien kam er etliche Male in das kleine Städtchen, das dem heutigen Besucher noch immer als Kleinstadt empfängt, und der Proust-Leser wird sich erinnern, wie Tante Leonie dem Ich-Erzähler einen Lindenblütentee servierte. Der Proust-Leser ist ja ein Erinnerer wie der Erzähler. Als Proust seine ersten Manuskripte an Pariser Verlage schickte, waren die Lektoren verblüfft und entsetzt, dass man für die Schilderung des Vorgangs, dass sich der Ich-Erzähler im Bett hin- und herwälzt, dreißig Seiten braucht. Da schrieb einer Sätze, die zwanzig Druckzeilen entlang liefen, da wurde auch noch die kleinste Erinnerung in vielfacher Weise psychologisch ausgelotet. Prousts großes Romanwerk *Auf der Suche nach der verlorenen Zeit* ist ein Buch, das man nicht nur einmal liest. Man liest es immer wieder, selbst wenn man es nicht in die Hand nimmt. Denn in Prousts Beschreibungen erkennt man eigene, andere Lebenssituationen wieder. Das mag paradox klingen, aber wenn wir dem Kind folgen, das durch den Garten in Illiers geht, dann hat dieser Garten plötzlich Ähnlichkeit mit dem Garten unserer Kindheit. Worum geht es in diesem sechsbändigen Werk?
Da erzählt ein Mann, der eine ziemliche Ähnlichkeit mit dem Autor hat, von seinem Leben. Das beginnt mit einer ausgiebig besichtigten Kindheit, erster Liebe, der zwei weitere Liebesgeschichten folgen, zwischen Liebe und Eifersucht bewegen sich weite Teile des Buches, die uns schließlich zu einem jungen Mann führen, der ein Roman-

> Mit größter Spannung erwartet, erschien soeben
> das Werk des großen europäischen Dichters
>
> # MARCEL PROUST
>
> ## AUF DEN SPUREN
> ## DER VERLORENEN ZEIT
> # DER WEG ZU SWANN
>
> In deutscher Übersetzung von Rudolf Schottlaender
>
> Ernst Robert Curtius über Proust: „In Frankreich wie in den
> anderen Ländern zerbrach sich die ganze Kritikerschaft den Kopf über
> die Frage: welche Wirkung wird der Weltkrieg auf die Literatur haben?
> Die größte Überraschung der Nachkriegsliteratur in Frankreich kam tat-
> sächlich von Marcel Proust. Wer das Geniale sucht, der wird es in
> der Sphäre des französischen Romans nur bei Proust finden.
> Solange wir Proust folgen, sind wir eingeschaltet in den unendlichen
> Strom des Geistigen, der keine Stockung und keinen Tod kennt."
>
> Mit dem Werk „Der Weg zu Swann" eröffnet Proust die Reihe der Ro-
> mane, mit denen er die verlorene Zeit seines eigenen Lebens aus den
> Tiefen seiner Erinnerung emporzaubert. Beginnend mit den Ängsten
> und Kümmernissen des zarten, leidenschaftlichen Knaben führt es uns
> zu einer Reihe von Gestalten, in denen Phänomäne wie Neurasthenie,
> Snobismus, Parvenütum klassische Bildhaftigkeit gewinnen. Er findet
> wieder den Weg in seine erste Pubertät, die von der scheu-fantasti-
> schen Leidenschaft zu Swanns und Odettes Tochter Gilberte erfüllt ist.
>
> Roman / 2 Bände in Pappe Mk. 12.–, in Ganzleinen Mk. 15.–
>
> Zu beziehen
> durch jede Buchhandlung
> oder durch den
>
> ## VERLAG DIE SCHMIEDE / BERLIN W 35

autor zu werden beginnt. Aber natürlich ist noch von vielen anderen Sachen und Ereignissen die Rede, von der Affäre Dreifuß, vom
Meer und dem Tod. Alain de Botton hat ein hübsches Buch über die
Wirkungen von Proust-Lektüre geschrieben *Wie Proust Ihr Leben
verändern kann*. Und er zitiert Proust über die Vergnügungen und
Gefahren des Lesens: »Solange das Lesen für uns Initiator ist, dessen Zauberschlüssel uns in der Tiefe unseres Selbst das Tor zu Räumen öffnet, in die wir sonst nicht einzudringen vermocht hätten, ist
seine Rolle in unserem Leben heilsam. Gefährlich wird das Lesen,
wenn es, statt uns für das persönliche Leben des Geistes wach zu

machen, versucht, sich an dessen Stelle zu setzen; wenn die Wahrheit uns nicht mehr als ein Ideal erscheint, das wir nur durch das innere Fortschreiten unseres Denkens und durch die Bemühungen unserer Seele verwirklichen können, sondern als etwas Materielles, das auf den Seiten der Bücher abgelagert ist wie ein von anderen zubereiteter Honig, den wir nur aus den Regalen der Bibliothek zu nehmen und dann passiv in vollkommener Ruhe des Körpers und des Geistes zu verzehren brauchen.«

Gleichsam eine andere Art der Fortsetzung dieses Konzepts ist ein Roman von zirka eintausend Seiten, der an einem Tag spielt, am 16. Juni 1904. Der Tag heißt mittlerweile »Bloomsday«. Denn der ganze Aufwand wird getrieben, um diesen simplen Tagesablauf eines Anonncenakquisiteurs Leopold Bloom in Dublin zu schildern. Es gibt auch im Deutschen eine kommentierte Ausgabe, die uns alle Details dieses Buches erläutert, die mit Landkarten und Stadtplänen auf die topografischen Abläufe verweist, alle Anspielungen und Bildungshintergründe erklärt. Bloomsday samt Personal ist ein irisches Imperium geworden, unter dem etwas durchleuchtet, das man beinahe vergessen hat: die künstlerische Leistung dieses James Joyce, der dem Roman neue Möglichkeiten eröffnet hat. Ob es tatsächlich so ist, wie Wolfgang Hildesheimer meint, der eine Nebengestalt aus dem Buch mit der Bemerkung zitiert: »Nach Gott hat Shakespeare am meisten geschaffen« und für die Joyce-Kenner hinzufügt: »Nach Shakespeare hat Joyce am meisten geschaffen«. Ich habe da meine Zweifel. Aber lesen sollte man den *Ulysses* einmal, auch wenn es vielleicht nicht wenige Leser gibt, die schon beim ersten Versuch sich in diesem Dickicht verirren.

Wir sind damit am Ende unserer Notizen über das literarische 20. Jahrhundert angekommen. Da wir hier Virginia Woolf keinen Platz einräumen konnten, wollen wir sie mit einem Satz zitieren, der unser Konzept bestätigt: »Der einzige Rat nämlich, den ein Mensch einem anderen in puncto Lesen geben kann, ist der auf keinen Rat zu hören, dem eigenen Instinkt zu folgen, den eigenen Verstand zu gebrauchen, eigene Schlüsse zu ziehen.«

# Exkurs: Von Reisen schreiben, von Reisen lesen

Es ist etliche Jahre her, da kam ich auf einem Ausflug von Alma Ata, das damals noch die Hauptstadt von Kasachstan war, irgendwo in der Steppe zu einem Hirten. Wir tranken ein Glas bitteren Tee, ehe wir darüber redeten, woher wir kamen. Als wir uns bekannt gemacht hatten, suchte er unter den wenigen Büchern, die er besaß, einen Atlas. Er blätterte durch die bunten Seiten, um zu sehen, aus welcher Weltgegend der Mann da vor ihm gekommen war. Der Hirte, schon in hohem Alter, war nie in seinem langen Leben weiter gekommen als der Radius seiner Herde betrug; die Weiden, die Berge, sie waren seine Lebenswelt. Aber er kannte die fernen Städte, die Kontinente, er war mit seinem Atlas gereist. Auch ich reiste mit dem Atlas und den Reisebüchern, die mir ins Haus kamen. Mit Darwin und Chamisso rund um die Welt, mit den tschechischen Autoreisenden Zikmund und Hanzelka durch Afrika und Amerika. Ich war mit Marco Polo unterwegs auf der Seidenstraße und saß in Ingenieur Andrees Ballon. Mit Sven Hedin durchstreifte ich Asiens Wüsten und sah mit Jack London die Südsee. Für uns, die wir in der DDR lebten, war die Reisewelt beschränkt. Selbst die Reise in das benachbarte Böhmen war manchmal ein Abenteuer bei staatlich begrenzten Devisen, die zu illegalen Tauschunternehmen zwang. Aber Grenzen reizen zur Grenzüberschreitung, im Lesen und in der Wirklichkeit. Je näher das Ende der DDR kam, um so häufiger öffneten sich die Grenzen: Jeder hatte plötzlich eine Tante in Göttingen, die neunzig Jahre alt wurde. Da bekam man einen Pass. Das Reisen war ein Ausbruch aus einer Wirklichkeit, die sich mehr und mehr als Provinz erwies, als provinziell. Uns genügte der bunte Atlas nicht mehr. Wir wollten die Welt selber sehen, nachdem wir von ihr gelesen hatten. Wäre ich je nach Ushueia gereist,

## Reise-Erinnerungen eines Naturfreundes.
### Von H. Hesse. Mit Zeichnungen von R. Sieck.

om Leben viel umhergetrieben, hat soviel Menschliches allmählich seinen Reiz und Wert für mich verloren; meine Liebe zur Natur aber ist noch jetzt so stark, wie nur je in meiner Jugendzeit. Sie begann früh in den Knabenjahren mit Schmetterlingsjagd und Käferfang, erweiterte sich dann zur Lust an Wanderung und Landschaft zum Trieb in die Ferne, wurde zeitweilig von andern Leidenschaften unterdrückt, erstarkte aber, je einsamer und stiller ich wurde.

Wenn ich nun in schönen Mittagsstunden meinen kleinen Gang tue und dann, auf einer Bank Rast haltend, Himmel, Wolken, Berge und lichte Fluren überschaue, ergreift mich oft diese stumme Schönheit mit wunderlicher Rührung. Ich kann keinen Berg, keine Landstraße, keinen Wald sehen, ohne daß zahllose Erinnerungen mich bestürmen, viel zu reich und mannigfaltig, als daß ich sie alle zugleich liebkosen und beherbergen könnte. Was bin ich nicht in meinem Leben gewandert! Wieviel Gebirge, Ströme und Seen hab' ich gesehen, die ich fast alle des öfteren besuchte und deren Andenken mein Gedächtnis zu einem gewaltigen farbigen Bilderbuche entfaltet. Die Schweiz hat wenig Berge, deren Kontur ich nicht treu aus dem Gedächtnis zeichnen könnte, und dann die Umrisse all der Seen und Inseln, die Silhouetten von Städten in Italien, Frankreich, die Höhenzüge der Vogesen, des Jura, des Harzes, des Odenwaldes, des Apennin, der horsischen Berge! Wenn ich niemals mit Menschen verkehrt und keine Abenteuer in Haß und Liebe je erfahren hätte, so würden diese Wanderungen allein mein Leben erfüllt und reich genug gemacht haben. Freilich waren es keine Eisenbahnreisen, sondern Wanderzüge, zu Fuß, zu Schiff, zu Maulesel, zuweilen auch Postwagen, mit vielen oft unbeabsichtigten längeren und kürzeren Aufenthalten, die auch zum Kennenlernen fremder Leute und zur Teilnahme mit ihnen Zeit und Anlaß gaben. So besitze ich eine Menge schlichter, lieber Freunde in Gasthäusern, Sennhütten, Bauernkaten, in Fischerdörfern und Bergnestern und auf einsam gelegenen Höfen. Wir schreiben einander nicht, aber wenn ich heute nach Sestri, nach Bozen, nach Chioggia, nach Sylt, nach Spiez komme, so kennen sie mich, erzählen mir ihre Familiengeschichten, zeigen mir Kinder, Enkel, Bräute, Vieh und Ländereien, bieten mir ihre beste Schlafstube an und fordern keine Fremdenpreise dafür. Auch fände ich bei manchen von ihnen unter Glas oder ohne Glas mein Bild hängen, gezeichnet, daguerrotypiert oder photographiert, das Bild eines Dreißigers, Fünfzigers, Sechzigers

wenn mich nicht Bruce Chatwins *Nach Patagonien* dorthin geführt hätte? Was wollte ich in der kleinen amerikanischen Provinzstadt Asheville in North Carolina, wäre da nicht ein Holzhaus, das Thomas Wolfe in seinen Romanen auf so unnachahmliche Weise beschrieben hat. Literatur verführt zum Reisen, das galt gestern und es gilt heute. Denn auch heute geben sich Menschen damit nicht zufrieden, zwei Wochen an Mallorcas Stränden zu bräunen, auf dem Kreuzfahrtschiff sechs Pfund an Gewicht zuzulegen. Sie wiederholen, was unsere Vorväter unternahmen, selbst zu reisen, selbst zu leben. Aber dies wäre ohne die Bücher nicht denkbar.

Da war doch ein junger Mann, der nicht recht wusste, was aus ihm werden sollte; er studierte ein bisschen Theologie und Naturwissenschaften. Als sich die Gelegenheit ergab, dass man auf der »Beagle«, die Kapitän Fitz Roy führte, einen Naturforscher suchte, hatte der junge Mann Glück. 1831 ging es in Devonport los, und fünf Jahre später war man wieder zurück. Das schreibt sich so hin: Der Reisende hat es auf über achthundert Seiten beschrieben, und wer seinen Reisebericht genau liest, wird hier die Grundlagen für das epochale wissenschaftliche Werk finden, das er erst zweiundzwanzig Jahre später veröffentlichen sollte: *Die Entdeckung der Arten.* Nun wissen wir seinen Namen: Charles Darwin. Darwins Reisebericht ist nicht gerade das, was man heute als Abenteuerbuch bezeichnet. Darwin ist ein guter Beobachter und ein genauer Beschreiber; Adalbert von Chamisso ist witziger in seinen Erzählungen. So bieten diese beiden Bücher zwei Möglichkeiten, unter denen auch andere Weltreisende ihre Erfahrungen beschrieben: Mit der Akribie des Wissenschaftlers oder mit dem Temperament des Dichters. Es gibt mittlerweile das ganze »klassische Erbe« der Reiseberichte in vorzüglichen Neuausgaben. Hans Magnus Enzensberger hat es erst kürzlich geschafft, den großen deutschen Reisenden und Naturforscher Alexander von Humboldt mit sehr schönen Editionen wieder ins Gespräch zu bringen. Man kann sich durch die vergangene Welt lesend bewegen, ohne je den Fuß vor die Tür zu setzen. Aber das Buch stillt nicht unser Interesse, unsere Sehnsucht nach Welt, es intensiviert sie oftmals nur. Man sieht nur, was man weiß, diesen Satz, den ich einmal in einer Rezension schrieb, ist vielleicht eine Binsenweisheit, man muß sie nur niederschreiben. Und von Reisegeschichten – mit dem Buch in die Welt – will ich ein wenig erzählen. Der Reisende, dem ich zuerst begegnete, war der Schwede Sven Hedin. Ich weiß heute nicht mehr, weshalb ich gerade auf seine Bücher stieß, aber ich nehme an, dass mir die Sachlichkeit zusagte, nachdem ich durch etliche Dutzend Karl-May-Bände gereist war. Karl May war eine Faszination meiner Kindheit. Aber bald schon kamen Zweifel auf: Sprach dieser Kara Ben Nemsi wirklich Dutzende von Sprachen, wo es mir doch schwer fiel, Russisch und Englisch zu bewältigen? Hatte er wirklich all diese Abenteuer erlebt und die fernen Welten gesehen? Die einen schworen auf die Wirklichkeitsnähe ihres Idols, die anderen teilten die Zweifel mit mir. Und es gab sogar Bücher, die Karl May einen großen Lügner nannten. Nun, das ist ein anderes Kapitel, aber aus solchen Gründen kam ich zu den dicken Wälzern von Sven Hedin.

Gelegentlich habe ich schon die Anekdote erzählt, wie ich meine Fahrradfahrten durch das sächsische Erzgebirge mit der Begleitmusik von Hedins *Transhimalaja* ins Abenteuerliche erhob. Ich war Sven Hedin, und Berge bleiben Berge, ob sie nun tausend Meter hoch waren wie im Erzgebirge oder ein bisschen höher wie bei Sven Hedin. Ob dieser Autor heute noch viel gelesen wird, wage ich zu bezweifeln. Einige seiner wichtigsten Bücher sind mittlerweile in

gut kommentierten Neuausgaben erschienen, aber es gibt ein Problem in der Biografie dieses Reisenden, das in den vergangenen Jahrzehnten seine wirklichen Leistungen vergessen ließ. Sven Hedin, wie sein norwegischer Schreibkollege Knut Hamsun, verfiel der Rassenideologie Adolf Hitlers. Kann man das ernst nehmen: »Die germanische Rasse kann nicht ausgerottet werden. Ihre Zeit kommt noch ...?« Man muss es ernst nehmen, denn immer wieder finden junge Leute, unzufrieden mit der Welt, diese Rattenfängermelodie. Aber solche Irrtümer des alten Gelehrten waren nur ein Teil seiner Existenz. Da gab es zuvor und daneben ein Forscherleben, das nicht vergessen sein wollte. *Meine erste Reise* heißt ein Buch, in dem Hedin erzählt, wie er als Zwanzigjähriger nach Baku reist, wo man ihm eine Hauslehrerstelle angeboten hatte. Und als er ein Jahr später zurückkehrt, weiß er, wo seine Weltgegenden liegen werden. So zieht er denn in den kommenden Jahrzehnten durch Asien, vermisst unbekannte Gebirge und Wüsten, zeichnet und schreibt von seinen Weltfahrten. Und es beginnt oft so wie in *Transhimalaja*. Da sitzt der Meister in seinem Quartier in Ladak und fragt einen Getreuen, der gerade ins Zimmer tritt, ob er ihn auf einer zweijährigen Reise begleiten wolle. Und dann geht es los: Tibet heißt das Ziel, das er ansteuert. Es ist keine Frage, dass viele nachfolgende Reisende seinen Spuren folgten, eine ganze Literatur kommt aus Sven Hedins Mantel. Als mich Anfang der achtziger Jahre ein estnischer Schriftsteller besuchte, von dem gerade ein Buch in Deutsch über seine Reise nach Kamtschatka erschienen war, entdeckten wir, dass wir beide einen Reiseschriftsteller liebten, der damals auch schon vergessen schien. Es war der Engländer Peter Fleming, 1907 in London geboren, der eine Reihe von Büchern veröffentlicht hatte, die von seinen Reisen durch Brasilien und Asien berichteten. Sein bestes, mittlerweile wieder neu aufgelegt, trägt den deutschen Titel *Tataren-Nachrichten. Ein Spaziergang von Peking nach Kaschmir.* Und der Untertitel deutet schon ein wenig die Flemingsche Kunst der Untertreibung an. Diese Reise war ja alles andere als ein Spaziergang, aber Fleming beschreibt diese Fahrt mit der Autorin Ella Maillart, die übrigens auch ein Buch über diese Reise veröffentlicht hat, mit

Humor, Ironie, very british. Ach ja, die Bücher dieses Autors kannten und liebten wir, der Este und ich. Übrigens wurde der Este, dessen Name Lennart Meri ist, nach 1990 Staatspräsident seines Landes. Aber das war wohl kein Ergebnis seiner Fleming-Lektüre. Und Flemings Bruder Ian reichten wohl die wirklichen Abenteuer des Familienmitglieds nicht, er erfand deshalb James Bond. Auf so merkwürdigen Wegen verknüpfen sich Literatur und Wirklichkeit.

Ehe ich noch ein paar Wegzeichen im 20. Jahrhundert beschreibe, will ich auf einen Reisenden verweisen, den zu seinen Lebzeiten die ganze Welt kannte, der heute fast vergessen scheint: Henry Morton Stanley. Und die Geschichte seines Weltruhms ist vor allem mit einem Ereignis verknüpft: Als dieser junge Journalist nach 236 Tagen afrikanischer Reise auf der Suche nach David Livingstone am Ostufer des Tanganjikasees auf einen kranken Weißen traf, sprach er den Satz, der in die Geschichte eingehen sollte: »Dr. Livingstone, I presume?« Dr. Livingstone vermute ich, sagte der einunddreißigjährige Reporter. Nun, wer sollte es sonst sein? Stanley hat diese Szene und seine ganze Entdeckergeschichte in etlichen Büchern beschrieben. Stanley war nicht wie Hedin wissenschaftlich interessiert, er war Journalist, ihn interessierten unbekannte Territorien, Welträtsel. So fand er Quellflüsse des Kongo, und für den König der Belgier, Leopold II. nahm er dann auch das bereiste Land in Besitz. Das Kolonialzeitalter hatte am Ende des 19. Jahrhunderts eine neue Dimension erreicht. Aus seiner Biografie und seinen Büchern liest man den Untergang jenes heroischen Aufbruchs, der so viele Forscher in die unbekannten Ländereien ferner Kontinente führte. Nun hießen die Ziele nicht mehr Berge, Quellen, Flüsse, sie hießen Erze, Rohstoffe, billige Arbeitskräfte. Man kann die Entdeckergeschichte der vergangenen Jahrhunderte in vielen Büchern verfolgen. Amüsant und very british sind etwa die Werke von Fergus Fleming, der die Kolonialgeschichte Englands in Afrika ebenso spannend beschrieben hat wie die Abenteuer am Nordpol und in den Alpen. Und schließlich gibt es die fünfbändige *Enzyklopädie der Entdecker und Erforscher der Erde* von Dietmar Henze, da begegnet man auch den entlegensten Reisenden und ihren Schriften. Kürzlich las ich in einem Essay über das Reisen den verblüffenden Satz: Man reist nicht um eines bestimmten Zieles willen, sondern um sich zu verlieren und letztlich um gar nicht wiederzukehren. Ob das stimmt, wage ich zu bezweifeln. Freilich, das wusste man schon länger: Der Weg ist das Ziel. Man sucht eine andere Lebenswelt. Ob man aus ihr in der Wirklichkeit oder im Traum nicht zurückkehrt, auch da habe ich Zweifel. Ein magischer Reisender war Bruce Chatwin, der so merkwürdige Punkte in der Welt ansteuerte wie das menschenleere Patagonien oder das Arbeitszimmer Ernst Jüngers, Australiens Traumpfade oder ein seltsames Porzellanmuseum in der alten Stadt Prag. Seine Bücher sind selbst magische Schriften, sie verführen uns zur Nachfolge. Als ich vor einigen Jahren *In Patagonien* las, jenen Bericht, in dem Chatwin von den Gründen seiner Reise erzählte, wusste ich, dass Ushueia für mich ein Punkt sein sollte, den ich in Augenschein nehmen wollte. Es gab ja da manche Vorläufer: Als der englischamerikanische Reiseschriftsteller Paul Theroux dem Argentinier Jorge Luis Borges ankündigt, dass er nach Patagonien reisen will, schüttelt Borges den Kopf und sagt: Was wollen Sie da? Da ist nichts, da ist nichts. Aber Theroux reist. Mich lockten andere Erinnerungen, Darwins Reise, hier begegnen wir ihr im Beagle-Kanal und natürlich Kap Horn, das Sturminferno an Südamerikas Küste. Es gibt keinen wirklichen Stubenhocker, der nicht davon geträumt hat, dort zu sein. Und eines Tages war ich dort: Unser Flugzeug war die letzte Maschine, die auf dem alten Flughafen in Ushueia landete, der südlichsten Stadt der Erde, wenn auch das chilenische Punta Arenas der Stadt gelegentlich diesen Titel streitig macht. Wir fuhren auf dem Beagle-Kanal, wir sahen in der Ferne Kap Horn, und wir ahnten die Antarktis mit den eisigen Winden, die uns auf dem Boot trafen. Alles, was ich nun in Chatwins Büchern las, es hatte einen Erlebnishintergrund. Man sieht nur, was man weiß, ja, das ist es. Vor etlichen Jahren saß ich einmal in einem Amsterdamer Café mit dem Fotografen Eddy Posthuma de Boer zusammen. Wir hatten uns hier am Leidseplein getroffen, und Eddy schmiss sein altes Fahrrad neben die Tür, dem außer den Reifen fast alles fehlte, was ein Fahrrad ausmacht. Aber es wird nicht gestohlen, meinte er lachend. Gerade war er vom Begräbnis des Bulgaren gekommen, eines Malers, der lange in Amsterdam gelebt hatte, und er erzählte auch, daß irgendeine Gang in der vergangenen Woche Cafés überfallen hatte. Ich griff ein wenig ängstlich nach meiner Brieftasche, aber die Gangster blieben aus. Eddy erzählte so nebenbei von seinen Reisen durch die Welt. Viele Reisen hatte er gemeinsam mit Cees Nooteboom gemacht, den ich leider in jenen Tagen nicht kennen lernte, denn er saß auf Menorca, wo er neben seiner Amsterdamer Wohnung ein Quartier hatte. Aber Cees Nooteboom hat seine nahen und fernen Reisen beschrieben, ein schöner Band mit ausgewählten Texten heißt *Nootebooms Hotel*. In einem gleichnamigen Text, der das Buch beschließt, erzählt er davon, wie er noch immer an diesem Hotel baut: »Die Betten schweben, die Mauern bestehen aus dem Stoff der Träume, die Telefone sprechen ausschließlich miteinander, die Zimmer sind aus Luft, und in jedem dieser Zimmer habe ich geschrieben, Bücher, Briefe, Notizen, Geschichten. Über Städte und Gedichte, über Bücher und Ausstellungen, über Reisen und Fotos. In einem nomadischen Leben habe ich – vielleicht – gelernt, wer ich bin und wer ich nicht bin.« Vielleicht ist dies ein Leitmotiv seiner, unserer Reisen: In anderen Welten lernen wir uns besser kennen. Wir wissen nun, wer wir sind und wer wir nicht sind. Da will ich von einem Buch erzählen, das nie erschienen ist. Das einzige Exemplar besitze ich, auch einen ausgedruckten Schutzumschlag *Als Argentinier auf dem Rhein. Begegnungen mit Ländern und Leuten.* Ich hatte in den achtziger Jahren meine Reisen beschrieben: Leningrad und Sibirien, Prag und Mikulov, Solothurn und Paris und manchen anderen Ort in heimischen Gefilden. Da gab es auch einen kleinen Text: *Island – das nie gesehene Land.* Wie war ich auf Island gekommen? 1968 in jenem schönen Prager Frühling, traf ich zufällig Halldor Laxness mit meinen tschechischen Freunden im Schriftstellerclub in Prag. Und die Leute, die mit ihm am Tisch saßen, redeten mit ihm auf Französisch. Als er merkte, dass ich dem Gespräch nicht folgen konnte, meinte er, wir sollten doch Deutsch reden. Und die Leute, die eben noch in Französisch parlierten, sprachen nun Deutsch. Damals hoffte ich, irgendwann die Insel aus Feuer und Wasser zu sehen. Ich sammelte alte Reisebeschreibungen über Island. Da steht im Regal Ebenzer Hendersons *Island*, 1820 in der Vossischen Buchhandlung erschienen, Sir Georg Stuart Mackenzies *Reise durch die Insel Island im Sommer 1810*, das Herr Bertuch in seinem Landes-Industrie-Comptoir in Weimar 1815 herausbrachte.

Wer einmal alte Reisebeschreibungen in der Hand hatte, der wird sie vielleicht immer wieder lesen. Da ist trotz der Unbilden der Natur, denen die Reisenden trotzten, eine schöne Behaglichkeit, eine freundliche Neugier, die ins Unbekannte reicht. Aber ich will von einem dritten Islandbuch reden, das in meinem Regal steht, ein Magister Carl Küchler hat es geschrieben, und in den *Wüstenritten und Vulkanbesteigungen auf Island* findet sich auch sein fotografisches Konterfei, ein ernster junger Mann mit dichtem Haarschopf und noch buschigerem Bart, und so magisterhaft wie er ausschaut, so schreibt er auch. Ich will hinzufügen, dass das Buch zu mir aus dem Haushalt meines Großvaters kam, und erst viel später erfuhr ich die familiären Bande, denn der ernste Küchler hatte eine Cousine mei-

Reise- und Wanderbücher und Berichte, zum Teil in dichterischer Form, die vor der Reise gelesen werden sollten, gibt es natürlich eine Menge; wir nennen von den bekannteren: Fontane, Wanderungen durch die Mark Brandenburg, Cotta, Stuttgart, 4 Bände je 6.00 geb. Die zahlreichen Bücher von Trinius über Thüringen. Lienhard, Wasgaufahrten, Greiner & Pfeiffer, Stuttgart, geb. 3.00, Bredt, Die Alpen und ihre Maler mit vielen Abbildungen, Th.Thomas, Leipzig, 7.00, Scheffel, Reisebilder, Bonz & Co., Stuttgart, geb.6.00, Dobeneck, Die weite, weite Welt. Bunte Bilder von deutschen Reisen, J. Zeitler, Leipzig, geb. 5.50, L. Volkmann, Kunstgenuß auf Reisen, R. Voigtländer, Leipzig, geb. 2.50. Anschauliche und getreue Schilderungen der Steiermark gibt Rosegger in seinen Büchern; ähnlich schildert Adolf Pichler Tirol in seinen Tiroler Geschichten und Wanderungen, die bei Georg Müller in 5 Büchern erschienen sind. Eine umfassende Monographie über den Harz schrieb Hans Hoffmann, über den Schwarzwald Wilhelm Jensen. Beide Werke sind in großem Format mit vielen Abbildungen bei Amelang in Leipzig erschienen. Eingehende, leichtgeschriebene Monographien einzelner deutscher Gaue enthält die Sammlung „Land und Leute", Velhagen & Klasing, je 4.— Kunstfreunde werden immer wieder auf die beiden Sammlungen „Berühmte Kunststätten", E.A.Seemann,Leipzig,je 3—4 Mark und auf die „Stätten der Kultur", Klinkhardt & Biermann, je 3—4 Mark zurückgreifen, die meist sehr Gutes bieten.

ner Großmutter geehelicht. Nun ist man mit irgendwelchen Banden mit der ganzen Menschheit verwandt, wie mein Großvater immer zu sagen pflegte, wenn man bei Gesprächen gar zu sehr in den Familienstammbäumen herumkletterte. Aber dass dieser Küchler in unserem Haus aus- und eingegangen war, dass er auf dem Stuhl saß, auf dem ich später auch saß, es war so etwas wie mein Hotel, ein Traum, der die Ferne in meine Umgebung brachte. Um auf meinen alten Text zurückzukommen: In den vergangenen Jahren bin ich dann mehrmals in Island gewesen, ich habe die Bücher von Laxness gelesen und ihn in seinem Haus besucht, wo er mit mir in leicht sächsisch gefärbten Deutsch, er hatte in den zwanziger Jahren eine Zeitlang in Leipzig gelebt, parlierte. Von Reisen schreiben, von Reisen lesen, mein Hotel. Es ist wohl so: Die Mauern bestehen aus dem Stoff der Träume.

# Exkurs: Eine Dame und drei Abenteurer

In der Chemnitzer Lohstraße, einem schmalen Gässchen hinter dem Rathaus, hatte zu DDR-Zeiten der Schriftstellerverband sein kleines Büro. Rund zwei Dutzend schreibende Menschen waren damals Mitglieder des Verbandes. Chemnitz war nicht gerade ein Eldorado für Autoren, wenn auch Stefan Heym, Stephan Hermlin, Peter Härtling, Rolf Schneider und noch andere hier geboren sind. Aber wer kann schon für seinen Geburtsort? Die Autoren des Schriftstellerverbandes, die in der zweiten Hälfte des 20. Jahrhunderts das Domizil des Verbandes aufsuchten, wussten wohl nicht, dass sie auf literarisch bedeutsamem Boden standen. Hier war Ende 1897 eine Familie in eine ziemlich heruntergekommene Wohnung eingezogen, die man aber bald wieder verließ, um in der Beckerstraße eine bessere Wohngelegenheit zu suchen. Eine Familie, die sich anschickte, etwas »Besseres« zu werden. Und die Hausfrau war voller kühner Pläne. Man sollte es noch erleben. Immerhin, in dieser Stadt wurden ihre Werke zum ersten Mal gedruckt. Am 26. Februar 1904 veröffentlichte das *Chemnitzer Tageblatt* die erste Fortsetzung des Romans *Licht und Schatten*, und da nannte sich die Autorin noch nach ihrem Geburtsnamen: Mahler, aber bald wurde daraus eine der erfolgreichsten deutschen Trivialautorinnen des 20. Jahrhunderts: Hedwig Courths-Mahler. Mehr als 50 Millionen Auflage, 200 Romane, eine deutsche Literaturkarriere. Freilich, gestern wie heute wurde das gesammelte Gestammel der Dame nicht ernst genommen, bestenfalls Unterhaltung heißt es in entsprechenden Nachschlagewerken. Otto A. Böhmer, der ein schönes *Lexikon der Dichter* veröffentlicht hat, er verzichtet auf Namen wie Gerstäcker oder Karl May, um nicht von den Kitsch-Damen zu reden. Das alles ist ja bestenfalls Unterhaltung, heißt es hier wie dort. Da haben wir das Fach, in das sie allesamt gesteckt wurden: Friedrich Gerstäcker und Karl May, Hedwig Courths-Mahler und die Marlitt, Rosamunde Pilcher und Sandra Paretti, C. S. Forester und noch viele andere. Hedwig Courths-Mahler nennt einmal in einem Brief ihre Bücher »harmlose Märchen«, mit denen sie ihren Lesern »einige sorglose Stunden zu schaffen sucht«, und so ähnlich könnten auch andere Schreiber dieser Couleur ihr Anliegen formulieren. Ist es ehrenrührig, Märchen zu schreiben, Leser zu unterhalten? Die Antwort auf diese Frage ist nicht leicht zu finden, denn natürlich gibt es Unterschiede zwischen der Marlitt und Karl May, zwischen der Pilcher und C. S. Forester. Die Unterschiede liegen ebenso in den Wirklichkeiten, die in solchen Büchern besichtigt werden wie vor allem aber auch in der sprachlichen, literarischen Fähigkeit, Wirklichkeitsmaterial zu formen. Aber unser Buch ist ja kein Kolloquium über den Zusammenhang zwischen Trivialität und Literatur. Es ist ein Tableau, auf dem ein paar Bücher und Autoren ausgestellt werden, die unser Interesse verdienen. Auch solche, wo das Unterhaltsame dominierte.

Da beginnen wir mit Karl May. Karl May ist keine Leiche der Literaturgeschichte. Er wurde und wird gelesen. Und es mangelt nicht an

Anhängern, Liebhabern und Gemeindemitgliedern, die dem Meister nicht nur aufs Wort glauben, sondern die mühsam nach Fakten suchen, aus der Erfindung ein Erlebnis zu machen. War er nicht doch überall gewesen, wo seine Geschichten spielten? Warum eigentlich hat er das alles mitinszeniert? Brauchte er solche offensichtliche Hochstapelei? Arno Schmidt über den »Meister«: »Das Allererstaunlichste dürfte immer sein, wenn ein gewaltiger Pfuscher wie Karl May, bei dessen Werk es sich (akademisch) einwandfrei um ein unerschöpfliches Chaos von Kitsch & Absurditäten handelt, seit nunmehr 3 Generationen Hunderte von Millionen deutscher Menschen mühelos zu Einwohnern seiner Welt wirbt ...« Wo liegen die Gründe für diesen gigantischen Erfolg? Was Karl May von seinen Zeit- und Zunftgenossen wie Frederik Marryat, Balduin Möllhausen oder Friedrich Gerstäcker unterscheidet, ist sein ausgeprägtes Erzähltalent, das in seinen besten Werken zutage tritt. Es ist aber wohl auch der intuitiv-genialische Umgang mit all den Zutaten, die dem zeitgenössischen wie dem heutigen Lesergeschmack entgegenkommen. Man braucht ja nur einmal einen der Erfolgsromane ein wenig genauer zu besichtigen. Die Winnetou-Trilogie ist ein Beispiel dafür. Hier weiß man, was man hat: Old Shatterhand reitet den prachtvollen Rappenhengst, den er seinem Freund Winnetou verdankt. Und dann vollzieht sich wie in anderen Bänden das Ritual: Irgendwo ist ein Verbrechen geschehen, das gesühnt werden muss. Auf die Pferde, ihr Helden, nun geht's los. Ob man über die Prärie oder durch die Wüste reitet, immer zeigen sich das ausgeprägte Gespür und die hervorragenden Kenntnisse der Protagonisten. Unterwegs werden ein paar kleinere Schurken erlegt. Messerkämpfe und Tomahawk-Siege gehören zu den Kampfbildern, und, wie sollte es anders sein, Faustkämpfe, in denen Old Shatterhand seinem Namen alle Ehre macht. Gefangennahme und Befreiung wiederholen sich in vielen Variationen. Und ein besonderer Erzählgestus, der den Lesern suggerierte, dieser Autor Karl May sei der leibhaftige Old Shatterhand und Kara Ben Nemsi, der alle diese Abenteuer selbst erlebt hatte. Und er war wohl auch der deutsche Edelmensch, der seinen Feinden aus christlicher Grundüberzeugung das Leben schenkte.

Das wollte man lesen, denn das wollte man auch sein, freilich nur im Sessel hinter dem heimischen Herd. »Wir wollen das einmal schlicht sagen: Wer so viel Freude in die Welt gebracht hat und so viel Interesse entbunden, Teilnahme wörtlich, schon hundert Jahre lang, der nimmt sich auf einem Podest ganz und gar nicht unwürdig aus. Karl May hat sein Denkmal verdient. Er bekommt es ...«, schreiben die Herausgeber der historisch-kritischen Gesamtausgabe Hans Wollschläger und Hermann Wiedenroth. Auch wenn sich Wollschläger mittlerweile aus dem Wigwam der Herausgeber verabschiedet hat, der Denkmalsbau geht weiter.

Fast vergessen und doch für viele von uns unvergessen ist ein Amerikaner: Jack London. Das war nun freilich ein Mann von anderer Statur als Karl May. Vom Schiffsjungen und Abenteurer zum höchstbezahlten Schriftsteller Amerikas seiner Zeit führt die typisch amerikanische Erfolgsstory. Freilich, dieser Mann ist aber auch an Amerika zerbrochen. Mit vierzig Jahren beging er Selbstmord. Zuvor hatte er rund fünfzig Bücher geschrieben, Romane, Erzählungen, Autobiografisches. Was ist davon geblieben? Da ist der Roman *Wolfsblut*, mehrfach schon verfilmt, eine der besten Tiergeschichten, die je geschrieben wurden, da ist *Der Seewolf*, ein Buch- und Filmklassiker und da sind die autobiografisch orientierten Bücher *Abenteuer des Schienenstrangs* und *Martin Eden*, die noch heute unser Interesse finden. Seine Nähe zur sozialistischen Arbeiterbewegung, seine Kapitalismuskritik, sind Elemente, die zu diesem Autor gehören wie das Leben im hohen Norden und auf den Südseeinseln, die Existenz als Tramp und Austernfischer. »Wer Jack Londons Bücher liest, in einem Lebensalter, wo man noch Ansprüche an sich stellt, kann nie wieder der gleiche sein. Er weiß jetzt, wessen der Mensch fähig ist. Aber nur der Mensch, der nicht mit sich spart«, schreibt der Fernsehjournalist Georg Stefan Troller.

Bleibt uns ein Blick auf einen Autor, dessen Bücher, wie Friedrich Sieburg schrieb, zur »besten und saubersten Unterhaltungslektüre der Gegenwart« gehören: Cecil Scott Forester, der mit seiner elfbändigen *Horatio-Hornblower*-Serie vielleicht die schönsten Seegeschichten des 20. Jahrhunderts geschrieben hat. Es sind historische Geschichten, die am Ende des 18. Jahrhunderts und zu Beginn des 19. Jahrhunderts spielen. Seine Seejägerei gegen die Flotte von »Boney«, also Napoleons Schiffe, ist das Feld, auf dem wir seinen Helden begegnen. Aber es ist nicht der weltgeschichtliche Hintergrund, der uns an diesen Büchern interessiert. Vielmehr ist es die Geschichte dieses Helden Hornblower, den wir auf seinem Aufstieg vom Fähnrich zum Admiral begleiten, und es ist das nautische Inventar, das der Autor so fabelhaft handhabt, dass wir Landratten annehmen, der gute Forester sei damals dabei gewesen. Forester liebt es, mit dem seemännischen Vokabular zu spielen. Dann sind nicht nur die Schiffe, auf denen Hornblower fährt, »handiger«, sondern auch seine Geschichten, also »Aye, Aye, Sir«. Manchmal freilich müssen wir uns in dem Verzeichnis seemännischer Ausdrücke informieren, das den Bänden beigegeben ist, wer weiß schon, was eine Bagienrah ist oder wie man kattet oder loggt. Doch es macht Spaß, sich mit Herrn Forester und seinen Seeleuten zu unterhalten. Natürlich hat der gute Forester Nachfolger gehabt, die Seegeschichten von Patrick O'Brian sind dafür gute Beispiele. Und ganz sicher unterhalten wir uns bei Kara Ben Nemsi und Käptn Hornblower besser als mit den preußischen Junkern und Kommerzienräten der Dame Courths-Mahler.

# Alles, was wir nicht vergessen wollen ...

Wo beginnen, wo aufhören? Ein Leserleben fasst viele Bücher, die sich nicht so einfach einordnen lassen. Wohin also mit Tucholsky? Wohin mit Borchardt? Zwanzigstes Jahrhundert? Ja, das ist ein Haus, in dem sie alle agierten, die wir hier nicht vergessen wollen. Die Einzelgänger: Ein paar Zimmertüren müssen wir wohl beschriften, und da fangen wir einfach an mit den beiden Dachzimmern für Ernst Jünger und Wolfgang Koeppen. Es sind Einzelgänger. Jeder von ihnen, grundverschieden, und wenn sie sich auf dem Flur des Dachgeschosses begegnen, werden sie sich wohl kaum grüßen, könnte man meinen. Aber wer sie genau liest, wird Respekt finden. Und vielleicht kommen sie mit Alfred Andersch daher. Er konnte mit beiden, wie man so schön sagt. Also Arm in Arm mit Koeppen, und Respekt für Jünger. Es gibt von Andersch die schöne *Amriswiler Rede* für Jünger, und Wolfgang Koeppen hat er den Essay als »Geheimschreiber« gewidmet. Doch, wie bin ich zu Jünger gekommen?

Auf der Suche nach bedeutenden Literaten, die im sächsischen Erzgebirge ihr Domizil hatten, fand ich zufällig einen Hinweis, dass Ernst Jünger in Schneeberg gelebt habe. Freilich war dies nicht richtig, aber so wie die Alliierten 1945 vermutlich die Städte Annaberg, Schneeberg und Schwarzenberg nicht auseinander hielten und so dazu beitrugen, dass Schwarzenberg für sechs Wochen »unbesetztes Gebiet« blieb, wie es mehrere Autoren beschrieben haben: Heym in seinem Roman *Schwarzenberg* und Volker Braun in der Erzählung *Das unbesetzte Gebiet*, so war es wohl auch hier. In Schwarzenberg hatte Ernst Jünger als Kind um 1900 in der Adler-Apotheke gelebt, hier in dieser Stadt lernte er lesen und schreiben. Mit dieser Entdeckung war mein Interesse an dem Autor geweckt, von dem ich nur

gehört hatte, dass es sich bei ihm um einen schlimmen Nationalis-
ten, wenn nicht gar um einen Vorläufer des Faschismus handeln
sollte. Aber man muss ihn lesen. Ich las nicht nur seine mit berech-
tigter Kritik bedachten frühen Bücher *In Stahlgewittern* und *Das
Wäldchen 125*, sondern vor allem seine Tagebuchreihe, die *Strah-
lungen* wie die Bände *Siebzig verweht*. Übrigens, Jünger, den ich
kurz nach seinem 101. Geburtstag in seinem Wilflinger Domizil besuchte, wo wir über seine Schwarzenberger Kindheit redeten, erzählte mir auch die Anekdote, wie Hindenburg zu dem siebzehn-
jährigen Soldaten Ernst Jünger im Ersten Weltkrieg, der mit dem
Pour le mérite dekoriert wurde, gesagt habe: »Wissen Sie, das ist gar
nicht günstig, dass der König von Preußen Ihnen als einem so jungen Menschen seinen höchsten Orden verliehen hat. Aus meinen
Kameraden, die 1864, 1866 und 1870 den Pour le mérite bekommen
haben, ist nicht viel geworden.« Jünger lachte und meinte, da hat er
wohl in meinem Falle auch nicht Unrecht gehabt. Jünger wurde ein
Schreiber, ein Autor, ein Tagebuchschreiber – ein Käfersammler
auch. Übrigens, eines seiner schönsten Bücher, der Band *Subtile
Jagden*, kommt aus dieser Liebe zur Käferkreatur. Wer ihn liest, der
wird in den Tagebüchern nicht nur einen Zeitzeugen des 20. Jahrhunderts entdecken, wie es ihn in der deutschen Literatur nicht
noch einmal gibt, sondern einen Autor, der im Leben wie im Schreiben ein Mann war, der sich bei aller Verwandlung gleich geblieben
ist: »Ja, das Jahrhundert, das hat Überraschungen geboten. Aber
wenn ein Leben einheitlich ist, das hängt ja von dem Charakter ab,
nicht wahr. Man kann also in die verschiedensten Situationen versetzt werden, aber, das, was man die Lebensmelodie nennen könnte,
die ist von Anfang an da, das gilt vielleicht für jede Existenz. Aber
nicht jede Melodie ist angenehm.« Es lohnt also, diesen Einzelgänger in seinen Büchern zu besuchen.
Im Nebenzimmer haust Wolfgang Koeppen, der »Geheimschreiber«, wie ihn Alfred Andersch nennt. Warum? Seit dem *Tod in
Rom*, den *Tauben im Gras* in den frühen fünfziger Jahren hatte er
nur wenig veröffentlicht. Erst nach seinem Tod sind dicke Bände
mit Fragmenten erschienen, mit Anfängen und Entwürfen. Es gibt

von Koeppen ein Foto, da steht er in einem dunklen Raum mit einem Fernrohr und schaut damit auf eine Landkarte. Vielleicht ist dies ein Signal: Koeppen besichtigt die Welt, mal aus dem Zimmer im Dachboden oder auch auf wirklichen Reisen. Und beim Wiederlesen Koeppens sind es eben diese Bücher über *Reisen nach Russland und anderswohin*, die mich heute mehr interessieren als seine Romane, vielleicht ausgenommen den schönen Text *Jugend*. Wenn ich nach Burgund fahre, dann fahre ich mit den Bildern seiner *Reisen nach Frankreich*. Übrigens, dieses Buch, das mit einem Blick von den Höhen des Schwarzwalds beginnt, beginnt auch mit einer imaginären Begegnung von Heidegger und Jünger. Und wie er dann das Mittagessen in einem Gasthof beschreibt, das Huhn à la Diable, die Pastete, die »Erdbeeren waren im Garten gepflückt und rochen nach Erde, nach Tau und nach weisen alten Kröten«. Buch zugeklappt, Koffer gepackt, auf nach Frankreich.

Während ich Koeppen nur in seinen Büchern begegnet bin, traf ich eines Tages Alfred Andersch auf dem Jahrmarkt der Eitelkeiten, der Frankfurter Buchmesse. Der Zufall wollte es, dass wir mit Max Walter Schulz, dessen erster Roman zu Unrecht vergessen ist (*Wir sind nicht Staub im Wind*), mit Uwe Timm und Alfred Andersch beisammen saßen, um über eine Einladung zu reden, die Andersch mit Schulz gemeinsam nach Moskau bringen würde. Die Einladung kam von Konstantin Simonow, und wir sprachen von ihm und darüber, was man damals multinationale Sowjetliteratur nannte. Später hat Andersch über diese Reise geschrieben, und wie sollte es anders sein, auch über einen Text Wolfgang Koeppens, der einst als Gast des Herrn Polevoi russische Erfahrungen machte. Ob dieser Andersch nun ein bedeutender Schriftsteller war, ob man seine Romane noch lesen wird, ich weiß es nicht. Aber wie so oft: Der Essayist, der Anreger, der Vermittler Alfred Andersch ist mir unersetzlich. Wenn er über englische Romane schreibt, dann beschreibt er auch das Dilemma des deutschen Romans der letzten Jahrzehnte, wenn er über einen Mann schreibt, der einst in der Londoner Dean Street lebte, erfahren wir mehr über Herrn Marx als in dicken Kommentaren. Eine kleine Reise führt ihn nach Brügge, eine andere nach Amsterdam, während eines römischen Winters schreibt er den Roman *Winterspelt*, und er schreibt auch über das verregnete Andalusien, das wir nach ihm besucht haben. Und *Die Rote* und *Der Vater eines Mörders*, das Prosastück, in dem er das Porträt eines Oberstudiendirektors namens Himmler liefert, dessen Sohn Heinrich Himmler war. Ist das alles eingesargt in die schöne Gesamtausgabe, die ihm sein Verlag, Diogenes, jetzt geschenkt hat? Wer liest Alfred Andersch? Wer liest Wolfgang Koeppen? Wer liest Ernst Jünger?

Drei Essayisten: Es begab sich aber zu der Zeit, wie es in der Bibel heißt, dass in den ersten Jahrzehnten des 20. Jahrhunderts in Rosenheim ein Mann als begeisterter Schullehrer agierte und dabei einige der klügsten essayistischen Texte schrieb, die damals geschrieben wurden.

Schade, dass es mich damals noch nicht gab, denn ich wäre gern sein Schüler gewesen, seine Solidität, seine Sprachkenntnis, seine Begeisterungsfähigkeit, sie haben es mir angetan. Wenn ich es recht sehe, gibt es heute keines seiner Bücher mehr in den Programmen der Verlage, aber die Bände der Gesamtausgabe, insbesondere die beiden Briefbände, manche Einzelausgabe, sie tauchen immer wieder einmal in den Katalogen von Antiquariaten auf. Wer war dieser Hofmiller, von dem wir hier reden? »Ich habe dreierlei Blut im Leib und in der Seele: bayerisches, schwäbisches, fränkisches ...«, er war ein Bayer, natürlich konservativ, was heißt das schon, gegen die Berliner Literaten, wobei er feine Unterscheidungen machen konnte, Thomas Mann mit leichten Einschränkungen zugetan, aber vor allem einer, der die großen Romane, Goethe und Keller, Jean Paul, Stifter und andere liebte. Eines seiner schönsten Bücher: *Über den Umgang mit Büchern*. Was er damit meinte, hat er beschrieben: »Werke, durch die das Dasein statt glücklicher, freier, schöner nur verdrießlicher, grauer, öder wird, haben überhaupt kein Lebensrecht. Wobei unter Glück nicht verstanden wird, daß sie sich kriegen, oder unter schön, daß man's aufs erstemal nachpfeift. Wenn uns ein Buch das Herz warm gemacht, wenn es uns beglückt hat, dann, ja dann wollen wir es schenken. Aber die Verlegenheitsbelletristik, von der vierundzwanzig Stück aufs Dutzend gehen, die soll doch wahrhaftig der Teufel holen, die ist zum Lesen und zum Schenken zu schlecht. Aber Majestät, ich muß doch von meinem Metier leben, sagte zu Napoleon ein Literat. Das finde ich nicht nötig, sagte der Kaiser.« Gut gesagt, dieser Konservatismus gefällt mir. Freilich, Hofmillers Kunstwelt ist Bayern, nördlich des Mains, das ist ihm fremd, lieber schaut er nach Italien. Das muss man ihm zugestehn, denn er liebt auch die südlichen Landschaften, seine bayerischen Städtebilder, die Liebeserklärungen für Ottobeuren, Würzburg und für die Wieskirch bei Steingaden, sie machen Lust zur Anschauung. Die Wieskirch »ein Innenraum von mozartscher Vollkommenheit«, kann man das besser sagen? Übrigens, immer wenn ich auf der Autobahn an Helmbrechts bei Hof vorüberfahre, denke ich an seine Nacherzählung des *Meier Helmbrecht*, obwohl der vermutliche Handlungsort dieser mittelalterlichen Dichtung auf der österreichischen Salzachseite liegt und nicht hier im Fränkischen. Aber was tut's, die Assoziation führt mich später an das heimische Bücherregal, dort, wo Hofmiller seinen Platz hat.

Im Württembergischen hat er seine letzten Lebensjahre verbracht, seine schönsten Jahre in Paris, wie eines seiner Bücher heißt, einst vielgelesen, heute vergessen.

Friedrich Sieburg war bis in die Mitte der sechziger Jahre des vorigen Jahrhunderts vielleicht der letzte Kritiker und Essayist, der gleichermaßen im Französischen wie im Deutschen lebte. Gelegentlich zitierte er Zolas Wort: »Nur wer als Schriftsteller unter Schriftstellern gelebt hat, weiß, was Haß ist.« Freilich, er konnte selbst mit großer Schärfe und Ungerechtigkeit urteilen, aber es traf auch ihn. Hier ist keine Gelegenheit, über all die Fehden und Feindschaften zu reden, die ihn betrafen. Aber man kann seine Verrisse und auch seine Texte *Nicht ohne Liebe*, wie er einen Band seiner *Profile der Weltliteratur* nannte, nicht ohne Vergnügen ob der glänzenden Formulierungskunst lesen. Seine besten Bücher hat er über Gestalten der französischen Geschichte geschrieben: Chateaubriand, Robespierre und Napoleon. Man mag diesen Büchern eine zu weitgehende Subjektivität ankreiden, den kalligraphischen »Schönschreibstil« vielleicht, aber lesbar ist dies alles auch heute noch. In seinem Band *Lauter letzte Tage* hat er Texte versammelt, die vielleicht die besondere Kunst dieses Autors sehr eindrucksvoll zeigen, eine Verknüpfung von Essay und Feuilleton, wenn man das so charakterisieren darf: gebildet, kundig, elegant, lesbar. Das gibt es nicht allzu häufig in der deutschen Literatur. Auch der Feuilletonist ist in unseren literarischen Gemächern zumeist in die Dachkammer geschoben worden: Er schreibt Feuilletons, das wird als Beschimpfung verwechselt. Dabei haben wir in diesem Feld glänzende Autoren: Franz Hessel und Alfred Polgar, aber auch einen Meister des Reise-Feuilletons: Horst Krüger. Da will ich noch ein paar Sätze hinzufügen, denn allzu bekannt ist der Mann mittlerweile auch nicht mehr. Begonnen hat er wohl mit einem Buch, in welchem er seine »Jugend in Deutschland«, wie es im Untertitel heißt, in den dreißiger Jahren beschrieben hat. Und was in der deutschen Literatur lange brauchte, die Einsicht, dass die Deutschen selbst an der Katastrophe des Zweiten Weltkriegs schuld waren, hier wird es in einer sehr genauen, nachdenklichen Prosa beschrieben. Krüger schildert seine eigenen Erfahrungen, auch seine Literaturerfahrungen, aber vor allem ist dies, wie er in einem Nachwort schreibt, Selbstreinigung, Hausputz. Diese Geschichte aus Eichkamp, *Das zerbrochene Haus*, ist in Zorn und Trauer geschrieben, ein unvergessliches Buch. Später hat er dann Reise- und Zeitbilder geschrieben, hochgelobt zu seinen Lebzeiten, aber wie es mit Zeitbildern oft so ist, vergessen allzubald. Ich mag diese zumeist ein bisschen elegischen Texte sehr, die in etlichen Bänden versammelt sind. »Der Feuilletonist kann sich mit allem befassen: Landschaften und Stadtansichten, Jahreszeiten und Wetterproblemen, Kunst, Sport, Politik. Es gibt kein Gebiet des Lebens, das ihm grundsätzlich unzugänglich wäre«, schreibt er in einer Einleitung zu einem Band seiner *Gesammelten Feuilletons*. In einem anderen Buch, ich weiß leider nicht mehr, wo es in meinen Regalen steht, gibt es eine kleine Replik, die mein Lieblingstext von ihm ist: Krüger kommt auf einer Reise zu DDR-Zeiten nach Potsdam in ein Hotel. Es ist alles ein bisschen triste, der Mann hinter der Rezeption abgeschlafft und müde. Ein Zimmer gibt es auch nicht. Aber da zieht Krüger aus der Brieftasche einen

Schein, keine Ostmark, Westgeld, und plötzlich verwandelt sich die Szene: Der alte Portier strafft sich, er lächelt, ein Zimmer wird gerichtet, der Portier wird immer jünger und jünger, als hätte er eine besondere Vitamingabe bekommen. Ja, so etwa steht es bei Krüger, und das war, als ich es damals las, ein Beispiel dafür, wie der Feuilletonist die großen Weltsachen verhandelt. Natürlich muss bei dem Wort Feuilleton auch der Name Tucholsky fallen. Ich muss hier keine Gründe dafür angeben, warum der Mann mit den »fünf PS« noch immer lebendig und lesbar ist. Ich kann vielmehr eine kleine Geschichte erzählen. In Chemnitz lebte nach dem Krieg ein Autor, der einst als Sekretär des Dramatikers Georg Kaiser seine Lehrjahre in Berlin verbrachte und seine Gesellenjahre, die ihn zu einem Hochverratsprozeß ans Reichsgericht nach Leipzig brachten, lebte er als Gerichtsreporter einer kleinen kommunistischen Zeitung. Im Gegensatz zu manchen anderen seiner Genossen war er kein Revoluzzer, sondern ein gebildeter Mann. Von solcher Bildung partizipierten wir Jüngeren. Er besaß die schöne dreibändige Tucholsky-Ausgabe, 1960 von Mary Gerold-Tucholsky und Fritz J. Raddatz bei Rowohlt herausgegeben. Und da mein alter Freund Karl Otto an einer Augenkrankheit litt, die ihm das Lesen kaum mehr möglich machte, las ich ihm gelegentlich daraus vor. Als er starb, vermachte mir die Witwe diese Bände, in denen ein paar Briefe und Karten von Mary Tucholsky liegen. Aber die Geschichte geht weiter. Als nun die Witwe starb, das war dann schon nach der Wende, hinterließ sie ein wenig Geld, vermutlich war das schöne Bild von Schmidt-Rottluff verkauft worden, mit dem Karl Otto befreundet war. Eine hübsche Summe vererbte sie testamentarisch seinen Kollegen aus dem ehemaligen Schriftstellerverband der DDR, und wir machten damit etwas, was ihn sicher gefreut hätte, wir fuhren vier Tage nach Paris. Was hat das mit Tucholsky zu tun? Nur dies, dass er dort glücklich war und wir viele Jahre später auch. Manche Geschichten könnte ich auch von einem anderen Kollegen erzählen, von Heinz Knobloch. Er schrieb seine Feuilletons nicht nur, er lebte sie auch. Er schickte mir Tipp-Ex, damit meine Schreibmaschinen-Blätter besser aussahen, und da ich gerne Kartoffelsuppe esse, kam eines Tages ein

Ableger von Liebstöckel, damit sie besser schmeckt. Knobloch war ein fleißiger Mann. Er hat ein paar Dutzend Bücher veröffentlicht, eines davon trägt den Titel *Das Lächeln der Zeitung*. Nun, nicht immer lächelte uns die Zeitung, aber das Feuilleton ist so etwas wie das Lächeln der Zeitung. Ich will noch hinzufügen, dass sich heute das Feuilleton fast verflüchtigt hat. Es gibt kluge Essays in großen Blättern, aber dieses Lächeln der Zeitung, es fehlt, leider. Da greifen wir also zu den Büchern von Knobloch & Kollegen. »Feuilletons entstehen aus beachteten Kleinigkeiten. Die großen lässt es ungeschoren, indem es sie in den kleinen zu sehen versucht«, schreibt er einmal über seine Methode. Die Wörter werden beim Wort genommen, Unsagbares und Unbekanntes wird ausgesprochen, Entdeckungen zeigen sich: das Wesen einer Sache, eines Menschen, einer Zeit.

In diesem Zusammenhang denke ich an einen Autor, der sein ganzes langes Schreiberleben dem Theater widmete, Dutzende Stücke kamen aus der Schreibstube in Kaiserwerth am Rhein, und ich werde sie wohl nie mehr lesen, sie sind mir zu sehr nach einer Schablone gebaut. Gustav Freytag, Die *Technik des Dramas* lässt grüßen, aber anderes lese ich immer wieder von Herbert Eulenberg. Er hat ein paar Bände feuilletonistische Porträts geschrieben, die er in der ersten Ausgabe seiner *Schattenbilder* eine *Fibel für kulturbedürftige Deutsche* nannte. Unbekannte und bekannte Dichter, Maler, Musiker erscheinen hier in knappen farbigen Texten. Ursprünglich wurden diese Porträts für eine Sonntagsmatinee im Düsseldorfer Schauspielhaus geschrieben, aber der Erfolg als Buch brachte Eulenberg dazu, seine *Schattenbilder* fortzusetzen. Da gibt es also bekannte Namen, und es gibt Entdeckungen unbekannter Künstler: Wer kennt schon Magister Velthen, wer kennt Karl Stauffer-Bern oder Detlev von Liliencron? Eulenbergs Bücher findet man heute nur noch im Antiquariat, irgendwann will ich, wenn es einem Verlag gefällt, den Knaben mit seinen besten Texten wieder ans Licht der Welt holen. In die Liste meiner Lieblingsautoren gehören auch ein paar Exzentriker oder Elitäre oder sagen wir einfach, ich habe auch Vergnügen an Autoren und ihren Büchern, die nicht von allen gemocht werden.

## Herbert Eulenberg
### Du darfst ehebrechen!
Eine moralische Geschichte
Allen guten Ehemännern gewidmet
6.—10. Tausend
Preis 80 Pfg.

Aus Urteilen der Presse:

FRANKFURTER ZEITUNG: Eulenberg gibt ein Beispiel, wie es sein sollte. Die Frau verzeiht, ungebeten, ohne Geständnis des Mannes, den seine Tat mehr bedrückt, als er sagen mag und kann. Sie spricht: „Liebe kann man nur durch Liebe behalten, und was man etwa davon verloren hat, das kann man nur durch doppelten Einsatz wiedergewinnen." Ein guter Spruch für den, dem er mehr sein kann als eben ein klangvoller Spruch. Wie viele Frauen dieser Welt können ihn befolgen? Wie viele sind auch nur ernstlich gewillt, es zu tun? Der ersten, die sich meldet, möchte ich ungesäumt einen Antrag machen, vorausgesetzt, daß meine Frau es erlaubt. . . . .

DER TAG: Das Problem ist dies: Darf der Mann ehebrechen? Er darf es, sagt Eulenberg und mit ihm die kluge Heldin seiner moralischen Geschichte, die von dem Manne, den sie liebt, betrogen wurde — mit einer Magd, die er ins Heu warf. Eulenbergs Broschüre löst das Problem dickleibiger Romane mit einer milden Formel, die er aus der tiefen Güte eines weiblichen Herzens kommen läßt und die ihm vorbildlich dünkt.

**Ernst Rowohlt Verlag in Leipzig**

Einer davon ist Rudolf Borchardt. Man kann in einer Literaturgeschichte nachgucken, wer das ist. Da steht dann allerhand von neuromantischer Strömung und dunkel-verhüllter Zeit- und Kulturkritik. Und das ist ja auch beinahe alles richtig, hätte ich beinahe gesagt, aber dieser Borchardt ist nicht nur eine Leiche der Literaturgeschichte, sondern ein Mann, mit dessen Werk sich die Auseinandersetzung lohnt. Aber wie rede ich denn: »Die Auseinandersetzzung lohnt«? Sind wir hier in einem germanistischen Seminar? Borchardt sollte man lesen. Er ist wie jeder richtige Autor von seiner Bedeutung und Größe überzeugt. Wer einmal etwas vom Größenwahn eines Autors gehört hat, hier hat er ein hübsches Beispiel. Vor allem in den Briefen. Ich habe in einem der Briefbände, die Heribert Tenschert in seiner Edition bei Hanser herausgegeben hat und der mir im Wühlkasten in einer Buchhandlung im schweizerischen Zug für fünf schweizer Fränkli zuflog, etliche Lieblingsstellen. Gottvater Borchardt droht unentwegt mit Blitz und Donner, Gerichten und Justizräten. Hier also ein Beispiel: »Jedenfalls verbiete ich Ihnen hierdurch ausdrücklich unter Berufung auf die einschlägigen Paragraphen des Verlagsgesetzes, von dem Stummel, auf den Sie meinen Namen gesetzt haben, eine weitere Auflage zu veranstalten. Es ist zu allem übrigen wieder einmal exemplarisch lüderlich nachkorrigiert und wimmelt von den schönsten Druckfehlern. Ferner erwarte ich postwendend die Zusendung von 20 Freiexemplaren der gewöhnlichen und fünf der feinen Ausgabe. Und hiermit denn leider Gott befohlen. Sie haben es gewusst dass diese Taperei absolut irreparabel ist, und haben im Grunde mir die Thüre gewiesen, wenn ich sie jetzt auch ins Schloß schlage.« So könnte ich seitenlang mit Vergnügen zitieren. Derartige Passagen sollte man heutigen Autoren in die Hand geben, damit sie ihren Verlegern, wie sie ja oft genug drohen, die Tür ins Schloss schlagen. Aber damit wir aus Borchardt nicht einen Hanswurst machen, es gibt großartige Texte von ihm. Seine Übersetzungen des Homer und des Dante (samt seinem Bericht über ein Gespräch mit Mussolini), seine Herausgaben deutscher Denkreden, sie sind allesamt lesenswert. Oder sein Briefwechsel mit Rudolf Alexander Schröder, den Martin Walser mit Recht einen großen Roman nennt. Also: Borchardt sollten wir lesen. Der andere Exzentriker, dem ich einen Platz in meiner Bücherkiste einräumen möchte, ist in der Eitelkeit von Borchardts Graden, ansonsten ist er von ganz anderer Statur. Herr Dr. Peter Hacks kam ja zu einer Zeit, da viele Leute von Ost nach West gingen, freiwillig von West nach Ost, also aus München nach Berlin. Mag sein, dass ihm die östlichen Kunstverhältnisse mehr zusagten, die Auflagenhöhen, die gefüllten

Theater, aber da sollte er bald auch andere Erfahrungen machen. Im Gegensatz zu Herrn Keuner von Bertolt Brecht, der errötete, als man ihm sagte, dass er sich gar nicht verändert habe, fand Hacks bis zu seinem Tode eine solche Feststellung als höchstes Lob. Hacks war ein vielseitiger Schreiber poetischer Kinderbücher, von Gedichten und vor allem von Stücken, die gespielt wurden, die kritisiert wurden und dann und wann auch nicht gespielt wurden. Ich kann mich gut an die Aufregung erinnern, als sein Stück *Die Sorgen und die Macht* in Berlin aufgeführt wurde. Was er dort poetisch realisierte, wurde staatsamtlich als »unzureichender politischer Wirklichkeitssinn« bezeichnet. Dabei war das Ganze nun weiß Gott keine Aufforderung, Herrn Ulbricht zu stürzen, aber dieser Herr und seine Kumpane, die hatten eben manche Sorgen mit der Macht. Es gibt sehr schöne, amüsante Stücke, und wenn sie gerade nicht auf einer Bühne zu sehen sind, kann man sie auch lesen, etwa die Adaption nach Aristophanes *Der Frieden* oder die Operette für Schauspieler *Die schöne Helena* und nicht zuletzt *Ein Gespräch im Hause Stein über den abwesenden Herrn von Goethe*. – Übrigens, Theaterfreund Georg Hensel, von dem muß man alles lesen, hat den Hacks richtig erkannt, er schreibt: »Ein sympathischer Zug bei Hacks: Wenn er schulgemäß den Hauptblick auf die Ökonomie lenkt und die materielle Basis seiner Figuren ausgräbt, so stößt er oft auf eine unbändige, ganz undoktrinäre Lust am Fressen, Saufen, an der Liebe und auch an der handfesten Sauerei.« Das hat er im Alter weiter entwickelt, und weiter entwickelt hat er auch ein Maß an Borniertheit und politischem Starrsinn, was schon wieder eine Form höherer Heiterkeit ist oder auslöst. Man kann also die späten Briefwechsel mit Kipphardt und Müller mit Vergnügen lesen, wie auch seine Gedichte *Tamerlan in Berlin* und die nachgelassenen Stücke ohnehin.

Sehr hübsch und unvergesslich sein Gedicht *1990*. Gern würde ich es ganz zitieren, immerhin endet es mit der eleganten Replik »Sehn wir nachher beim Glenfiddichtrinken/Hinterm Dachfirst die Epoche sinken«. Damit sind wir am Ende angekommen, nicht einer Epoche, sondern solcher Art Literaturbetrachtung. Halt, nein. Ein

Bibliotheksfach ruft noch laut nach Veröffentlichung, die deutsche Literaturfamilie des 20. Jahrhunderts. Es gelingt ja öfters schreibenden Vätern oder Müttern nicht, ihre Kinder vom Schreiben abzuhalten. Manchmal geht das gut, manchmal nicht. Also, da sind die Seidels, ja, *Leberecht Hühnchen* oder das *Wunschkind,* das letztere Werk ist von Ina Seidel. Damit nicht zu oft der Name Seidel in den Antiquariatskatalogen auftaucht, hat sich Sohn Georg Seidel Christian Ferber genannt und die Familiengeschichten in einem Buch (*Die Seidels)* beschrieben.

Aber wir reden hier nicht von dieser und jener, sondern von *der* Familie, und die kommt aus Lübeck, und da wissen alle Leute, wovon wir reden. Man könnte eine respektable Bibliothek mit den Büchern der Familie Mann und über die Manns füllen, aber das ist nicht unser Unternehmen. Wir nennen Lieblingsbücher, und da wir sozusagen das Oberhaupt Thomas Mann mit unserer Sympathie bereits bedacht haben, könnten wir hier darauf verzichten, wenn wir nicht doch auf die Bände der Tagebücher von Thomas Mann verweisen wollten. Wie Briefe auch sind Tagebücher sehr persönliche Zeugnisse einer Existenz. Nirgendwo anders enthüllt er sich in seinen Stärken und Schwächen so wie in diesen Tagebüchern. Ob er an Blähungen litt oder an starkem Geschlechtsdrang, wir finden es ebenso wie die Zweifel an der eigenen dichterischen Existenz und Urteile über Zeitgenossen und Zunftkollegen. Aber dies ist nur ein Aspekt des Mann'schen Tagebuches: Interessanter und wichtiger ist es für uns Leser wohl, die Zeitumstände zu erfahren, unter denen er lebte und arbeitete, den Schöpfungsakt seiner Werke zu ergründen. Wer also Thomas Mann liest und liebt, der wird auch an diesen Tagebüchern nicht vorübergehen können. Der Älteste der Brüder der Mann-Familie war Heinrich Mann, dessen Werk wohl – trotz mancher editorischer Bemühungen – in weiten Teilen vergessen ist. Die Gründe dafür sind vielfältig und vielschichtig, die Dominanz des jüngeren Bruders spielt wohl da ebenso eine Rolle wie editorische Versäumnisse. Mittlerweile erscheint eine neue Gesamtausgabe bei S. Fischer in Frankfurt. Heinrich Mann wird uns sicher als Autor von *Der Untertan* bleiben, aber für mich ist er auch der glänzende

Erzähler des frühen Romans *Die kleine Stadt*, der jene morbide italienische Szenerie beschreibt, in der die beiden Brüder ihre ersten Bücher schrieben. Freilich tauchen sie dort nicht auf, aber die Lebens- und Liebesproblematik jener Jahre und jener Zeit wird uns nahe gebracht. Natürlich wollen wir nicht auf die *Henri Quatre*-Romane verzichten und vielleicht auch nicht auf jenes seltsame Spätwerk *Empfang bei der Welt*. Aber dieser frankophil gebildete Autor war vor allem auch ein Essayist, bei dem sich das Literarische mit dem Politischen verknüpft. Der große Bruderzwist fand ja seinen Ausdruck in solcher Verkleidung.

Thomas Mann, Heinrich Mann, wer kennt Victor Mann? Es war der jüngste der Brüder, und er hat ein hübsches, nicht gerade bedeutendes Buch geschrieben, *Wir waren fünf*, in dem er ein wenig die Geschichte seiner Brüder und Schwestern beschreibt. Wie gesagt, das Buch ist nicht bedeutend, der gute Victor war ein Mensch, der sich mehr im Agrarischen auskannte als in der Geschichte der Literatur. Wollen wir in diesem Zusammenhang Katja Manns *Ungeschriebenen Memoiren* nennen, die Reminiszensen der »Frau Dr. Thomas Mann«, wie sie sich im Alter auf Briefbogen gelegentlich nannte, die ihr Leben an der Seite ihres Mannes, in dieser Großfamilie und mit ihren Kindern beschrieb. Und weil wir schon von Lebenszeugnissen reden, so wollen wir Erika Manns *Das letzte Jahr* erwähnen, einen Bericht vom letzten Lebensjahr Thomas Manns, vielleicht das schönste Buch dieser Autorin, die vieles geschrieben hat. Ich finde jedenfalls, es gibt nichts Rührenderes an Biografischem über den »Zauberer«, wie Thomas Mann von seinen Kindern genannt wurde. In den späten zwanziger Jahren des vorigen Jahrhunderts hieß es in einem Literaturblatt einmal: »Alle Welt spricht von Klaus Mann, dem Sohn von Thomas Mann. Wer eigentlich ist Thomas Mann?« Nun, die Situation ist längst eine andere geworden, Klaus Mann, der vor seinem frühen, freiwilligen Tod seine Erinnerungen schrieb, *Der Wendepunkt*, schildert die Wege und Gefährdungen seines Lebens und seiner Zeit. »Wer spricht von Siegen? Überstehn ist alles«, zitiert er Rilke. Der gefeierte Autor, der Freund einer ganzen Emigrantengeneration, der engagierte Publizist, er ist am Ende. Eine tragische

Konstellation, die uns aus diesem Buch entgegentritt. Es ist nicht, wie manchmal behauptet, der Schatten des übermächtigen Vaters, der zum Ende führt, sondern der Schatten der Zeit. Bis in unsere Lebenstage hat ein anderes Kind dieser Thomas-Mann-Familie unter solcher Vatergröße gelitten und geschrieben: Golo Mann. Er ist auch der Einzige, den ich von Angesicht zu Angesicht gesehen habe. Ich war damals auf den Spuren von Hermann Hesse in der Schweiz, ein paar Wochen im Haus seines ältesten Sohnes in Küsnacht lebend, in der Schiedhaldenstraße, wo Jahrzehnte zuvor die Hesse-Buben mit den Kindern Thomas Manns spielten. Dieser Aufenthalt brachte auch eine Begegnung mit Golo Mann, den ich im Haus in Kilchberg besuchte. Katja Mann lebte noch, aber ich sah sie nicht in dieser Gesprächsstunde an einem Nachmittag des Jahres 1976. Worüber redeten wir? Ich weiß nur noch, daß ich meine Thomas-Mann-Symapthie kaum aussprechen konnte, denn wir kamen ins Gespräch über *Wallenstein*, das große Buch war vor ein paar Jahren erschienen, und ich kannte manche böhmische Gegend, in der dieses Leben angesiedelt war, Prag und Eger, Friedland, und das Böhmische war wohl auch der Gegenstand unseres Gesprächs. Dieser *Wallenstein* ist das Buch, das die Erzählkunst dieses Historikers, das Erbe der Familie, ebenso zeigt wie seine Nähe zum Vater.

Wir sind am Ende unserer Reise durch Bücher und Zeiten angekommen: Was soll man lesen? Eine große Frage, eine gute Frage: Jeder wird für sich immer neue Antworten finden müssen.

Copyright an dieser Ausgabe 2005
by Faber & Faber Verlag GmbH Leipzig
Alle Rechte vorbehalten

Alle Abbildungen im Buch wurden verschiedenen
Jahrgängen der 1910er und 1920er Jahre der Zeitschriften
*Der Zwiebelfisch* und *Der Bücherwurm* entnommen.

*Gestaltung* Frank Eilenberger
*Layout* Atelier für grafische Gestaltung Leipzig
*Druck* Jütte-Messedruck Leipzig
*Bindung* Kunst- und Verlagsbuchbinderei Leipzig
Printed in Germany 2005
ISBN 3-936618-67-4

Dieses und andere Bücher finden Sie auch im Internet unter
www.faberundfaber.de

# Was soll man lesen?

**Aber unbedingt doch den neuen Roman von**

Fritz Rudolf Fries

## Blaubarts Besitz

Festeinband mit
Schutzumschlag
ISBN 3-936618-72-0

Die bekannte Geschichte vom
bösen Frauenverführer
Blaubart, aus dem Blickwinkel
unserer Tage erzählt, nimmt
das alte Märchen ernst und
ironisiert die Zeit, aus der wir
nicht herauskönnen.

Der Roman ist eine Huldi-
gung an die Liebe und ein
schräger Blick auf die Merk-
würdigkeiten deutscher
Geschichte nach 1945.

Ein neues Buch von
Faber & Faber

# Was soll man lesen?

**Aber unbedingt doch die neue Erzählung von**

Christoph Hein

## Das goldene Vlies

Mit Illustrationen von
Werner Stötzer
Festeinband mit Schutzumschlag
ISBN 3-936618-73-9

Christoph Hein, der in seinen viel
diskutierten Erzählungen und
Romanen stets im Gegenwärtigen
auf der Suche nach der Vergangenheit ist, lernen wir hier als Mythen-
beschwörer kennen, freilich nicht
ohne Pointe, die uns schaudern
lässt.
Der vielen als großer Bildhauer
bekannte Werner Stötzer ergänzt
die Erzählung mit einer Anzahl von
Illustrationen und macht den Band
zu einer Preziose der Buchkunst.

Ein neues Buch von
Faber & Faber

# Was soll man lesen?

**Aber unbedingt doch den Novellenband von**

Klaus Funke

## Am Ende war alles Musik

Festeinband mit
Schutzumschlag
ISBN 3-936618-69-0

Zwei Musiker-Novellen um Leben
und Sterben von Clara Schumanns
Vater, dem bedeutenden Musik-
pädagogen und -lehrer Friedrich
Wieck, und um einen Sommer-
urlaub von Johannes Brahms in der
Steiermark, wo er 1884 die Anfänge
seiner 4. Sinfonie komponiert,
lassen das faszinierende und infame
Schicksal Robert Schumanns auf-
leuchten.
Musik und Kultur des 19. Jahrhunderts als Widerschein von »Begna-
deten«, die – wie wir alle – nach
alltäglichem Glück suchen.

Ein neues Buch von
Faber & Faber

# Was soll man lesen?

**Aber unbedingt doch die Autobiografie von**

Werner Heiduczek

## Die Schatten meiner Toten

Festeinband mit
Schutzumschlag
ISBN 3-936618-13-5

»Als die Weimarer Republik starb,
war ich ein Kind. Als das ›Tausend-
jährige Reich‹ zugrundeging, war
ich ein Jüngling. Als der DDR-
Sozialismus zusammenbrach, war
ich ein Mann. Wenn das Gegenwärtige sterben wird, werde ich nicht
mehr sein. Die Tragik des Alters ist
das Überleben.«
Werner Heiduczek, der Autor des
DDR-Kultromans *Tod am Meer*
und Verfasser vieler anderer preis-
gekrönter Bücher erzählt sein
Leben.

Ein neues Buch von
Faber & Faber